실천하는 교사,
　깨어 있는 시민을 위한

교육
사유

함영기 지음

바로세움

실천하는 교사,
깨어 있는 시민을 위한

교육 사유

초판 1쇄 인쇄 ｜ 2014년 1월 2일
초판 1쇄 발행 ｜ 2014년 1월 10일
초판 5쇄 발행 ｜ 2018년 7월 12일

지은이 ｜ 함영기
펴낸이 ｜ 최현혜
표지그림 ｜ ㈜아리수에듀 출판 사업부, 조나래 외
펴낸곳 ｜ ㈜아리수에듀
출판신고 ｜ 제2016-000019호

바로세움은 ㈜아리수에듀의 출판 브랜드입니다.

주소 ｜ 서울시 관악구 은천로 10길 25, B1(봉천동)
전화 ｜ 02)878-4391
팩스 ｜ 02)878-4392
홈페이지 ｜ www.arisuedu.co.kr

ISBN 978-89-93307-78-8 03370

국립중앙도서관 출판시도서목록(CIP)

(실천하는 교사 깨어 있는 시민을 위한) 교육 사유 / 지은이: 함영기.
　서울 : 바로세움 : 아리수에듀, 2014
　　p. ;　cm

바로세움은 아리수에듀의 출판브랜드임
ISBN 978-89-93307-78-8 03370 : ₩16000

교육[教育]

370.4-KDC5
370.2-DDC21　　　　　　CIP2013029144

이 도서의 국립중앙도서관 출판시도서목록(CIP)은 서지정보유통지원시스템
홈페이지(http://seoji.nl.go.kr)와 국가자료공동목록시스템(http://www.nl.go.kr/kolisnet)에서
이용하실 수 있습니다. (CIP제어번호: CIP2013029144)

실천하는 교사,
깨어 있는 시민을 위한

함영기 지음

여는 글 _ 탈출과 안주를 넘어

　명예퇴직을 마음에 두는 이들이 늘고 있다. 누군가는 결행하여 교단과의 이별을 선택하고, 또 누군가는 그저 마음속으로만 생각하며 학교 일상에 적응한다. 그 중 몇은 안정된 생활에 감사하며 큰 고민 없이 산다. 또 몇은 자신의 능력이 소모적으로 쓰이는 것을 참지 못하고 교단을 탈출한다. 요즘 교사들 이야기다.

　내심 학생들의 존경을 바라는 교사들도 있지만, 더 많은 교사들은 그것이 사치스런 기대라는 것을 안다. 국제연구 결과는 한국의 학생들이 교사를 존경하지 않는다고 말한다. 그런데 학생들의 장래 희망에는 교사가 높은 순위로 올라 있다고 한다. 부모들도 자녀의 직업으로 교사를 첫손에 꼽는다고 한다.

　존경은 하지 않지만, 직업으로는 선호한다는 이 기이한 현상을 어떻게 볼 것인가? 이 물음에 우리 교육의 문제가 고스란히 담겨 있다. 우리 교육은 그저 먹고사는 방편으로, 출세의 수단으로 기능한다. 이 과정에서 경쟁이 발생하고, 순위가 매겨지며, 더러는 스스로 생을 마감하는 끔찍한 일들이 일어난다.

어떤 이는 한국 교육은 이미 조종(弔鐘)을 울린 지 오래라고 말한다. 학교를 붙들고 개선을 시도한다는 것 자체가 자기 기만이라고 한다. 차라리 학교를 탈출하여 다양한 배움 공동체를 만드는 것이 정직한 방법이라는 것이다. 탈(脫)학교 상상은 대중적 학교의 탄생과 더불어 끊임없이 있어 왔다. 자기 치유력을 갖지 못한 학교가 그 상상의 원인을 제공하고 있다.

학교가 아이들의 전인적 발달을 위한 공간으로 남을 수 있을까? 우리의 소망과 다르게 현실의 벽은 견고하고 높다. 사정이 되는 집의 자녀들은 특목고, 외고, 자사고에 들어간다. 상위권 대학은 특정 지역, 특별한 고등학교 출신들이 장악한 지 오래다. 특별한 고등학교에 우수 학생들을 빼앗긴 일반 고등학교는 학교로서 기능을 점차 상실해 가고 있다. 심각한 교육 분리 현상이 일어나고 있다.

관료주의는 교육 실패의 책임을 개별 교사에게 묻는다. 교사들은 책임을 면하기 위한 방법을 찾는다. 절차와 매뉴얼만 잘 따르면 능력 있는 교사라는 무사유 교육이 태동한다. 교사들의 전문성은 연수 이수 시간으로 치환되고, 소모적 업무와 기능적 수업은 교사들에게서 사유의 여백을 앗아간다. 생각 없는 교육이 판을 친다. 생각 없는 교육 저편에서 아이들의 고통이 증폭된다.

　개별화를 강요당하기는 시민들도 마찬가지이다. 그저 생존을 위해 일터에 나서는 그들은 물화된 욕망 앞에 속절없이 무너진다. 고용의 불안과 암울한 미래는 시민들이 깊이 생각할 겨를을 주지 않는다. 결국 그들은 자녀들에게 자신의 욕망을 투사한다. 많은 부모들이 자녀의 교육에 아낌없이 투자한다. 아이들은 보살핌이 아니라 관리의 대상이 된다. 유례없는 사교육 시장이 득세한다. 무려 십년을 앞당겨 배우는 선행학습 상품이 팔린다. 다시, 교실은 의미 없는 공간이 되고 아이들은 전인적 발달에서 멀어져 간다. 더할 것도 뺄 것도 없는 우리 교육의 맨 얼굴이다.

　책을 쓰면서 이 문제를 고민하고 싶었다. 가능하다면 대안도 제시하고 싶었다. 그러나 솔직히 말하여 책을 쓰는 과정에서 우리 교육에 붙어 있는 병증이 생각보다 심각하다는 것을 재차 발견하였다. 대안은커녕 얽히고 설킨 실타래의 끝단을 발견하기도 버거웠다. 공부가 부족한 탓이다. 그런 나의 한계는 그대로 이 책에 스며들었다.

　대체로 교육을 둘러싼 담론은 '구조'와 '개인'의 대립으로 형성되는 경우가 많다. 구조를 혁신하기 전까지 개인은 무력할 수밖에 없다든지, 그럼에도 불구하고 각자가 발 딛고 있는 현장에서 최선의 역할을 해야 한다는 말들이 그것이다. 나는 어느 한편의 주장만으로 교육 문제를 극복할 수 없다고 생각했다.

그래서 구조와 개인을 필요에 따라 분리하거나 통합하는 방식으로 내 생각을 담았다. 사회, 개인, 학교, 교사, 학생, 수업, 평가, 혁신, 제안 등 아홉 개의 마당은 각각 독립성을 가지고 있으나, 내용에서 모두 연계돼 있다. 모든 장에서 일관하여 드러낸 관점은 책의 제목이 말하듯 '교육에 대한 사유'이다.

이 책은 교사, 교수, 예비교사 등 교육에 직접 관계하는 분들은 물론, 교육에 관심 있는 시민들을 위하여 썼다. 쓰면서 주석을 많이 달았다. 각자의 관심에 따라 주석까지 꼼꼼하게 읽을 수도 있지만, 본문만 읽어도 맥락이 끊이지 않도록 하였다. 또 교육을 깊이 생각하는 데 필요한 참고 도서들을 소개하였다. 제시한 책들을 함께 읽으면 이 책의 부족한 부분을 많이 채울 수 있으리라 생각한다.

일곱 권의 책을 쓰는 동안 곁을 지키며 동행해준 아내 장선미에게 특별히 고맙다. 끊임없이 공부하도록 나를 자극하는 교컴 가족들과 페이스북 친구들은 내 에너지의 원천이다. 무엇보다 교실에서 나를 기다리는 아이들, 너희들 때문에 이 책을 썼다.

2013년 겨울
목동 연구실에서
함 영 기

Contents

01 **사회**   교육을 바라보는 시선 _ 15

교육 과잉 _ 21

표준화 신화 _ 27

교육과 정치 _ 30

누굴 탓하랴 _ 34

나쁜 실용주의 _ 38

02 **개인**   사회적 건강 _ 43

SNS 이야기 _ 45

행복 이데올로기 _ 48

이봐, 젊은이! _ 51

치유적 글쓰기 _ 53

힐링 유감 _ 56

독서의 힘 _ 58

03 **학교**　학교 상상 _ 63

교사와 학생의 만남을 허하라 _ 66

자유의 속박과 저항 _ 68

학교, 민주적 의사소통의 장 _ 70

예견된 실패, 자사고 _ 72

학급의 의미를 다시 상상함 _ 74

SWOT 분석 유감 _ 81

교장의 역할과 학교 의사소통 _ 84

배움의 공간을 다시 생각함 _ 87

핀란드의 고등학교, 놀라운 공간의 상상력 _ 90

04 **교사**　배움의 즐거움을 촉진하는 교사 _ 95

교사를 향한 시선 _ 99

교사의 탈(脫) 전문화를 부추기는 것들 _ 103

교원능력개발평가 _ 106

착시 걷어내기 _ 110

매뉴얼 유감 _ 113

교사들의 스트레스를 풀어주는 일 _ 115

수석교사와 수업전문성 _ 117

내러티브 _ 120

잘 듣는 능력 _ 124

초등과 중등에서 수업전문성을 개념화하는 방식 _ 127

교사의 아비투스 _ 129

소모적인 일에 진지하게 매달리는 김 선생님께 _ 132

다시, 김 선생님께 _ 134

연구하는 교사 _ 137

교사의 성장과 사유 _ 141

연대와 동행 _ 145

큰 바다 속에 있는 작은 물방울 _ 148

05 **학생**

P의 변화 _ 153

K의 성장 _ 156

전인적 발달과 민주적 시민성 _ 159

학생지도, 개인적 자유와 민주적 시민성 사이 _ 162

꿈 꿀 자유 _ 166

아이들의 상상력이 빈곤한 이유 _ 169

맥락 없는 '선플'과 봉사 점수 _ 172

부적응 학생 _ 174

심리치료 이야기 _ 178

독서이력철 유감 _ 181

학생의 이름을 부르도록 하는 법(法) _ 183

청소하는 아이들 _ 187

06 수업

진짜 공부 _ 191

학습소외 극복하기 _ 194

즐거움을 앗아가는 선행학습 _ 197

수준별 이동수업 _ 199

아이들이 수학을 즐기지 못하는 이유 _ 203

수업방법의 과도한 신념화를 경계함 _ 207

협력학습과 학습에서 협력 _ 210

인간 행동의 변화를 야기하는 근원, 동기 _ 213

동기유발을 위해 동원되는 미디어 _ 215

프로젝트 학습을 하는 이유 _ 217

교사와 학생, 의사소통의 방식 _ 220

놀이와 교육의 공간, 오두막 _ 224

수업을 향한 질적 시선 _ 226

집중이수제에 대한 집중적인 지적 _ 229

07 평가

인간의 능력을 수치로 치환할 수 있다는 논리 _ 235

공동출제의 함정 _ 237

항공기를 멈추는 수능시험 _ 241

교육 파행을 부르는 일제고사 _ 245

학교평가 바로 보기 _ 249

교사별 절대평가 _ 253

수행평가의 의미 _ 255

교육을 왜곡하는 시도교육청 평가 _ 257

비리를 부르는 장학사 시험 _ 260

대학 강의와 상대평가 _ 264

08 **혁신**   혁신의 전제, 교육과정에 관심 갖기 _ 269

정치로부터 독립된 교육 _ 274

혁신교육과 교육철학 _ 279

한국의 혁신교육에서 듀이의 부활을 상상함 _ 289

모든 학교의 혁신을 위하여 _ 294

09 **제안**   민주시민 되기 _ 301

국가교육위원회를 제안함 _ 305

교육 공공성의 회복 _ 308

교육격차 해소 및 교육복지의 실현 _ 311

교육여건의 획기적 개선 _ 313

문화예술 정책과 교육 _ 316

수업에 전념하는 교사 _ 319

01 《 사회

정체성을 잃어버린 아이들은 종종 존재감을 확인하기 위하여 일탈한다. 공부를 통해 관심을 끌 수 없는 지경에 이른 그들은 자극적 일탈 과정을 시연함으로써 부모와 교사들의 인정을 받으려 한다. 이들에게 부모의 기대는 턱없이 높고, 교사는 무기력해 보이며, 학교는 재미가 없다.

교육을 바라보는 시선

우리 교육을 바라보는 다양한 시선이 있다. 교육에 관하여 말하라 하면 원고 없이도 한 시간쯤은 너끈하게 일장 연설을 할 수 있는 사람들이 넘쳐 난다. 사람들은 자신의 위치에서 나름대로 교육 문제를 분석하고, 대안을 제시한다. 정치인은 정치인대로 교육을 개혁해야 한다고 목소리를 높이고, 기업인들 역시 교육의 문제점을 거론하며 학교교육이 우수한 인재를 길러내지 못하고 있다고 지적한다. 신문 방송은 어떤가? 이들에게 교육은 선정적 기사의 원천이다. 그들은 흥미로운 기사 거리를 찾기 위해 늘 학교를 살핀다. 학부모는 학생의 보호자로서, 교육비를 대는 '갑'의 입장에서 교육에 관심을 가진다. 이들은 자신들의 경험에 비추어 학교가 얼마나 불공정한지, 자기의 자녀가 어떻게 불이익을 받았는지를 말한다.

대부분의 학생들에게 교육은 고통이다. 교육이 자신들을 통제하고 있다고 생각하며, 하루 종일 교사들의 감시를 받고 있다고 느낀다. 학생들은 불편한 학교에서 왜 이렇게 많은 시간을 보내야 하는지 의문을 갖는다. 교사들도 전망이 없기는 마찬가지다. 해를 거듭할수록 힘겨워지는 교실 상황과 폭주하는 업무 속에서 교사들은 무기력해지고 있다. 이렇듯 각자의 처지에 따라 교육을 바라보는 관점이 다르지만 한 가지는 정확히 일치한다. '우리 교육에 문제가 많다'는 것이다.

나라의 정책을 결정하는 사람들에게 교육은 어떤 의미일까? 적지 않은 세월 교직에 몸담아 오면서 교육정책의 흐름을 체감했던 내 입장에서 보면, 가장 믿음이 가지 않는 쪽이 '교육정책을 결정하는 사람들'이다. 이들이 결정하고 시행하는 교육정책을 보면 정말 교육에 대한 깊은 사유에서 비롯된 것일까, 학교의 실상을 조금이라도 알고 정책을 입안하는 것일까 하는 의문이 들 때가 많았다. 교육정책에 대한 의사 결정권이 큰 자리일수록 교육에 대한 애정이 별로 없다는 느낌이 들 때도 많았다.

이들은 학부모를 비롯한 시민들이 교육에 큰 관심을 갖고 있다는 것, 학부모의 입장에서 자녀들이 교육을 통해 사회적 신분 상승을 기대한다는 것, 자녀의 교육을 위해서라면 어떤 대가도 치를 준비가 돼 있다는 것을 잘 알고 있다. 교육정책을 결정하는 사람들은 학부모의 관심이 왜곡된 것인지, 기형적인 것인지에 대하여 사려 깊게 생각하지 않는다. 나아가 이들의 뒤틀린 욕구를 부채질하는 정책을 수립한다. 이렇게 수립한 정책들은 경쟁을 부추기고 양극화를 심화시켜 교사와 학생을 더 고통스럽게 한다. 아울러 정책 수립 권한을 가진 사람들은 가능하면 적은 비용으로 큰 효과를 기대한다. 적은 비용으로 가시적 효과를 단기간에 얻으려 하기 때문에 성과 위주로 사업을 추진하려 한다. 단언컨대 그들은 정치적 동기로 교육에 접근한다.

기업가들에게 교육은 무엇일까? 단적으로 말하여 기업가들에게 교육은 수익의 원천이다. 학교 건물의 신축 및 증축, 정보화 설비를 납품하는 일에는 큰 이득이 있다. 또한 학생들이 입는 교복, 학생들의 수련체험활동을 비롯하여 과잉 생산되는 교수·학습 콘텐츠, 교사들을 위한 연수 등 이들에게 교육 분야는 참으로 매력적인 시장이다. 이들은 교육이 좀더 시장화 되기를 기대한다. 가능하면 교육이 공공재의 성격에서 벗어나 수요자 개개인의 의사결정에 따라 구매되는 사적 행위이기를 기대한다. 이들에게 교육은 끊임없이 신규 수요를 창출하는 수익모델이다. 기업가들은 경제적 동기에 따라 교육에 접근한다.

학부모의 입장을 살펴보자. 현재 초중고 자녀를 둔 학부모들은 IMF 구제금융 이후 생겨난 구조조정, 비정규직, 파견근로 등을 실제로 경험했거나 목격한 세대들이다. 그들은 여차하면 주류 세계로부터 밀려나 삼류 시민으로 살 수도 있다는 것을 알고 있다. 삼류 시민으로 전락하지 않을 단 하나의 방법으로 이들이 택한 것은 자녀들에게 대한 교육 투자이다. 이들은 망설임 없이 급여의 대부분을 자녀의 교육비에 쏟아 붓는다. 물론 이들도 교육이 잘못돼 가고 있다는 것을 잘 알고 있다. 그러나 경쟁의 대열에서 비켜나 있는 것이 이들에게는 더 두려운 일이다. 그래서 교육에 대한 문제점을 토로하면서도 경쟁 문화에 편승해 들어간다. 이들의 희망은 자녀가 좋은 대학을 나와 큰 기업체에 취업하여 높은 급여를 받는 것이다. 학부모들은 자신의 자녀들이 치열한 경쟁에서 살아남기를 바란다.

학생들은 어떨까? 이미 초등학교에 들어가기 이전부터 선행학습에 길들여진 학생들의 상당수는 학교 수업에 흥미를 느끼지 못한다. 지금의 학생들은 우리 교육사를 통틀어 과거 어느 때보다 기능적·절차적 사고에 익숙하다. 교사가 제시하는 다양한 학습방법이 효과를 갖지 못하는 이유이다. 생각하고 고민하는 과정을 통해 공부에 다가선다는 여러 학습방법이 이들에게는 비효율적인 과정일뿐이다. IMF 구제금융 이후 부모가 모두 생활 전선에 뛰어들면서 자녀를 돌볼 시간이 줄어들었으며, 부모의 불안전한 고용과 낮은 급여로 인해 가정이 정상적으로 기능을 하지 못하고 있다. 가족의 형태와 양육 방식의 변화가 가속화하면서 가족 소외 현상이 급증하고 있다. 소외된 아이들은 컴퓨터와 스마트폰으로 대부분의 시간을 소비한다.

아이들은 주체적으로 자신의 삶을 개척하는 것이 아니라, 그저 수동적으로 주어진 상황을 버티는 것에 익숙하다. 정체성을 잃어버린 그들은 종종 존재감을 확인하기 위하여 일탈한다. 이미 공부를 통해 관심을 끌 수 없는 지경에 이른 아이들은 가능한 자극적 일탈 과정을 시연함으로써 부모와 교사들의 인정을 받으려 한다. 이들에게 부모의 기대는 턱없이 높고, 교사는 무기력해 보이며, 학교는 재미가 없다. 대부분의 학생들에게 학교는 그저 하루를 보내야 하는, 제도적으로 위탁된 공간 이상의 의미를 갖지 못한다.

교사 이야기를 할 차례이다. 교실 수업이 힘들어졌다는 것은 어제 오늘의 이야기가 아니지만, 최근 몇 년 사이에 교실이 좀더 힘들어졌다는 것은 모든 교사들이 체감하고 있는 사항이다. 교사는 '가르치는 전문직'으로서 그 직무를 수행한다. 가르치는 일에는 학생에게 지식을 전수하는 일, 그리고 좋은 시민이 되도록 조력하는 일을 포함한다. 최근 많은 교사들이 과거보다 더 직무와 관련한 피로감을 호소하고 있다. 수업과 직접 관련이 없는 행정업무의 증가와 정상적인 수업이 어려워진 교실이 그 원인이다. 업무 처리와 학생 사안 문제 등에서 교사 개인의 책임을 묻는 관료적 방식은 교사를 사유하는 주체가 아닌 단순 기능인으로 전락시킨다.

결국 교사들도 직업인으로 살기 위한 타협을 할 수밖에 없는데 그것은 바로 '책임을 면하는' 방식으로 자신의 일에 적응해 나가는 것이다. 교사는 학생의 부진한 성취나 일탈 행위에서 책임을 면하기 위해 상담일지에 꼼꼼하게 기록하고, 진행한 업무는 반드시 문서로 남기는 형식적 업무 처리에 길들여져 간다. 교사들이 전망을 갖지 못하고 무기력해 지는 까닭이다. 요컨대 교사들은 자신의 철학과 의지에 따라 가르치고 싶지만, 현재 교사에게 요구되는 것은 오히려 철학과 의지를 가능한 배제하고 기능적인 업무 처리로 형식적 성과를 내는 일이다.

위에서 알아본 바와 같이 교육을 바라보는 사람들의 시선이 제각각인 가운데 교육을 통하여 자신이 원하는 무엇인가를 하고자 하는 욕구가 분출된다. 이 욕구들이 겹쳐 상승 작용을 일으키기도 하고 때로 충돌하여 갈등을 빚기도 한다. 이러한 갈등은 어떻게 조절하고 해소될까? 경쟁 사회에서 이득을 취하기 위한 갈등은 필연적이라고 생각하는 사람들이 교육도 시장의 기능에 맡겨 두자고 할 것이다. 그렇게 되면 이미 사회경제적 기득권을 가지고 있는 사람들에게 유리할 것이다. 기득권을 가진 사람들은 자신과, 자녀들의 입신을 위해 교육을 활용할 수 있는 기회를 더 많이 확보하려 한다. 교육을 시장의 기능에 맡겼을 때 교육 독점과 양극화가 심화된다는 것은 의심의 여지가 없다.

그러므로 교육에서 의사결정 권한을 가진 사람들은 고민해야 한다. 하나의 정책적 결정을 두고 갈등이 예상될 때 책임 있는 정책가는 무엇을 기준으로 해야 할까? 정책 결정을 바르게 이끄는 기준은 바로 '아이들의 전인적 발달을 위한 교육 공공성의 확보'이다. 이 때문에 교육 선진국들에서는 교육에 대한 국가의 개입이 적절하게 이루어진다.[1] 이러한 국가들에서 이뤄지는 교육 개입은 모든 국민이 평등하게 교육에 접근할 수 있는 기회를 보장하기 위한 환경 조성을 위해 절차와 방식을 정하는 일이다. 교육이 가진 미묘한 역학 관계와 가치교환 기능이 부정적으로 기능하지 않도록 하는 것이 정책의 과제가 된다. 이것이 교육 공공성을 추구하는 방식이다.

---

1) 교육에 대한 국가의 개입은 양면성을 가진다. 교육과정의 잦은 개정, 교육청과 학교에 대한 관리, 통제 강화 등은 지배 권력의 필요에 따라 교육이 동원되는 형태의 개입이다. 교육의 장에서 국가는 자원 분배 권한을 갖는다. 교육비의 배분은 종종 교육청과 학교를 효율적으로 통제하는 수단이 된다. 한편, 국가의 개입이 전혀 다른 접근 방식으로 이루어지는 경우도 있다. 국가가 교육의 혜택을 가급적 모든 국민에게 돌아가도록 끊임없이 조절하는 과정도 개입의 한 형태이다. 교육 공공성은 모든 교육 수혜자들에게 평등한 기회를 주는 것에 관심을 갖는 개념이다.

교육 과잉

　있어야 할 것이 없어서 부족한 상태를 결핍이라 하고, 필요한 양보다 많은 상태를 과잉이라 한다. 둘 다 정상에서 벗어난 상태이다. 결핍은 부족한 만큼 채워져야 하고 과잉은 적절한 정도까지 완화하여야 한다. 결핍과 과잉, 어떤 쪽이 더 극복하기 쉬울까? 한 인간에게, 혹은 어떤 집단에 무엇이 부족한지는 잘 드러나기 마련이다. 그러므로 부족한 것은 적절한 방법으로 채워 넣으면 어느 정도 결핍으로 인한 고통을 완화할 수 있다. 그런데 과잉의 경우 그 현상은 물론이고 원인과 대책을 따져보는 것이 쉽지 않다. 지금 우리 사회에서 누구나 느낄 수 있는 교육의 문제는 결핍의 문제일까, 과잉의 문제일까? 단적으로 말하여 나는 우리 교육이 과잉 상태에 있으며, 과잉을 결핍이라 착각하는 집단 무의식이 심각한 고통을 유발하고 있다고 진단한다.

　교육 과잉의 징후들은 도처에서 쉽게 발견된다. 우선 학생들에게 부과되는 학습의 양은 세계 최고 수준이다. 초등학교에서 고등학교에 이르기까지 우리나라의 학생들은 세계에서 가장 많은 시간을 학습에 할애하고 있다. 학교 공부는 물론이고 정규수업 외에 부과되는 공부 시간 역시 가장 많다. 할애한 만큼의 효과가 있다면 공부 시간이 많은 것만으로 문제라 할 수는 없다. 그러나 투입한 시간 대비 효과를 지표로 나타내는 학습 효율성 지수는 세계 최하위 수준이다.

　많은 시간을 공부에 쏟아붓는 것은 물론이고, 우리나라 학생들은 세계에서 가장 이른 시기에 공부를 시작한다. 영유아 교육상품 중 초등학교 교과 위주의 선행학습이 전체의 70%를 차지하며[2] 일부 학원의 선행학습 기간은 최장 10년에 이른다.[3] 초등학생에게 고등학교 수학 과외를 시키는 부모가 있으며,[4] 심지어 초등학생에게 의과대학의 전공과목을 가르치는 경우도 있다 하니[5] 이쯤 되면 과잉을 넘어 광풍(狂風)이라 할 만하다.

그런데, 최근 언론 보도에 따르면 취업 공포로 인하여 수능시험을 마친 예비 대학생들도 대학 교과목에 대한 선행학습을 한다는 것이다.[6] 그런가 하면 고등학교 시절 그렇게 장시간의 공부를 하고도 대학에서 수업을 제대로 따라가지 못해 별도의 인터넷 강의를 듣는 사례도 있다고 하니[7] 참으로 놀라울 따름이다.

대학을 졸업한 젊은이들은 이런 공부의 과잉으로부터 해방될까? 젊은이들이 취업의 관문을 통과하기 위해 시험 준비를 위한 공부는 물론이고, 자신의 스펙을 관리하기 위해 각종 성형수술을 받고 있다고 한다. 공부 과잉의 상태가 초·중·고등학교와 대학을 거쳐 취업에 이르기까지 멈추지 않는 형국이다. 얼마 전 취업난 때문에 한 젊은이가 한강에 투신했다는 기사는[8] 이러한 과잉이 가져다 주는 극단적 고통을 상징하고 있다.

필요한 것보다 더 많은 양을 공부할 때 필연적으로 뒤따르는 것이 소모적 비용이다. 우리 교육의 과잉 상태를 보여주는 가장 설득력 있는 지표는 사교육비 현황이다. 2012년 우리나라의 총사교육비 규모는 19조 원을 조금 넘었다.[9] 우리나라의 GDP 대비 교육비 비율은 7.6%로 다른 선진국에 비하여 높은 편이다. 문제는 이 7.6% 중 정부 부담은 4.8% 뿐이고 2.8%가 민간 부담 교육비, 즉 사교육비로 충당하고 있다는 사실이다. OECD 국가들의 평균 사교육비 비율은 0.9%이다. 사교육비를 제외한 공교육비 비율

(4.8%)은 OECD 국가 평균 5.4%에 미치지 못한다.[10] 공교육비는 학생을 가리지 않고 균등하게 투자하는 비용이다. 사교육비는 학생의 집안 사정과 부모의 경제력에 따라 다르게 지출된다. 공교육의 부실과 사교육의 팽창 현상은 이 같은 경제력에 따라 좌우되는 교육비 지출 시스템과 무관하지 않다.

더 충격적인 보고가 있다. 2011년 OECD 통계연보에 따르면 우리나라 사람들의 연평균 근로시간은 2,193시간으로 조사 대상 국가 중 두 번째로 길다. OECD 평균(1,776시간)보다 연간 400시간 이상을 더 일하고 있다.[11] 인구 10만 명당 자살률은 21.7명으로 OECD 평균의 2배에 달하고 있다.[12] 대학교육의 질을 따지는 '대학교육의 경쟁사회 부합 여부', '대학과 기업

2) 내일신문(2013년 8월 2일 기사). 『영유아 교육상품도 선행학습 위주』.
3) 뉴시스(2013년 6월 13일 기사). 『'너무 진도 나간' 선행학습 학원 … 초1에 고2 영어 모의고사』.
4) SBS뉴스(2013년 2월 19일 기사). 『초등학생이 고교 수학을 … 도 넘은 선행학습』.
5) MBC뉴스(2013년 7월 20일 기사). 『초등생이 의대 전공과목 과외 … 사교육 광풍의 끝은?』.
6) 국민일보(2012년 11월 25일 기사). 『시대가 바뀌었어도, 이건 좀 … 취업 공포에 예비대학생도 선행학습』.
7) 문화일보(2013년 4월 10일 기사). 『수업 못따라가 … '인강' 듣는 대학생들』.
8) 경향신문(2013년 8월 29일 기사). 『취업난 때문에 20대 남성 한강에 투신』.
9) 2012 통계청 자료 : 사교육비 총액은 학원, 개인 및 그룹과외, 방문학습지, 인터넷 및 통신강좌 수강료를 의미하며 방과후학교, EBS교재비, 어학연수비는 별도 항목으로 조사됨. 2011년까지 사교육비 총액은 20조원을 넘었다. 2012년에 다소 줄어든 것은 사교육비 경감 정책의 효과라기보다 학생 수 자연 감소분이 반영되었다고 보는 것이 좀더 설득력을 갖는다.
10) 2013 OECD 교육지표 : OECD는 매년 교육지표(EAG, Education At a Glance) 조사 결과를 발표한다. 2013년 교육지표는 42개국(OECD회원국 34, 비회원국 8)을 대상으로 2011년 기준 통계조사 결과(재정통계는 2010년 결산 기준)를 4개의 장으로 나누어 소개하였다.
11) 이 통계에 따르면 연평균 근로시간이 가장 많은 나라는 멕시코로 2,250 시간이었다.
12) 2010 WHO 발표 자료

의 지식교류' 등은 하위권에 머물고 있다. 대학교육과 관련하여 유일하게 상위권인 것은 대학 진학률이다. 고등학교 3학년을 졸업한 학생 중 약 80%가 대학에 진학한다.[13] 세계 최고 수준이지만 기뻐할 일이 아니다. 이는 대학교육의 부실로 이어지기 때문이다. 과잉이 부실로 이어지는 데 불과 몇 년도 걸리지 않는다. 우리나라 학생들의 삶의 질을 나타내는 학교생활 만족도 등 주관적 행복지수 역시 OECD 국가 중 최하위권에 머물고 있다.[14]

한국 교육의 실상에 대하여 르몽드는 '한국 학생들의 학업 성취도가 국제적으로 높지만 교육에 너무 몰입하면서 부작용을 겪고 있다'고 전했다. 이 때문에 한국 학생들은 세계에서 가장 뛰어난 학생일지 모르지만 가장 불행한 학생이기도 하다는 것이다.[15] 이것이 나라 밖에서 보는 우리 교육의 모습이다. 소모적 과잉 경쟁은 온 국민을 집단 강박증으로 몰고 간다.

무엇이 문제였을까? 교육 과잉이 교육의 질을 높이기보다 발목을 잡은 결과이다. 천문학적 사교육비 지출, 세계 최장의 학습시간, 젊은이들의 스펙 전쟁, 평생학습에 대한 압박, 선행학습의 만연, 유례없는 교육 시장화 등의 징표들은 교육 과잉으로 인해 고통받고 있는 우리들의 상황을 그대로 대변한다. 그런데 교육 과잉의 문제가 아직도 심각한 결핍인 것처럼 많은 사람들이 착각하고 있다. 과잉을 결핍으로 착각할 때 나타나는 결과는 생각보다 심각하다. 마치 먹고 또 먹어도 배가 고프다고 느끼는 어떤 사람이 몸에 나타나는 죽음의 징표들을 보지 못하고, 또 먹는 데 혈안이 되는 꼴이다. 과잉을 과잉으로 인식하지 못한다는 것은 죽음의 길을 자초하는 것이다.

선행학습을 몇 년 이상 앞당겨 하는 아이의 경우, 발달 단계를 넘겨 과잉으로 공부하는 지식은 체계적으로 쌓여 내면화하기보다 아이의 뇌에 혼란을 야기하여 기형적 발달로 이끌 가능성이 크다. 어릴 적부터 학교 공부에 흥미를 잃을 것이며, 어쩌면 괴로운 공부에 대한 지독한 저주 상태에서 학창 시절을 보낼 것이라는 것을 어렵지 않게 예상할 수 있다. 이렇게 과잉 교육에 노출된 아이가 성인이 되어 우리 사회의 리더가 된다는 것, 상상이 되는가? 눈으로 확인할 수 있어야 진정한 학습 효과이고, 시험 성적으로 증명하여야 지식을 습득했다고 믿는 왜곡된 학습관이 교육의 과잉과 팽창을 부추긴다. 공부한 지식을 내면화했을 때, 그것은 그 사람이 인생을 가치 있게 사는 데 도움이 된다. 다른 사람과 비교하여 내가 어느 위치에 있는가를 판단하는 것은 의미 없는 일이다.

아이를 몇 년 앞당겨 선행학습으로 내모는 부모가 교육 팽창의 주범일까? 아니면 그 아이를 맡아 발달을 무시하고 단순 지식을 들이붓는 사교육이 문제일까? 사상 유례가 없는 순이익을 남기고도 신입사원을 극소수로 뽑는 대기업이 문제일까? 아무런 힘도 발휘하지 못하고 속절없이 무기력에 빠져드는 교사들이 문제일까?

우리 사회를 관통하는 '선발적 교육관'[16]은 교육 과잉을 부르는 대표적

---

13) 2010 스위스경영개발원(IMD, Institute for Management Development) 국가경쟁력 보고서

14) 2011 한국 어린이·청소년 행복지수의 국제비교(방정환재단, 연세대 사회발전연구소) 자료 : 주관적 행복지수는 주관적 건강, 학교생활 만족도, 삶의 만족도, 소속감, 주변 상황 적응, 외로움 등 6가지 영역에 대한 응답률을 수치화한 것이다.

15) 연합뉴스(2013년 9월 21일 기사). 『"한국인들 교육 강박증에 걸려" 〈르몽드〉』.

16) 선발적 교육관에서 평가의 목적은 집단 속에서 개인의 차를 구별하는 것이다. 선발의 범위에 포함되었다고 하여 학습 내용을 충분히 소화했다고 할 수는 없다. 선발이 되었다는 것은 지원자들 중에서 상대적 비교 우위에 있음을 말하는 것이다.

원인이다. 선발적 교육관은 "과정이야 어쨌든 시험으로 뽑기만 하면, 떨어진 사람들은 할 말이 없다."는 식으로 편익에 사로잡힌 왜곡된 교육관으로 무한경쟁을 유발하여 아이들에게서 행복한 삶을 앗아가고 있다. 같은 해에 태어났다는 것 때문에 같은 지식을 같은 시기에 학습하고, 같은 해에 대학에 들어가야 한다고 강요하는 것은 발달이 느린 아이에게는 폭력과도 같은 것이다. [17)]

사정이 이러한 데도 쏟아지는 교육정책은 선발적 교육관을 더욱 부추겨 교육 과잉의 상태를 조장하고 있다. 나라의 교육정책을 결정하는 데 큰 권한이 있는 사람들은 교육 과잉의 폐해에 대하여 깊이 고민해 봐야 한다. 선발적 교육관에 대한 혁신적인 개선이 없다면 오늘 우리를 괴롭히는 교육 과잉의 문제는 전국민의 고통을 심화시키는 주범으로 고착화할 것이다.

---

17) 발달적 교육관은 개인의 적성이나 소질을 계발해야 한다는 관점이다. 모든 학습자들의 학습 속도는 꼭 같지 않다는 것을 인정하고, 빠른 아이도 느린 아이도 그 자신이 설정한 목표에 다가서는 과정을 가치 있게 보는 관점이다.

표준화 신화

'표준화(standardization)'는 산업 현장에서 제품을 생산할 때 동일한 규격과 기준을 둠으로써 생산성을 도모하는 방법이다. 예들 들어 자동차를 만들 때 표준화가 잘돼 있으면 어떤 공장에서 어떤 노동자가 만들든 하나의 설계 도면에 따라 같은 모양의 자동차를 생산한다. 이 과정에서 시간과 비용을 절감하여 생산성이 향상된다. 표준화는 시간과 비용을 절감하기 위한 산업적 아이디어이다.

교육 분야에서도 시간과 비용을 절감하고 싶은 사람들은 표준화의 유혹을 받는다. 중요한 의사결정을 하는 위치에 있는 사람일수록 더욱 그러하다. 같은 시간, 같은 비용으로 더 높은 효과가 나온다고 하는데 뉘라서 이 유혹을 피해갈 수 있으랴. 물론, 이 사람들이 말하는 교육 효과는 성적이나 진학률 같은 확인 가능한 지표이다. 교사들이 작성하는 수업설계안이나 학습지도안도 같은 맥락에서 나왔다. 표준화를 지향하는 관점은 지침에 따라 잘 작성한 학습지도안이라면 가르치는 교사가 누구이든, 어느 교실이든, 어떤 아이들과 수업을 하든 비슷한 결과가 나올 것이라고 믿는다. 여기에 미리 정해진 '표준화한 평가기준'을 덧붙임으로써 완성을 기하려 한다.

전국적 점포망을 가진 패스트푸드 업체에서 파트타임으로 근무하는 수천 명의 직원들이 본사에서 나온 조리 매뉴얼에 따라 만들어 내는 햄버거의 맛이 비슷한 것과 같이 교육도 그러해야 할까? 어떤 사람은 잘 작성된 수업 매뉴얼에 따라 각 교실에서 비슷한 활동이 일어나는 것과, 전국의 패스트푸드 점포에서 미리 정해진 조리 매뉴얼에 따라 만들어진 햄버거의 맛이 비슷한 것은 전적으로 같은 원리라고 주장한다. 또 다른 사람은 같은 교과의 같은 내용으로 수업을 하더라도 가르치는 교사, 교실 환경, 아이들의 조건에 따라 각기 다른 결과가 나올 수 있다고 주장한다. 교육을 제품 생산하는 것과 같은 맥락에서 이뤄지는 활동으로 볼 것이냐, 가르침과 배움이 공존하는 역동적 맥락의 과정으로 볼 것이냐에 따라 표준화를 바라보는 관점의 차이가 생긴다.

권한을 가진 행정가는 쉴새없이 이런 종류의 표준화한 틀을 개발하고 적용한다. 일제고사, 교원능력개발평가, 학교평가, 시도교육청 평가가 모두 표준화 신화에 의해 지탱된다. 여기에 성과급이나 예산 지원을 연계하여 경쟁을 유발시킨다. 표준화가 노리는 시간과 비용의 절감, 그리고 획일적 통제를 더욱 노골화한다. 획일성의 추구는 자발적으로 이뤄지지 않기 때문에 여기에 관료주의가 따라 붙는다. 바로 이것, 표준화와 관료주의의 동행이 우리 교육사(敎育史) 백년 속에 들어 있다.

표준화한 시험의 하는 일은 학생들을 승자와 패자로 나누는 것이다. 비극적인 일은 시험을 치르기도 전에 누가 어느 쪽으로 가게 될지 대략 알 수 있다는 점이다. 어떤 아이가 표준 시험에서 어떤 성적을 낼지를 보여주는 가장 확실한 예측 변수는 부모의 경제적 지위와 학력이다.[18] 모두에게 같은 목표와 방식을 적용했기 때문에, 정상적으로 따라 했다면 이루어야 할 성과에 도달하지 못한 책임은 개인에게 있다.

표준화와 관료주의를 통하여 지탱되는 선발적 교육관은 이렇듯 개인에게 책임을 돌린다. 여기서 많은 교사와 학생들이 좌절한다. 때로 끔찍한 선택을 하기도 한다. 그 좌절이 자신의 힘으로는 도저히 해결할 수 없이 큰 벽 앞에서 이루어진 것일 때는 더욱 그러하다. 교육의 위기가 심화해 가고 있는 지금 학생들의 전인적 발달은 멈추었고, 교사들의 자존감은 무너지고 있다. 자크 랑시에르가 우리 교육에 던지는 화두는 그래서 의미심장하다.

> "무지한 스승은 학생에게 가르칠 것을 알지 못하는 스승이다.
> 그는 어떤 앎도 전달하지 않으면서 다른 이의 앎의 원인이 되는
> 스승이다… 어떤 것을 배우는 것은 그것을 배우고 또 어떤 것을
> 배우는 과정이요, 무엇인가를 배우는 것은 무엇인가를 배우고 나
> 머지 전체와 연관시키는 과정이다." [19)]

그는 표준화를 지향하는 사고 방식으로는 도저히 이해할 수 없는 교육의 신비한 속성을 말하고 있다. '어떤 것'에 집착하는 것이 아니라, '무엇인가'를 찾아 나서는 호기심 가득한 눈을 가진 자가 학생이요, 이 여정에서 지적 자극을 주는 이가 바로 교사이다. 우리 교육 속에 깊이 뿌리박힌 표준화 신화를 걷어낼 상상력이 필요하다.

---

18) William Ayers(2010). 『가르친다는 것』. 홍한별 옮김(2012). 양철북 212p
19) Jacques Rancière(1987). 『무지한 스승』. 양창렬 옮김(2008). 궁리 48/270p

교육과 정치

'교육은 본래 정치적이다', '정치는 교육을 활용한다', '교육이 정치에 휘둘린다'와 같은 말들은 교육이 갖는 정치적 성격을 대변한다. 많은 사람들은 교육이 정치와 얽히면서 일어나는 모든 일을 다 알고 있으면서도 교육은 비정치적이고 중립적인 것이라고 믿고 싶어한다. 그러나 교육은 중립적이지 않다.[20] 우선, 교육은 학생들에게 '무엇을 가르칠 것인가'를 둘러싸고 다툰다. 교육에서 다루어지는 지식의 성격이 어떤 것이어야 하고, 이 지식은 누가 정하느냐를 둘러싼 문제는 곧 미래 사회를 살아갈 우리 아이들에게 어떤 지식을 축적, 구성하게 할 것이냐의 문제와 통한다. 그러므로 그 내용과 구성 주체, 전달 방식을 둘러싸고 생겨나는 갈등은 필연적이다.

근대화를 이룬 국가들에서는 교육에서 다루어지는 지식을 '교육과정'으로 정한다. 어떤 나라는 국가의 개입이 좀더 강하게 드러나고, 어떤 나라는 지역이나 학교 공동체의 주장을 강하게 반영한다. 전자는 '국가 교육과정', 후자는 '지역 교육과정' 혹은 '학교 교육과정'이다. 물론, 특별한 경우가 아니라면 전적으로 국가 혹은 지역 교육과정으로만 결정하는 경우는 없다. 국가에서 얼마나 독점할 의도가 있느냐에 따라 국가독점 교육과정의 양상이 강하게 드러나는 나라도 있고, 이를 지역이나 학교로 이양하여 교육이 이뤄지는 현장 주체들의 의견을 좀더 반영하고자 하는 나라도 있다. 이것이 그 나라에서 '국가성'을 더 강조할 것인지, '시민성'을 더 강조할 것인지의 기준이 된다.

우리나라에서 교육의 목적, 방법과 더불어 교육의 내용을 결정하는 교육과정에 대한 대중들의 관심이 높아진 것은 7차 교육과정[21] 이후이다. 그이전까지는 교육과정이란 본래 전문가들이 정하고 교사들은 전문가에 의해 정해진 교육과정을 실행하는 자로 개념화하였기 때문이다. 하지만, 교사의 역할과 관련한 최근의 이론들은 교사를 교육과정의 실행자로 머물게 해서는 안 된다고 주장한다. 최소한 '교육과정의 재구성자'로, 적극적으로는 '교육과정 개발자'로 의미를 부여한다.[22] 7차 교육과정을 입안할때 교사들이 반대했던 이유는 교육과정 안에 지나치게 '신자유주의적 경쟁논리'가 내재돼 있다는 것 때문이었다. 이 시기는 세계적으로도 고도화한 자본의 논리가 강하게 침투하던 때이기도 하다. 경제적으로는 '경영합리화'를 내세워 정리해고와 파견근로가 시작되던 때였다.

그러므로 교육과정 입안자들은 '세계 경쟁에서 살아남을 수 있는 경쟁력을 갖춘 인간'을 미래지향적 인간상으로 구현하고자 했고, 그것을 교육과정에 적극 반영하고자 했다. 7차 교육과정은 이렇게 시작됐다. 그 이후그런 시도를 더욱 노골화하여 이명박 정부 때만 몇 차례의 교육과정 개정이 이루어졌다. 2007 개정 교육과정, 2009 개정 교육과정, 2009 개정 교육과정에 따른 교과 교육과정 개정(2011) 등은 사실 지식의 내용 때문이 아니라 '경쟁적 인간'의 실현 방식과 관련하여 조금 더 '나쁜 실용주의'를

---

20) Jonathan Kozol(1981).『교사로 산다는 것』.이계삼 해제 · 김명신 옮김(2011).양철북 131p
21) 7차 교육과정은 1997년 12월 30일에 교육부 고시 제1997-15호로 고시하였다. 국민공통 기본교육과정과 고등학교 선택중심 교육과정으로 구성된 것이 특징이며, 교육내용과 방법을 진로와 적성에 맞게 다양화하고 교육내용의 양과 수준을 적정화하여 심도 있는 학습을 할 수 있도록 함을 방침으로 하여 구성하였다.
22) 함영기(2010).『수업전문성의 재개념화를 위한 실천적 탐색』.한국학술정보 271p

지향했던 과정이었다.

교육과정 속에 담긴 지식이 누구의 이익에 봉사하는지, 누구의 이데올로기를 반영하는지의 문제는 점점 더 심각해지고 있다. 무엇을 가르칠 것인가를 정하는 일이 교육 격차와 불평등을 야기하는 근원적 문제가 되고 있기 때문이다. 아마도 '교육본질'을 운운하는 사람들은 '탈정치화한 교육과정'을 말하는 것이거나 인류가 남긴 보편적 문화유산을 체계적으로 정리하여 후세에 전달하고자 하는 의도를 비친 것일 게다. 그런데 '인류가 남긴 보편적 문화유산'을 누가, 어떻게 해석할 것인가에 따라 그 지식의 성격이 판이하게 달라진다. 최근 고등학교 한국사 교과서 검정을 둘러싸고 벌어지는 논쟁에서 '같은 사건에 대한 상이한 해석'을 볼 수 있다.

그래서 교육의 최전선에서 가르치는 자들은 누군가 정해 준 내용을 전달하는 것에 머무르기보다 그 내용과 방식을 결정하는 과정에 참여하고 싶어한다. 더 나아가 교육과정이 교육 실제에 미치는 영향력의 폭과 깊이 문제는 주요한 고려 대상이다. 국가 교육과정이든, 학교 교육과정이든 수업을 통하여 완전하게 관철한다는 것은 불가능하며 그럴 필요도 없다. 교육과정은 정보, 주제, 교과만으로 이루어진 것이 아니다. 교육과정은 어떤 지식과 경험이 가장 가치가 있는지 결정하는 문제를 두고 계속 고민하는 과정이다. 사람과 상황에 따라 이 문제는 독특한 색조와 다른 의미를 띠게 된다.[23] 교육은, 자기 나름대로 뚜렷한 정치적·경제적·문화적 전망을 가진 서로 다른 집단이 한 사회에서 사회적으로 지향해야 할 정당한 수단과 방법이 무엇인가를 자신의 전망에 비추어 규정하는 주요한 장의 하나이다.[24]

교육을 정치화한다느니, 정치로부터 독립하여 순수하게 교육 논리로만 풀어야 한다고 주장하는 이면에는 자신의 정치적 의도를 숨기고 있는 허위이거나, 교육과 정치의 잘못된 결합으로 왜곡됐던 과거의 경험들에 대한 소심증이 도사리고 있다. 결국 제대로 된 교육을 한다는 것은 교육에서 정치를 분리해 내는 것이 아니라 교육에 들러붙어 있는 정치적 요소와 음모들을 밝혀 내는 일이다. 이 과정에서 교육의 최종 수혜자이며 관리 주체인 시민들이 교육의 구조적 문제에 대한 사유와 비판적 사고를 통해 당당한 자기주장을 해야 한다.[25] 역사적으로 교육 불평등의 해소는 누구의 시혜로 얻어지는 것이 아니라, 시민의 요구에 의해 획득의 과정을 거쳤다는 것을 상기한다면 말이다.

---

23) William Ayers(2010). 『가르친다는 것』. 홍한별 옮김(2012). 양철북 166p

24) Michael W. Apple(1993). 『학교지식의 정치학 : 보수주의 시대의 민주적 교육』. 박부권 · 심연미 · 김수연 옮김(2001). 우리교육68p

25) 마이클 애플(Michael W. Apple)은 교육과정에 담겨 있는 정치적 속성과 문화적 재생산 기능을 제대로 볼 것을 주문한다. 그는 『교육과 이데올로기』 박부권 역(1985), 『학교지식의 정치학』 박부권외 옮김(1993, 2001), 『문화정치학과 교육』 김윤미외 옮김(1996, 2004) 등의 저서를 통하여 학교가 한 사회의 생산관계를 반복적으로 재생산하는 구실을 하고 있다고 지적하였다. 특히 그는 지배집단이 겉으로 드러나는 공식적인 지배의 메커니즘을 사용하지 않고도 문화를 보존, 분배하는 학교와 같은 기관을 통하여 사람들의 의식구조를 형성함으로써 사회 통제를 지속시켜 간다고 보았다.

누굴 탓하랴

사회 변동기라고 한다. 후기 산업사회에서 정보사회로 진입하는 과도 기라고도 하고, 어떤 이는 이미 진입했다고도 말한다. 교육 부문에서도 여러 전환기적 징표들이 드러난다. 그 중의 하나가 아이들의 변화다. 아이들의 말과 행동, 그리고 의식이 이전 세대에 비하여 많이 달라졌다. 기성세대의 시각으로 보기에 아이들의 변화는 긍정적이라기보다 부정적인 변화에 가깝다. 신문방송을 장악하고 있는 '학교폭력'이라는 언술은 그것이 기성세대가 보기에 부정적인 징표라는 것을 뜻한다.

지금까지는 권위를 가진 기성세대에 의하여 교육의 제반 사항들이 결정되고 진행되었다. 가르치는 일의 가장 중요한 역할을 맡고 있는 교사는 권위를 가진 기성세대에 들지 못하였는지, 교육과정을 비롯한 교육의 정책을 결정하는 과정에서 뒷전으로 밀려나 있었지만 말이다. 그러나 학생들에게 있어 교사는 매일 현장에서 마주 대하는 기성세대의 상징이다. 약한 친구를 괴롭히는 방식에서 출발한 학교폭력이 때로 교사를 향하는 것은 이 때문이다. 교사들은 기성세대이지만 권위를 갖지 못하고, 교육의 최전선에서 학생들의 일탈을 온몸으로 경험한다.

매주 월요일마다 학생들을 운동장에 모아 '애국조회'를 하던 시절이 있었다. 학생들은 교련교사 혹은 체육교사의 구령에 맞춰 일사분란하게 줄을 섰으며, 자세를 바로 잡고 교장의 일장 훈시를 들어야 했다. 관리와 통제로 일관하던 시절의 엄숙한 의식이었다. 가끔 줄을 똑바로 서지 못하거나 교장 훈화 중에 딴 짓을 하는 학생은 앞으로 불려나와 망신을 당하기도

했다. 애국조회에 임하는 자세가 가장 엉망인 학급은 조회 후 별도로 남아 '질서교육'을 받을 것이라는 엄포를 받았다. 단체생활이라는 이유로 이 모든 것들을 합리화하였다. 그러므로 애국조회도 없고 줄 서기도 없는 요 즘 학생들을 보면서 나이 지긋한 교사들이 그 시절이 좋았노라고 회고하 는 것도 무리는 아니다.

그 시절이 그리운 것은 나이 지긋한 일부 교사만이 아니다. 학생들을 통제하고 싶은 세력, 질서를 위해 인권의 일부를 제한해야 한다고 생각하 는 세력, 좀더 강화한 규칙으로 기강을 바로잡아야 한다고 생각하는 세력 이 있다. 이들은 교육관계법, 훈령, 교원복무규정 등을 앞세워 먼저 교사 를 통제하고자 한다. 상명하달의 관료적 기풍은 복종하는 교사가 복종하 는 학생을 키운다는 전근대적 사고를 신봉한다. 이러한 관료성은 가르치 는 일의 말단에서 온몸으로 학생들의 일탈과 마주하고 있는 개별 교사에 게 책임을 묻는 방식으로 작동한다.

학교폭력을 예방한다는 명분으로 복수담임제[26], 학생의 징계사실에 대 한 학생부 기록[27], 스포츠클럽 활동[28], 학생정서행동 특성검사[29], 학교폭력

---

26) 2012년 2월 교육과학기술부는 관계부처 합동으로 발표한 학교폭력 근절 종합대책의 후 속조치로 '복수담임제 운영 세부지침'을 일선학교에 내려보냈으나 많은 비판을 받고, 시 행 1년 만에 학교 자율로 전환함으로써 사실상 이 계획을 철회하였다.
27) 정부는 '2012 학교폭력 근절 종합대책'에서 학교폭력 관련, 가해 사실을 학생부에 기재 하도록 하였다. 일부 시도교육청에서는 이 지침의 비교육성을 들어 한동안 기재하지 않 다가 2013년 부분적으로 수용하기로 방침을 정한다.
28) '학교 스포츠클럽 활동'은 학교폭력 예방 및 근절을 위한 인성교육 일환으로 2012년 교 육과정 개정 고시를 통해 실시하고 있다. 교육부는 2013년 6,600명의 스포츠클럽 강사 채용을 위하여 730억 원의 예산을 책정하였다. 현재 스포츠클럽 활동은 학교 교육과정 속에 편성되어 운영하고 있다.
29) 교육부와 보건복지부가 공동으로 학교와 지역사회의 정신건강 관련 전문 자원을 연계해 위기 학생을 지원·관리하는 모델을 구축하기 위해 실시하는 검사이다.
30) 1차에서 우편조사로 시행했던 학교폭력 전수조사는 2차부터 전국 초등학교 4학년부터 고등학교 3학년 학생 541만 명에 대하여 온라인 조사로 실시했다.

전수조사[30], 학생지도 유공교사 승진가산점 부여[31], 문제 학생 동태 파악과 같은 형식적이고 대중적 처방들이 도입된다. 관료주의는 학생의 일탈이나 자살 사고를 미리 파악하고 예방하지 못했다는 날선 비난 앞에 교사를 내세운다. 언론은 오로지 선정성에 기대어 학교 실상을 중계한다. 학생을 사이에 두고 학부모와 교사가 송사에 휘말린다. 교사들은 행여 책임을 지게 될까 두려워 학생과 상담한 사실을 빠짐없이 일지에 기록한다. 더할 것도 뺄 것도 없는 오늘날 학교의 모습이다. 권위와 질서의 회복을 노리는 이러한 전근대적 처방들로 인해 지식과 인성을 갖춘 전인적 인간을 기대한다는 것이 과연 가능할까?

현재의 혼란스러움은 사회변동의 과도기적 징후들이다. 더는 기성세대의 구시대적 권위를 인정하기 힘들다는 자라나는 세대의 저항이기도 하다. 나는 온갖 처방적 노력과 관계없이 이러한 혼란이 상당 기간 지속될 것이라 본다. 이러한 암울한 진단을 내리는 마음이 당연히 편치 않지만 아무리 생각을 해봐도 뾰족한 답은 없다.

현재 아이들의 모습을 결정하는 여러 요인들 중에 욕망의 노예가 되어버린 성인 사회의 모습이 있고, 극한까지 밀어붙이는 경쟁 시스템이 있다. 이 경쟁기제 안에는 개인의 노력 여하에 따라 성공 여부를 결정한다는 개인 환원적 이데올로기가 담겨 있다. 그런데 기성세대는 이러한 구시대적 관행과 시스템을 완화하려고 노력하기보다 더욱 강화하려 한다. 그리고는 교사의 책임을 묻는 방식으로 자라나는 세대를 관리하고 통제하려 한다.

그런데 어디 그런가? 아이들의 성적을 결정하는 요인은 얼마나 노력했느냐가 아니라, 부모의 직업이라는 조사가 있다. 학생들을 향하여 '너도 열심히 하면 성공할 수 있다'는 주술적 되뇜을 해야 하는 교사들도 마음이 편치 않지만, 정말로 심각한 것은 끔찍한 경쟁 속에서 희망조차 가질 수 없는 아이들의 전망 없는 미래에 대한 좌절이다. 이 아이들은 그것을 논리적으로 표현할 수는 없으니 일탈 행동으로 보이려 한다.

이 혼란과 무질서는 꽤 오래 갈 것이라 본다. 어쩌면 더 심해질 수도 있다고 본다. 누구를 탓할 것도 없다. 지난 날 성인들이 보여준 물적 욕망의 모습을 보면서 성장한 아이들이 즉시적 욕망을 탐하는 것은 어쩌면 지극히 자연스런 모습이지 않을까? 성인들의 탐욕과 경쟁의 생존 방식을 보고 배워온 아이들은 이제 그들의 기성세대를 향하여 똑같은 방식으로 욕망을 표출하고 있다. 누굴 탓하랴.

---

31) 경향신문(2013년 11월 8일 기사). 『"학교폭력 승진가산점제 교사간 분열·갈등 조장"반발 거세』. 경향신문 11월10일자 ; 일선교사들이 학생지도로 인한 피로감을 호소하자 교육부는 2013년 학생지도 유공교사 승진가산점제를 도입하였다. 단위학교 교사 정원의 40%에만 주는 0.1점의 승진가산점을 받기 위해 교사들 간에 다툼이 일어나고, 줄세우기식·주먹구구식 심사에 대한 불신과 교육현장의 위화감도 증폭되고 있다.

나쁜 실용주의

일본의 유토리교육(여유교육)[32], 한국의 열린교육[33]은 대체로 실패했다고 하는 것 같다. 그런데 북유럽 쪽에서는 학생의 배움을 중심으로 사회적 상호작용을 강화하는 교육으로 성공을 거두어 세계 교육계의 찬사를 받고 있다. 어떤 차이일까?

일본의 여유교육, 한국의 열린교육을 실패라고 단정하는 것은 성급하다. 아직 진행 중이다. 그렇다면 무엇이 문제일까. 방법과 절차 위주로 그것이 담고 있는 취지를 기능화했기 때문이요. 다른 하나는 온 나라에서 정책적으로, 획일적으로 진행했기 때문이다. 좋다는 방법의 소개와 동시에 블랙홀처럼 빨아들이는 동아시아 국가들의 가공할 조급성에도 큰 원인이 있다. 단적인 예가 요즘의 자기주도적 학습이다. 그 철학과 취지는 순식간에 증발하고 기법만 남아 일부는 상업화하고 일부는 정책화 내지는 획일화하여 현장에 나쁜 영향을 미친다. 나는 이것을 '나쁜 실용주의'라고 부르며, 실용주의라는 언술로 국민을 현혹하는 분들에게 큰 책임이 있다고 생각한다.

핀란드는 30년 이상의 교육개혁을 중단 없이 추진하여 세계가 주목하는 성공을 거두었다. 중요한 것은 지표로 나타내는 결과뿐만 아니라 학생들의 행복한 삶을 이뤄냈다는 것이다. 20년이 넘게 국가교육청장을 맡아 핀란드 교육개혁을 이끌었던 에르끼아호[34]는 핀란드 교육의 성공 요인을 여섯 가지로 들었다. 차례로 열거해 보면, 모두를 위한 종합학교 (comprehensive school), 교사, 지속 가능한 리더십, 혁신에 대한 인정, 평가보다 배움에 초점을 둔 정책, 신뢰 등이다.

여기서 우리가 주목해야 할 것은 20년이 넘는 에르끼아호의 재임 기간 동안 정권이 여러 번 바뀌었음에도 불구하고 교육혁신 과정에 대한 신뢰로 교육이 정치로부터 실질적으로 독립해 있었다는 것이다. 정치논리나 경제논리가 아닌 교육본질에 근거한 철학으로 교육개혁을 이끌어 성공을 거두었기 때문에 핀란드 교육의 성과는 지표로 나타내는 성과 이상이다. 교육본질에 의거하여 교육이 삶의 가치를 실현하는 데 좋은 영향을 미치도록 촉진하는 것도 실용주의이다. 그러나 나쁜 실용주의는 교육을 출세의 도구쯤으로 인식하게 하고, 경쟁을 유발한다. 먹고 사는 수단으로써만 기능하는 교육은 먹고 사는 것과 거리가 있어 보이는 인문학, 예술 등을 무시하는 정책을 수립한다. 나쁜 실용주의는 결과적으로 시민의 문화적 품격과 자부심을 떨어뜨리는 데 일조한다.

우리나라의 경우 정권을 잡으면 가장 먼저 교육부터 손을 본다. 가장 먼저 대상이 되는 것이 국가 교육과정과 대학입시 제도이다. 당연히 온 나라가 혼란에 빠진다. 학교와 교사는 물론이고 학생, 학부모 할 것 없이 그 매뉴얼을 익히기 위해 소모적인 시간을 보내다가 다시 교육감, 교육부 장관

---

32) 일본은 유토리교육을 2002년부터 공교육에 본격적으로 도입하였다. 주입식 암기교육을 지양하고 창의성과 자율성 신장을 내세우며 학습량을 줄이는 방식으로 진행했다. 그러나 유토리교육은 학생들의 학력을 저하시켰다는 비판과 함께, 2007년 학력신장 교육으로 선회하였다.

33) 열린교육이란 각 학생들이 학습하는 속도나 관심사가 다르다는 것을 전제로 각자의 내재적 동기나 흥미에 의해 자율적으로 학습할 수 있게 하며, 교육활동의 과정 전반을 유연하게 편성하여 운영하는 교육활동의 형태를 의미한다. 한국에서는 1990년대에 도입이 되어 방법 중심으로 적용하였으나 역시 학력 저하의 주범으로 지목되어 시행된 지 5년도 안 돼 막을 내렸다.

34) Erkki Aho(2010).『핀란드 교육 개혁 보고서』.김선희 옮김(2010).한울림 88p

이 바뀌거나, 대통령이 바뀌면 도로아미타불 식이다. 원점부터 다시 시작하는 것이다. 아무리 북유럽에 탐방단을 보내고, 그중 일부를 받아들여 적용을 하고 소소한 효과를 보더라도 교육이 수단화되고 도구화되는 것을 막지 못하면 아무런 진전이 없을 것이다. 나쁜 실용주의, 어떻게 척결할 수 있을까?

02 ≪ 개인

" 가혹하게 엄습하는 개별화는 모든 사람들을 이기적으로 만들고, 물화된 욕망에 사로잡히게 하며, 내 몸과 내 마음만 평화를 얻으면 그만이라는 힐링 유행을 만들어 낸다. 진정으로 치유에 이르는 길은, 현실이 아무리 고달프고 갈 길이 멀더라도 나에게 힐링을 강요하는 구조를 통찰하는 것, 가야 할 방향을 아는 것, 그것을 위해 지금 해야 할 일과 마주하는 것이다. "

사회적 건강

건강은 신체적, 정신적, 사회적으로 바람직한 활동을 할 수 있는 몸과 마음의 상태를 말한다. 대부분의 사람들이 말하는 것은 신체적 건강이다. 사실 신체적으로 건강해야 온전한 생각, 또한 타인들과의 관계도 원만하다는 데는 큰 이견이 없을 터이다.

나 역시 건강에 대한 생각이 있다. 간단히 말해 신체적 건강에 대하여 크게 신경 쓰지 않는 것이 내 건강관이다. 물론 이러한 사고가 다른 사람들의 걱정을 불러일으키는 못된 것이라는 것을 알고 있다. 나는 그동안 신체적 건강을 중시하는 많은 사람들을 만나 보았다. 이들은 잘 발달된 근육, 혹은 균형 잡힌 몸매를 위하여 노력하고, 또 건강에 좋다는 음식을 잘 챙겨 먹으며, 삶의 우선 순위를 몸의 건강에 두고 있는 듯 보였다.

불가피하게 '건강을 위한 음식'을 먹는 자리에 함께할 때가 있다. 내가 이른바 건강식을 먹을 줄 모르니 별도의 음식을 마련해 주는 배려들이 있다. 사실 건강식을 전혀 못 먹는 것은 아니고 '건강식을 먹는 분위기에 익숙하지 못하다'는 표현이 더 적절할 것이다. 특히 '집단적으로 건강식을 먹으며 몸을 보신하는 분위기'에는 거의 적응하지 못한다. 의식적이든 무의식적이든 이것 또한 나에게 형성된 관념 같은 것이니 인생 좀 편안하게 살아 보라고 강권하지는 말기 바란다.

하여튼 나는 살면서 몸은 완전하게 건강하고, 그럼에도 운동을 열심히 하여 '더 건강한' 많은 사람들을 만나 보았다. 문제는 몸과 정신과 사회적 건강이 조화롭게 균형 잡힌 사람은 많지 않았다는 생각이다. 오히려 몸을 너무 아끼고, 챙기고 하는 분들 중에 사회적으로는 덜 건강한 분들도 많더라는 생각을 하게 된다. 건강을 잃은 후에 후회해도 소용없다는 협박에서부터 자신의 몸을 챙기지 못함은 이웃에 대한 불경이라는 것까지, 여러 주옥 같은 말씀들이 있지만 말이다.

국민소득이 조금 올라가고 여유 시간이 주어지니 너나없이 건강한 몸을 유지하기 위한 활동을 한다. 피트니스다, 뭐다 해서 동네마다 몸을 관리해 주는 곳이 생겨나고 건강한 몸을 위한 도서와 약품들, 또 건강 관련 산업이 번창한다. 지나치게 개인의 몸에 집중하게 되면, 타인을 배려하고 협력하는 시민성은 떨어진다. 신체적 건강을 강조하는 분들은 몸만 건강할 뿐, 사회적으로 건강하지 못할 때 더 많은 이웃이 고통 받을 수 있다는 것에 대하여는 관대하다.

건강한 몸을 유지하기 위하여 오늘도 열심히 걷고, 달리고, 근육을 발달시키고, 몸매를 다듬고, 영양분이 충만한 음식을 찾는 많은 분들이 그만큼의 열정과 정성을 주변으로도 나누어 주었으면 하는 바람이다. 나만 행복한 것이 아니라, 이웃과 행복을 나누기 위하여.

SNS 이야기

현재 8억 명이 사용하고 있는 대표적 SNS[35]인 페이스북은 마이크 저커버그[36]가 하버드 대학에 다니던 시절, 그의 기숙사에서 시작됐다. 처음에는 하버드 대학 안의 학생들만을 대상으로 하여 장난삼아 온라인 관계망을 형성해 주고 일상을 나누는 것으로 시작했다. 그러나 점차 스탠포드, 예일 대학 등으로 퍼져 나갔고 사업성을 인정받은 저커버그는 투자를 받아들여 페이스북을 일약 세계 최고의 SNS로 키웠다. 페이스북(facebook, 얼굴책)이란 말도 이 서비스가 처음 시작된 배경을 말해 준다. 여학생들의 얼굴 사진을 통신망에 올려 놓고 좋은 사람을 선택하는 '놀이' 방식으로 시작했기 때문이다.[37]

페이스북을 이용하는 사람들의 동기는 다양하지만 그중 으뜸은 '내 이야기를 들어주고 공감해 주는 것'에 대한 열망이다. 또 페이스북에서는 자기 일에 대한 홍보, 자기 관점을 주장하기, 단순 일상을 기록하는 일 등 개인의 일상이 텍스트로 변환한다. 물론 '눈팅'이라 해서 글은 올리지 않고 남의 글을 읽는 것을 위주로 활동하는 사람도 있다. 좀더 긴 글을 올리고자 노트 기능을 사용하는 사람들도 있고, 마음 맞는 사람들과 은밀한 이야

---

35) SNS(Social Network service) : 온라인 사회관계망 서비스를 말한다. 이용자들은 SNS를 통해 타인과 관계를 맺고 소통하며 정보를 교환한다. 대표적인 SNS로 페이스북, 트위터 등이 있다.

36) 저커버그(Mark Elliot Zuckerberg)는 페이스북의 공동 설립자이자 회장이다. 하버드 대학교 학부 재학 중, 같은 대학 친구들과 함께 페이스북을 설립하였다.

37) 데이빗 핀처(David Fincher)가 감독하고 제시 아이젠버그(Jesse Eisenberg)가 주연을 맡았던 영화 '소셜 네트워크(The Social Network, 2010)'는 저커버그(Mark Elliot Zuckerberg)가 처음 페이스북을 시작할 때의 모습을 생생하게 그리고 있다.

기를 나누기 위하여 비공개 그룹을 만드는 분들도 있다. 어떤 것이든 개인의 활동 방식이니 다 인정된다. 페이스북은 원래 그런 곳이다.

어쨌거나 페이스북을 사용하는 가장 큰 동기는 '누군가 내 이야기를 들어주고 그것에 공감해 줄 것'을 기대하는 것이다. 이를 뒤집어 이야기하면 열심히 글을 올리는 데 아무도 봐주지 않거나, 읽는 사람이 공감하지 않으면 상처를 받을 수도 있다는 말이다. 상식적인 토론의 수위를 넘어 글에 대한 공격이나 글쓴이에 대한 악의적 발언 등은 경청과 공감을 기대했던 글쓴이에게는 모욕으로 받아들여지면서 분노와 좌절감을 느끼게 만들기도 한다. 때로 이것으로 인해 관계가 악화되기도 하고 좋지 못했던 관계가 회복되기도 한다.

페이스북의 구조는 이런 모든 것들을 담아내는 역할을 하지만 페이스북의 구조가 사용자들의 관계에 관여하지는 않는다. '댓글'을 달고, '좋아요'를 누르고, 다른 생각을 표출하고, 발언을 넘어 비판, 비난, 저주에 이르는 모든 과정이 페이스북을 통해 이뤄지지만 이것은 인간이 가진 소양에서 비롯되는 것이지 페이스북이라는 관계망 때문은 아니라는 말이다. 하여튼, 현대인 모두는 '타인에게 인정받고 싶은 마음'이 강하다. 어떤 경우는 타인을 공격하거나 무시하여 자신의 존재를 부각하려는 마음도 있다. 이 모든 경우들은 인정 욕구의 각기 다른 버전들이다.

개인적 견해로 관점과 사상이 오고가는 토론은 담벼락보다는 '그룹'과 같은 별도의 장에서 하는 것이 좋을 것 같다. 자신의 철학과 관점을 일방적으로 주장하고 보아 달라 하는 것도 좋게 보이지 않고, 그 부분에 대하여 극단의 공격을 하는 것도 좋아 보이지는 않는다. 페이스북에 글을 쓰는 대부분의 동기가 타인의 인정과 공감을 바라는 것일 때 그로 인해 위안을 삼고 삶의 에너지를 얻고 싶은 것일 때는 더욱 그렇다. 이럴 때 페이스북은 위안이 아니라 피곤함의 장소가 되는 것이다.

통찰과 안목이 뛰어나고 인내심 또한 탁월하여 모든 것을 내적으로 소화할 수 있는 능력을 갖춘 인간이라면 모르되, 우리 같은 범인(凡人)들은 이 공간 안에서 서로 위로하고 경청, 공감하며 성장하기를 원한다. 이것이 바로 페이스북에 '좋아요'라는 하나의 선택만 있는 이유다.

행복 이데올로기

SNS에 올라오는 글들을 읽자니, '이러이러 해서 참 행복한 하루였다.', '집착을 버리고 작은 것에 만족한 순간, 마음이 편안해졌다.'는 등 사소한 일상에서 행복을 찾는 글들이 많다. 물론 글쓴이의 뜻을 존중한다. 부럽기까지 하다. 나 역시 그런 욕망에 사로잡힐 때가 있음을 고백한다. 사소한 것에서 행복감을 느낀 적이 많지 않았던 것이 문제지만 말이다.

오늘도 미디어는 '수고한 당신, 이제 스스로를 위해 살아요.', '당신 마음먹기 달렸어요.', '당신은 힐링이 필요해요.'라고 부르짖는다. 유명 작가들이 너도나도 청춘과 힐링을 들먹이고, 명망가 교수는 물론 정치인과 종교인까지 개인의 상처받은 마음을 치유하겠다고 나선다. 대체로 이 분들이 내세우는 치유의 방식이란 문제의 근원을 개인으로 치환하여 화를 삭이고, 상대를 용서하며 그로 인해 마음의 평화를 찾으라는 '거지발싸개' 같은 접근이다. 발싸개만 새 것으로 바꾸면 당장의 기분은 좋아지겠지만, 이로 인해 거지의 존재 자체는 바뀌지 않는데도 말이다.

오늘을 사는 사람들의 위기는 여기에서 비롯된다. 깊은 사유는 인간을 구원하기보다 인간들에게 스트레스와 질병을 주므로 깊이 고민하지 말 것이며, 남 탓하지 말고, 소소한 일상에서 행복을 찾으며 늘 기쁜 마음으로 살아가라고 주문하는 이 사회는 모두를 '생각 없는 인간'으로 만들지 못해 안달한다.

만약 당신이 유명 패스트푸드 체인의 회장이라면, 그 일의 말단에서 일하는 '알바'들이 어떻게 생각하고 어떻게 일을 하기를 바랄까? 말단의 알바들은 감자칩을 바삭하게 만들기 위해 몇 도의 기름에 담갔다가 몇 초 만에 꺼내어 공기 중에 몇 초 동안 냉각했다가 내어 놓는, 최상의 맛을 유지하는 기술을 가진 '달인'이 되기를 희망할 것이다. 뉘라서 말단 알바가 패스트푸드의 역사와 이윤 구조, 자신의 시급과 회장의 연봉과의 상관관계, 트랜스 지방이 인간에게 미치는 영향을 생각하기를 바랄까?

결국, 구조에 대한 생각과 고민이야 개인의 자유이지만 그것을 달가워하지 않는 권력자는 말단 알바가 그런 사치스런 생각을 하지 못하도록 그의 작업을 면밀하게 분석한 뒤, 감자칩을 만드는 데 최대한 집중해야만 약속된 시급을 받아갈 수 있도록 과학적으로 매뉴얼을 짤 것이다. 권력자는 가능하면 말단 알바들 중에서 그 일에 충실한 일꾼을 선발하여 주기적으로 우수사원으로 임명하고, 다른 이들에게 모범적 사례로 제시할 것이다.

거대 방송사의 사장이 기자들에게 '기사의 연성화'를 주문하는 것도 같은 맥락이다. 미담을 잘 발굴하여 보도하는 것을 뉴스의 미덕으로 삼는 권력자는 시청자가 개인과 구조의 관계를 통찰하는 것이 달갑지 않다. 이 경우 저널리즘은 유명인의 사생활을 들추어 독자들의 말초적 감각을 자극하는 것으로, 모든 개인이 자신과 직접 관련된 일에만 집착하게 하는 몹쓸 도구로 전락한다. 이런 사회 구조에서 힐링 산업이 발달한다. 힐링 비용은 개인의 부담이다. 그 모든 원인과 결과가 개인으로 치환되는 사이 권력자는 자신의 권력을 온존히 강화해 나간다.

좋은 미담을 읽으면 마음이 흐뭇해지면서도, 현실에 대한 개선의 여지가 전혀 없는 개인 차원의 마음먹기에 달린 미담일 때는 꽤 씁쓸하다. 구조를 통찰하고 사유를 통해 사물의 근원에 다가서려는 노력은 먹고 살 만한 사람들의 사치스런 유희가 아니다. 좋은 미담 뒤에 숨겨진 전체와 개인의 관계를 통찰하지 않는 한, 현대인의 팍팍한 삶은 한 치도 개선되지 않으리란 것이 명백하다.

이봐, 젊은이!

서울대학교에서 국정원의 정치 개입을 성토하고 국정조사를 촉구하는 시국선언이 있었다고 한다. 곧 다른 대학으로 확산될 조짐이 있는 모양이다. 그동안 대학은 시국 문제에 크게 반응하지 않았다. 이슈가 없어서였을까? 그동안 크고 작은 이슈들은 있었다. 단지 그들의 실존적 입장에서 보면 덜 중요했을 뿐이다. 도대체 그들의 실존적 입장이란 무엇일까? 젊은이들이 대학에서 공부하는 목적은 무엇일까?

유명한 교육학자 분은 지금도 교육의 단 한 가지 목적을 '심성함양'이라고 주장한다. 맞다. 지당하신 말씀이다. 그런데 이 말은 요즘의 젊은이들에게 대책 없는 공허감을 유발한다. 학자께서는 조선시대의 선비처럼 공자왈 맹자왈 하며 삶의 비루함과는 전혀 상관없이 양반의 체면을 지키며 고고하게 심성함양을 해야 한다고 주도하고 있지만, 젊은이들에게 현실은 너무 버겁다.

대학에서 학점을 매길 때 상대평가를 실시한 지는 꽤 됐다. 고등학교까지만 경쟁하는 것이 아니라 이 땅에 사는 한, 평생을 경쟁 속에서 살아야 한다. 이 경쟁이 그들에게 숨 쉴 틈을 허락하지 않는다. 긴장의 끈을 놓으면 단순히 원치 않는 직업을 얻게 되는 것이 아니라 당장의 먹고 사는 문제를 영영 해결하지 못하게 되어 피폐한 삶을 살 수밖에 없다는 압박감은 지성의 요람인 대학에서 젊은이들의 사유를 앗아가고 있다.

누군가는 '아파야 청춘이다', '천 번을 흔들려야 어른이 된다'하고, 누군가는 20대부터 마음 다스리는 법을 알아야 잘 살 수 있다고 하고, 내려

놓을 것도 없는 젊음들에게 '내려놓으세요', '비워야 채워집니다'를 주문하는 이 기형적 구조는, 오로지 '먹고 사는 문제'에만 과잉 집착하게 만든 요인이다.

이 사회는 젊은이들의 답답하고 버거운 일상을 개인적 능력으로 치환하여 '너만 열심히 하면 살 만한 사회야'라고 주술 같은 속삭임을 계속한다. 이 틈을 타서 청춘 멘토들이 희망을 주겠다며 입담을 과시하고, 피곤한 청춘들을 향해 폭력적 힐링 산업이 난무한다.

그런 와중에 대학생들로부터 시국에 대한 목소리가 터져 나왔다. 찻잔 속의 태풍으로 끝날지, 파급력이 꽤 오래 갈지 지금 속단하기 어렵다. 그러나 목소리를 내었다는 그 사실 하나만으로도 충분히 반갑다. 젊음은, 그 에너지가 꺼져 정말로 먹고 사는 일에만 집중할 수밖에 없는 처절한 생활인이 되기 전까지 목소리를 낼 자유가 있으며 그것이 곧 지성이다. 또한 길게 보아 진리 탐구라는 대학 본연의 기능이 회복되는 길이기도 하다.

치유적 글쓰기

오로지 이타적인 마음으로만 글을 쓰는 사람이 있을까? 나 자신은 그렇지 않다는 것을 먼저 고백해야겠다. 더하여, 나는 대부분의 사람들이 자기 자신을 위해 글을 쓰고 있다고 믿는다. 말하자면, 그것이 글을 쓰는 목적이다. 자기 자신을 위해 쓰는 글, 이것이 치유적 글쓰기의 본질이다. 절대 빈곤은 해결되었다고 하지만, 한편으로 현대인들은 풍요 속의 결핍 때문에 고통 받는다. 결핍의 양상은 무기력 혹은 고독과 소외감으로 나타난다. 특히 현대인들이 느끼는 소외는 때론 참혹하기 이를 데 없다. 스스로 생을 정리하는 안타까운 사건들의 근원을 추적하면 거의 예외 없이 소외의 문제가 있다. 사람은 많으나 '내 얘기를 들어 줄 사람이 없다는 것'이 소외의 본질이다.

결국, 글을 쓴다는 행위는 소외에 시달리는 현대인들의 절박한 외침인 '내 얘기를 들어 주세요'의 한 방편인 것이다. 페이스북을 보라. 내면의 외로움을 호소하는 글이 도처에 널려 있다. 어떤 사람은 배설하듯이 자기 홍보에 열을 올리고(사실은 이것도 외로움 해소의, 혹은 자신의 오욕칠정을 드러내는 방법이다), 어떤 사람은 상대를 하나 정하여 쉴새없이 두드려 팬다(이런 측면에서 누군가 공공의 적이 돼 있는 상황은 현대인들의 분노를 수렴하는 역할을 한다.) SNS의 기능 중 훌륭한 것이 이렇게 표현하고 발산하게 함으로써 우울이나 소외를 극단적 방법으로 해소하는 것을 어느 정도 제어하는 것이다.

사람들은 외부 세계와 의사소통할 때 보통 세 가지 방법에 의존한다.

말, 글, 실천이다. 이 중 말은 들어줄 상대가 있어야 하고, 실천은 그것을 담보해줄 상황이 조건이 된다. 그런데 글은 상대가 없어도, 상황이 여의치 않아도 다양한 방법으로 쓸 수 있다. 공개, 비공개를 막론하고 빼어남과 조악함을 넘어 기록으로 남길 수 있다는 점에서, 또 다른 수단보다 자기 자신에게 솔직해질 수 있다는 점에서 글은 내가 추천하는 가장 좋은 치유 제이다.

나는 '솔직 담백한 개인의 일상적 서사'를 좋아하고 또 즐겨 읽는 편이다. 이렇게 타인의 글을 읽고 그의 내면을 상상하며 때로 쌍방간 소통을 시도할 수 있는 공간이 있다는 점은 얼마나 다행한 일인가. 어떤 사람이 글을 쓸 때는 그 글이 미칠 파장과 반응에 신경을 쓴다. 그 글은 어렵게 자신을 드러내고, 주장하고, 타인을 설득하고, 공감하고 싶은 욕구의 반영이기 때문에 적절한 방법으로 반응을 보이는 것이 글쓰기 세상의 매너다. 이것은 실존적 소외를 극복하기 위한 방편이기 때문에 '품앗이'의 성격을 가질 때 효과가 극대화된다.

나에게 울림을 주는 글, 혹은 내 사유를 재촉하는 글, 별것 아닌 일상사에서 묻어 나오는 따뜻함과 진지함, 치열한 삶의 흔적들을 보면 우리는 '좋아요'나 간단한 '댓글'을 달아 '당신의 얘기를 잘 들었어요. 공감해요.'라고 표현할 수 있다. 이것이 품앗이가 잘 되어 치유의 효과가 커진다면 아마 심리치료사들, 정신과 의사들 일거리가 많이 줄어들지 모르겠다. 그분들의 생계 걱정은 되지만 그 분들이 줄어들수록 살 만한 세상이라는 것에 토를 다는 분들은 없을 것이다.

공짜로 쓸 수 있는 좋은 공간에서 다양한 사람들과 경험을 만난다. 대부분의 현대인들이 필수적으로 가지고 있는 '실존적 소외감'을 서로 부대끼고 공감하고 위로하는 가운데 극복해 간다. 그 과정에서 에너지를 얻고 삶의 의미와 용기를 얻는다. 안목과 통찰력을 키워 세상을 보는 눈을 가다듬는 것이다. 이것이 글쓰기가 가진 치유의 힘이다.

(페이스북 담벼락에 쓴 글로는) 꽤 긴 글이었다. 아마 여기까지 읽은 벗들께서는 댓글 한 줄 달아야겠다는 욕구를 주체할 수 없을 것이다. 말리지 않겠다.[38]

---

38) 필자의 페이스북 주소 http://www.facebook.com/younggi.ham

힐링 유감

인터넷 검색창에 '힐링'을 넣었더니 많은 정보가 나온다. 힐링이란 말이 유행된 지 그리 오래된 것 같지 않은데 검색 결과의 대부분이 상업적 정보들이다. 과연 힐링이 대세인 모양이다. 힐링의 상업화는 몸과 마음이 병들고 상한 사람들이 많다는 것을 말한다.

사람들 사이에 오고가는 대화에도 힐링이라는 말이 자연스레 섞인다. 매일 만나는 미디어는 힐링캠프, 힐링여행, 힐링푸드, 힐링센터, 힐링체조 등 관련 정보들을 쉴새없이 쏟아 낸다. 힐링(healing)의 본래 의미는 병이 들었거나 몹시 지쳐 있는 몸과 마음을 본래대로 치유하여 정상화한다는 것이다.

내가 힐링에 대하여 유감스럽게 생각하는 이유는 병들고 지친 책임을 개인에게로 전가하는 환원 방식 때문이다. 이 방식에서 힐링은 개인의 몸과 마음에 집중하게 한다. 몸을 충분히 쉬게 하여 새 기운을 돌게 하고 마음을 다스려 평화를 준다는 힐링.

거꾸로 접근해 보자. 개인의 몸과 마음을 지치게 만들어 힐링을 찾게 만드는 근원은 무엇일까? 그 근원이 해소되지 않고 개인의 몸과 마음만 다스려서 과연 진정한 치유에 이를 수 있을까? 그저 소모해 버릴 뿐인 힐링은 개인을 지치게 만든 몹쓸 구조를 정작 가리고 있다.

몇 해 전 과로와 스트레스로 몸 상태가 최악이었던 적이 있다. 그때 내가 가장 많이 들었던 말은 바로 '내려놓아라', '욕심을 버려라', '무조건 쉬어라' 곧, '힐링하라'는 말이었다. 나에게 도무지 어울리지 않는 말로,

쉼을 강요하고 있는 주변에 야속하고 답답했다.

사람들마다 쉼의 방식, 치유의 방식은 다양하다. 어떤 사람에게는 육체적 휴식과 정신적 안정이 최고의 치유 방식이라는 것을 존중한다. 과학적으로도 그렇고 인간적으로도 그러하다. 그러나 또 어떤 사람에게는 아무리 육체적·정신적 쉼을 주어도 걷히지 못하는 갑갑증이 있다.

가혹하게 엄습하는 개별화는 모든 사람들을 이기적으로 만들고, 물화된 욕망에 사로잡히게 하며, 내 몸과 내 마음만 평화를 얻으면 그만이라는 힐링 유행을 만들어 낸다. 진정으로 치유에 이르는 길은 현실이 아무리 고달프고 갈 길이 멀더라도 나에게 힐링을 강요하는 구조를 통찰하는 것, 가야 할 방향을 아는 것, 그것을 위해 지금 해야 할 일과 마주하는 것이다.

육체의 질병, 마음의 고통보다 더 무서운 것은 개별화한 채로 엄존하는 전망의 부재이다. 적어도 나에게는 당장의 몸과 마음의 평화를 취하는 것보다 전망을 고민하는 일이 중요하다.

독서의 힘

다음과 같은 네 종류의 책이 당신 옆에 놓여 있다. 읽을 시간은 충분하다. 어떤 책을 먼저 읽을 것인가?

① 업무와 관련하여 유용한 정보가 담긴 책
② 인간관계, 화법, 리더십 등 자기계발서
③ 문학, 역사, 철학 등 인문학 도서
④ 연예인들의 사생활을 담은 책

문화체육관광부가 실시한 2011년 국민독서실태조사에 따르면 우리나라 어른들은 일 년에 평균 9.9권의 책을 읽고 있는 것으로 나타났다. 평일 기준, 하루 평균 독서 시간은 25분이었다. 이 같은 수치는 OECD 국가 중 최하위 수준이다.

우리나라 어른들 과반수 이상이 본인의 독서량이 부족한 것으로 생각하고 있다. 독서를 방해하는 요인으로는 '일이 바빠서', '책 읽는 것이 싫고 습관이 들지 않아서', '다른 여가 활동을 즐기기에 바빠서' 등의 순으로 나타났다. 한편 어른들은 책을 읽는 이유로 '새로운 지식, 정보를 얻기 위해서'를 으뜸으로 꼽았고 '교양을 쌓고 인격을 형성하기 위해서', '시간을 보내기 위해서' 등의 순으로 책을 읽는다고 밝혔다.

어떤 책을 즐겨 읽는가와 관련하여, 인문학 도서의 독서량이 크게 줄고 있다고 한다. 생활에 직접 도움이 되지 않기 때문이다. 생활에 직접 필요한 것 위주로 독서 방향을 잡으면 위 집계처럼 새로운 정보를 얻는 방편이나 자신의 능력을 키우는 계발서 위주의 책을 고르게 된다. 단지 시간을 보내기 위해서 책을 찾는 사람에게는 연예인들의 사생활을 담은 책이 흥미롭게 읽힐 것이다.

나라 안팎으로 주요한 사건들이 있을 때 이것을 받아들이는 사람들의 사고 체계는 모두 같지 않다. 자기와 직접 연관이 없으면 관심조차 갖지 않는 경우도 있고, 관심을 갖더라도 자기의 경험에 비추어 부분적으로만 해석될 뿐이다. 이때 가능한 전체를 보고 통찰하는 능력은 어디에서 비롯될까?

단언컨대, 독서의 힘이다. 독서 중에서도 '생각과 안목을 키우는 종류의 책'들을 많이 읽어야 자기의 시선에 따라 현상을 해석할 힘이 생긴다. 물론 독서를 많이 한다 해서 그 내용의 기계적 합만큼 생각의 힘으로 나타나지는 않는다. 특히 인문학 관련 도서들은 읽었다고 해서 바로 사유의 힘이 키워지지 않는다. 꾸준히 읽고 새겨 세상사에 대한 문리가 트여야 사물을 바라보는 시선이 형성된다. 그렇게 하기 위해서는 이전 독서의 경험이 중요하고, 그 위에 새로운 독서의 경험을 연속적으로 재구성하여 인식 주체 안에 쌓이도록 해야 한다. 통합적 사유의 힘을 키우는 데 가장 좋은 영역은 인문학이다.

학생들은 오로지 스펙을 쌓는 일환으로 기능적인 독서에 내몰리고, 어른들이 자신의 업무 능력에 직접 소용되는 책만 찾는 경우에는 독서로 인한 통찰과 안목이 키워지기보다 기계적이고 절차적인 일에 능숙하나, 내면에서 우러나오는 사유를 기대하긴 힘들다. 시민들의 깊은 사유는 '문화적 역량'이 된다. 현상을 해석할 수 있는 힘이 생기고, 예술을 즐길 수 있는 미학적 감식안이 되며, 타인과의 관계 능력을 향상시켜 결국 민주적 시민성의 가장 중요한 소양을 뒷받침한다.

아울러 다수 시민의 의사와 무관하게 진행되는 지배 기득권 세력들의 의도를 읽을 수 있고, 역사를 왜곡하는 세력들의 욕망을 해석하며, 경제논리로 일관하는 자들의 잘못된 사고가 눈에 들어온다. 어른들의 독서는 '제대로 살아가기 위한 힘'을 키운다.

03 《 학교

" 아이들과 씨름하고 갈등하며, 부조화로 가득한 하루를 견디고 난 후, 교사들은 '학교, 이대로 괜찮은 거야?' 라고 스스로에게 반문한다. 그것은 거대하게 굴러가는 현실 속에서 참을 수 없는 존재의 가벼움을 확인하는 표현이거나, 아니면 그 속에서 실오라기 같은 전망을 발견하고자 하는 처절한 몸부림 속에서 나온 비명과도 같은 말이다. "

학교 상상

"근대교육의 조종(弔鐘)이 울리는 소리가 들려온다. 종이 울리기 시작한 지는 이미 한참 되었지만, 아직도 그 소리를 듣지 못한 이들도 적지 않은 듯하다…. 근대교육의 조종 소리를 아직 듣지 못했거나 듣고도 못 들은 척하는 이들은 아마도 그 소리가 자신의 밥그릇 깨어지는 소리로 들리기 때문이 아닐까?"[39]

존 테일러 개토의 '바보 만들기(부제: 왜 우리는 교육을 받을수록 멍청해 지는가)'의 한국어판을 펴낸 현병호의 말이다. '학교를 넘어서(이한, 1998)', '교육 통념 깨기(민들레편집실, 2010)' 등 탈(脫)학교 상상을 해왔던 이들의 도발적 질문이다. 이미 오래 전 일리치와 라이머는 '학교는 죽었다'라고 외치며 학교 무용론(無用論)을 제기한 바 있다. 내가 20대의 젊은 교사였을 때 에베레트 라이머의 '학교는 죽었다' 서문에 나온 베르톨트 브레히트의 '상어 이야기'[40]를 읽고 전율했던 기억이 새롭다. 이들은 폭력적 제도교육에 더 이상 기대할 것이 없다고 말한다. 학교는 사회화의

---

39) Gatto, John Tayler(1992). 『왜 우리는 교육을 받을수록 멍청해 지는가』. 김기협 옮김 (2005). 민들레 13p

장이기보다 따뜻한 인간관계를 가로막고 있는 통제체제에 불과하며, 오히려 사회 계층화를 더욱 심화시킨다고 지적한다.

기존의 교육개혁 프로그램으로 학교를 개선하여 교육의 본위를 회복한다는 것은 환상일뿐이라고 말하는 학교 무용론자들의 시선은 '탈학교'를 향한다. 이들은 과도적 형태로 대안학교를 제시하며 홈스쿨링 같은 배움의 형태를 추천한다. 학교가 아닌 '배움 공동체'를 통하여 제도 학교가 가진 한계를 넘어서고자 한다. 근대적 학교의 기원을 생각해 보면 이들의 주장에 일견 수긍이 가기도 한다. 산업혁명 이후 읽고 쓸 수 있는 노동력을 요구했던 사회적 필요에 의해 오늘날과 같은 형태의 학교가 성립되었다. 그러므로 탈근대를 말하는 요즘 근대적 유물을 대표하는 학교를 넘어서는 상상을 하는 것은 지극히 자연스럽다.

가르침의 최일선에서 '요즘 아이들'을 만나고 있는 교사들의 생각은 어떨까? 아이들과 씨름하고 갈등하며, 부조화로 가득한 하루를 견디고 난 후, 그들은 '학교, 이대로 괜찮은 거야?' 라고 스스로에게 반문한다. 그것은 거대하게 굴러가는 현실 속에서 참을 수 없는 존재의 가벼움을 확인하는 표현이거나, 아니면 그 속에서 실오라기 같은 전망을 발견하고자 하는 처절한 몸부림 속에서 나온 비명과도 같은 말이다. 비단 아이들과의 관계뿐만 아니라 거대한 행정 시스템의 부속으로 기능하는 소모적 실존을 들여다보는 교사가 '가르치고 배우는 일의 본질'이 무엇인지를 놓고 고뇌하는 일 또한 지극히 자연스럽다.

우치다 타츠루는 교육을 개혁한다는 것이 마치 고속으로 달리고 있는 고장 난 자동차를 멈추지 않고 수리하는 것만큼이나 어렵고 힘든 일이라고 말한다.[41] 현실적인 고백이다. 근대교육의 조종이 울려 공교육을 중단시키고 혁명적 상상을 현실로 옮기는 상상 또한 달리는 자동차를 멈추지 않고 수리하는 것과 비슷한 정도의 감각과 예술성을 필요로 할 것이다. 교육의 개선을 둘러싸고 벌어지는 여러 갈래의 생각과 주장들은 그래서 더욱 복잡하고 미묘하다.

학교(공교육)를 살리자는 외침이든, 탈학교를 상상하는 것이든, 교육에 대한 '말'을 쏟아 내는 것은 굉장히 중요한 의미를 갖는다. 이것이 현학적 말놀음으로 끝나더라도 이런 이야기는 더 나와야 한다. 다만, 학교를 살리자는 외침 중에서 학교(교사)의 권위와 질서를 되찾고, 지식 전달의 기강을 바로 세우고, 그래서 투입한 만큼의 효율을 담보하여 교육경쟁력을 갖추자는 등의 전근대적 발상은 멈추었으면 한다. 달리는 자동차를 멈추지 않고 수리해야 하는 것이 필연적 과제라 할지라도 이 부분만큼은 자동차를 멈추고 수리하고 싶다. 그렇지 않다면 근대교육의 조종은 멈추지 않고 계속 울려댈 테니 말이다.

---

40) Everett Reimer(1971). 『인간없는 학교(김석원옮김, 1981, 한마당)』의 서문에 소개되었다.
   ; 상어가 인간이라면 작은 물고기들을 위해 바다 속에 튼튼한 집을 지어 주고 튼튼하고 쾌활하게 키울 것이라는 것이다. 유쾌한 물고기가 상어의 먹잇감으로 더 좋을 테니 말이다. 이제 상어는 학교를 만들고 도덕, 지리, 예술을 가르칠 것이며, 이 모든 가르침은 상어를 위해 영웅적으로 희생하도록 만든다. 또한 몇몇 물고기에게는 더 높은 자리를 주어서 더 작은 물고기들을 관리하도록 특권을 준다. 여기서 브레히트는 작은 물고기들을 관리하는 특권을 가진 물고기를 '선생'으로 보았다. 근대적 학교 제도를 통렬하게 조롱하고 있다.
41) 内田樹(우치다 타츠루).『교사를 춤추게 하라』.박동섭 옮김(2012).민들레 20p

교사와 학생의 만남을 허하라

새 학기는 학생에게나 교사에게나 설레는 때다. 학생들은 누가 새 담임이 될까, 어떤 분일까, 어느 교실에서 공부하게 될까, 어떤 친구를 만날까, 누구와 짝이 될까…, 모든 것이 궁금하다. 교사도 마찬가지다. 새 학기엔 어떤 업무를 맡을까, 어떤 아이들이 새로 들어올까, 어떤 방식으로 첫 만남의 시간을 가질까, 교실을 어떻게 구성할까, 작년에 제대로 못한 수업과 대화를 어떻게 풀어 갈까 등을 설레는 마음으로 고민한다. 바로 이 설렘이 좋은 교육을 만드는 원천이다.

그런데 막상 새 학기가 되면 교사들은 폭주하는 업무 때문에 아이들과 나눠야 할 귀중한 시간을 놓치고 만다. 새 학기는 설렘을 교육적 의미로 만들 좋은 기회인데 교사들은 처리하고 관리해야 할 일이 너무 많다. 공문으로 하달되는 업무를 마감 시한에 쫓겨 처리하다 보면 정신이 쏙 빠진다. 새 학기를 이렇게 보내고 나면 설렘을 교육적 에너지로 만들 귀중한 시간은 다 지나가고, 교사들은 일 년 내내 아이들에게 시달린다. 그렇기 때문에 새 학기 준비를 겨울방학 때 완료해 놓을 것을 주문하기도 한다. 그러나 미리 준비하는 것으로 가능하지 않는 사항들이 많다. 아이들과 직접 만나야만 생겨나는 교육적 상황들이 있기 때문이다. 이때 직면하는 그 상황은 교사에게 숙고와 여유를 요구한다.

아이들에게만 집중하고 싶은 마음은 모든 교사가 한결 같다. 새 학기에는 다른 어느 때보다도 교사와 아이들에게 만날 시간을 더 많이 주어야 한다. 매년 똑같이 되풀이 되는 소모적 업무에 소중한 시간을 빼앗기는 것은 정말 안타까운 일이다. 교사가 아이들에게 온전히 집중하려면 새 학기에 주어지는 많은 일들을 잘 구분해서 아이들에게 정말로 필요한 일이 아니면 신속하게 뚝딱 해치우는 슬기를 발휘할 필요도 있다. 진정으로 어떤 일이 아이들에게 필요한지는 어떤 잣대로 알아볼 수 있을까? 그 경계는 모호해서 칼로 무 자르듯 구분하기 힘들지만 한 가지 분명한 기준이 있다. 지금 이 일이 "아이들의 전인적 발달에 얼마나 도움이 되나?" 하는 것이다.

전인적 발달은 아이들의 몸과 마음을 건강하게 하고, 다른 사람과 좋은 관계를 맺을 수 있는 능력을 키우는 것이다. 수업·생활지도·상담 등 모든 교육활동의 목표는 이것을 향해야 한다. 전인적 발달을 위해서는 무엇보다도 새 학기에 교사가 아이들과 집중해서 만날 시간을 온전히 주어야 한다. 학교는 '가르치고 배우는 일'이 일상적으로 일어나는 공간이다. 이밖에 교사와 학생을 소모시키는 모든 것을 과감하게 솎아내는 것이 전인적 발달을 돕는 길이다.

자유의 속박과 저항

학교폭력이 발생하는 근본 원인을 따지지 않고 대증적 처방만으로 겉으로 보이는 현상만을 교정하려는 시도로는 학교폭력을 해결하기는커녕 속으로는 더욱 멍이 들게 마련이다. 지난 정부와 현정부에 이르기까지 실시했던 학교폭력 실태 전수조사, 복수담임제 실시, 스포츠 활동 강화, 가해 사실 학생부 기록, 담당교사 가산점 부여, 학생부장 연수 및 수업시수 경감… 이 모든 것들이 근본 대책과는 거리가 멀다. 이 중에는 복수담임제와 같이 실패를 자인하고 슬그머니 학교에 맡겨버린 것도 있고, 가해 사실 학생부 기록과 같이 시도교육청과 마찰을 빚거나 담당교사 가산점 부여와 같은 본말이 전도된 대책도 있다.

그런데, 학교폭력 문제를 좀더 명확하게 드러낸 연구가 있다. 일본의 이지메 전문가 나이토 교수는 폭력을 키우는 학교 구조를 바꾸자고 제안한다. 나이토 교수는 '모르고 지내던 아이들이 하루아침에 같은 집단에 편성되어' 공동체적 질서를 강요받는 데서 여러 문제가 발생한다고 보았다. 연구자는 이를 '군생집단'이라 명명한다.[42]

그는 지금까지 어떤 인연도 없었던 또래의 아이들을 한데 묶어 아침부터 저녁까지 교실에 모아 놓고 생활 전반을 감시하는 학교 구조는 강제수용제도와 마찬가지라고 혹평했다. 머리에서 발끝까지 '학교의 색'을 입히고 학교생활 하나하나에 같은 기준을 들이대 자신의 의지와 선택이 없는 공간은 이지메가 발생할 좋은 토대가 된다는 것이다.

우선 나는 나이토 교수가 단기적 대안으로 제안한 '학교가 성역으로서의 특권을 버리고, 학급 제도를 폐지하거나 느슨하게 해야 한다'는 것을 진지하게 검토해 볼 필요가 있다고 생각한다. 학생지도를 강화하는 것으로 해결하려고 하는 우리의 방법과, 학급을 폐지하거나 느슨하게 하자는 나이토 교수의 제안의 차이를 봐야 한다. 이 차이는 과거 이반 일리치나 에베레트 라이머의 학교무용론, 최근의 탈학교론을 다른 각도에서 순화한 것으로도 볼 수 있지만, 지금 학교의 모습을 보면, 차라리 현실적인 대안일 수도 있겠구나 하는 생각이 든다.

물론 학급 폐지, 느슨한 결합과 같은 획기적인 제안에 반발할 분들이 있으리라는 것을 안다. 그렇지만 새롭게 상상하지 않으면 아무것도 할 수 없는 지경에 이르렀다는 점을 먼저 상기해야 할 것이다. 얼마나 더 아이들이 세상과 등을 져야 획기적인 제안을 진지하게 검토할 수 있을지 안타까울 따름이다. 에너지가 분출되는 사춘기 시절에 에너지를 어떻게 발산하게 해줄지 고민하지 않고, 그들의 자유를 속박하면 저항이 생기게 마련이다.

---

42) 경향신문(2013년 3월27일 기사), 『"학교폭력은 학교 그 자체 때문이다. ⋯ 강제수용소같은 일체감이 폭력조장"』.

학교, 민주적 의사소통의 장

경기도교육청이 40개의 초·중·고등학교에 대하여 '학교 민주주의 모델학교'로 지정한 바 있다. '학교 민주주의'는 식상함과 신선함의 이중성이 교차하는 어휘이다. '지금이 어느 때인데 민주주의야?'라는 측면에서 식상함이요, '지금이야말로 학교 민주주의를 바짝 거론할 때'라는 측면에선 신선함이다. 난 신선함에 무게를 둔다. 민주적 학교운영은 '학교혁신'의 가장 중요한 전제이기 때문이다.

민주주의가 꽤 진전되었다고 하는 요즘, 아직도 학교 사회는 구성원 간 의사소통이 제대로 되지 않아 갈등과 괴로움을 겪는 경우가 많다. 심지어 혁신 학교에서도 소통의 문제가 심각하여 구성원들이 소진해 가는 원인으로 작용하기도 한다. 일선 교사들과의 인터뷰에서 드러난 '통하지 않는 학교'에서는 대체로 다음과 같은 문제들이 발견된다.

- 공식적인 정보 유통의 양이 줄어든다.
- 전체 구성원의 뜻과 다른 의사결정이 자주 일어난다.
- 무슨 일을 하든지 책임을 면할 방도부터 생각한다.
- 구성원들의 자발성이 현저하게 줄어든다.
- 교직원회의 등 공식 조직이 힘을 발휘하지 못한다.
- 대화보다 문서, 과정보다 성과를 중시한다.

교사와 학생 모두 하루 중 가장 많은 시간을 보내고 있는 가르침과 배움의 장에 민주적 소통이 절실하다는 것은 어제오늘의 이야기가 아니다. 많은 문제들이 의사소통의 부재, 관리자의 독단적 결정, 대화의 회피에서 야기된다. 구성원이 자발적으로 참여하지 않고, 책임을 면할 방도부터 생각하는 방식의 학교는 살아 있는 조직이라 할 수 없다.

경기도교육청에서 추진하는 학교 민주주의 모델학교가 구성원들의 충만한 의사소통을 바탕으로 합리적이고 생산적인 의사결정을 지향하는 학교가 되기를 바라는 이유가 여기에 있다. 활발한 의사소통은 구성원의 참여 동기를 부추긴다. 아무리 좋은 계획도 구성원들의 자발성에 기초하지 않으면 추진 과정에 힘이 붙을 수 없다. 학교 민주주주의 실현은 학교 활동의 계획 단계에서부터 실행 및 평가에 이르기까지 모든 구성원의 자발적 참여를 촉진하는 중요한 과제이다.

한편 학교 민주주의는 학생회나 교직원회의 등 절차와 방식으로만 완성될 수 없다. 학교생활의 모든 사태와 장면 속에 민주적 시민성이 뿌리내리도록 하는 것은 절차적 민주주의보다 훨씬 중요한 일이다. 민주주의를 실현할 수 있도록 제도적 장치를 확보하는 것과, 삶 속에서 시민성을 체화시켜 가는 것은 동시에 이루어져야 한다. 아이들의 전인적 발달에서 중요한 영역인 '사회적 발달'은 타인과의 관계를 바탕으로 이루어진다.

요즘 아이들은 특히 타인과의 관계 능력이 취약하다. 삶 속에 녹아드는 민주적 시민성은 타인과 관계를 맺고, 협력하며, 갈등이 생겼을 때 이를 슬기롭게 해소하여 에너지로 만들어 갈 수 있는 역량이다. 학교 민주주의 모델학교 시행 과정에서 이런 문제까지 포괄하면서 풍부한 실험이 이뤄지기를 기대한다.

예견된 실패, 자사고

자율형 사립고등학교는 처음 도입될 때부터 많은 문제를 안고 있었다.[43] 상당수 자사고에서 학생 모집이 정원에 미달됨에 따라 이명박 정부 교육정책의 근간이라 할 수 있는 학교 다양화 플랜이 된서리를 맞고 있다. 서울시교육청이 집계한 서울지역 자사고 추가모집 최종 마감 결과를 보면, 지난 12월 3일 원서 접수를 마감한 2011학년도 입학전형에서 지원자가 모집 정원에 미달해 추가모집을 한 13곳 가운데 10곳이 정원을 채우지 못했다고 한다.[44]

해당 학교와 교육 당국은 진퇴양난에 빠지고 말았다. 자사고를 그대로 운영하자니 대거 미달된 상태에서 애초의 목적을 달성할 수 없게 되었고, 그렇다고 지정을 취소하자니 이미 합격한 학생들에 대한 처리가 문제이다. 그야말로 수습불가의 난국적 상황을 초래하고 있다.

교과부가 모집 정원을 채우지 못한 자사고에 대해서는 해당 학교가 원할 경우 시·도 교육감이 자사고 지정을 유예하거나 취소할 수 있도록 허용할 방침이라고 밝혔지만, 이것으로 사태가 가라앉을 것이라고 보는 것은 대단히 근시안적 발상이다. 우선 미달된 학교에서 한 해를 어떻게 운영할 것이냐에 대한 답을 내어 놓기가 너무 어려운 문제이기 때문이다.

자사고 정책이 자리를 잡기도 전에 대규모 미달 사태가 일어나고 첫 지정 취소 사례까지 생기게 됨에 따라 정책 전반 재검토가 불가피하다는 지적도 나오고 있다.[45] 요즘 교육의 모범 사례로 자주 오르내리는 핀란드는 초·중등 및 특수학교를 함께 아우르는 종합학교에 대한 아이디어를 세우고 추진하는데, 그 성과를 확인하기까지 꼬박 20년 이상의 정성을 쏟았다. 교육 정책만큼은 정권이 바뀌어도 일관성을 유지하자는 국민적 합의가 있기에 가능했던 일이다. 현재 우리가 경험하고 있는 자사고 문제는 근본부터 잘못된 정책의 말로를 보는 것 같아 씁쓸하기 그지없다.

자사고를 추진하는 입장에서 보면 수요 예측의 잘못이라고 기능적 진단을 내릴 것이 뻔하다. 그러나 이러한 의견에는 '자사고 정책은 옳았지만…' 이라는 전제가 깔려 있기 때문에 온전히 동의하기 힘들다. 이쯤 되면 보다 근본적인 진단과 정책 전환이 필요하다. MB표 교육정책의 핵심 중 하나인 학교 다양화 플랜은 시작부터 많은 문제를 안고 있었다. 검증되지 않은 정책을 밀어붙이기 식으로 진행한 것도 문제이지만 그 수습의 방안과 절차 역시 신뢰를 주지 못하고 있다.

한편 자사고 운영 당사자들에게도 문제가 있다. 자사고 도입 취지를 무색하게 하는 입시학원식 교육과정 운영(국영수 비율을 늘리겠다는 학부모 대상 홍보는 단적인 예다), 밤 11시까지 강제적 야간 자율학습을 시키겠다는 발상 등 오로지 대학입시 진학률만을 염두에 둔 파행 운영은 지탄을 받아 마땅하다.

해법을 멀리서 찾으려 할 필요가 없다. 특별한 학교를 많이 만들어 교육의 문제를 해결하는 것보다 대다수 일반 학교들을 정상화시키고 교육력을 강화하는 것이 해법이다. 그것이 실추된 공교육의 신뢰를 회복하는 가장 빠른 길이다.

---

43) 자사고(자율형 사립고등학교)는 이명박 정부의 고교 다양화 정책에 의하여 교육과정, 학사운영 등을 자율적으로 운영하는 사립고등학교를 말한다. 학교운영을 위하여 일반 고등학교보다 약 3배의 등록금을 받을 수 있도록 돼 있다. 2011년에는 대규모의 미달 사태가 있었다.
44) 한겨레신문(2010년 12월17일 기사). 『자사고 추가모집서도 무더기 미달』.
45) 한겨레신문(2010년 12월19일 기사). 『[사설] 학생까지 외면하는 '자사고' 전면 재검토 하라』.

학급의 의미를 다시 상상함

'학급(class)'은 인위적 관리 단위이다. 공교육이 대중화되고, 학교의 규모가 커지는 과정에서 관리의 편의성을 도모하고자 도입된 것이 학급이다. 이런 의미에서 학급은 배우는 자의 필요보다 가르치는 자의 필요에 더 가깝게 진화해 왔다. 배우고 가르치는 일, 무엇인가를 나누어 주고 걷는 일, 먹는 일, 체험학습이나 수련활동 등 모든 활동은 학급을 중심으로 진행한다. 아이들과 교사의 성과는 학급을 기준으로 측정하여 비교된다. '학급별 성적 비교표'가 이것과는 하등 관련이 없는 담임교사의 능력을 가늠하는 도구로 쓰인다는 것은 널리 알려진 사실이다.

학급이 가르치는 자의 필요에 의해 인위적으로 만들어졌다는 것은 그 운영 방식에서 드러난다. 이 소단위의 책임자인 담임은 관리를 최우선으로 여기게끔 요구받는다. 관리의 목적은 학업 성취 및 무사고이다. 그것을 효과적으로 달성하기 위해 각자에게 번호가 부여되고 명렬표 및 각종 기록부가 만들어진다. 종종 성취와 무사고를 위해 명렬표와 기록부는 구성원을 통제하는 수단이 된다. 다양한 학급경영 기술과 매뉴얼이 있고, 이것을 잘하는 교사가 전문가로 호명되기도 한다.

그런데 아이들 입장에서 보자면 학급은 하나의 사회적 공간이다. 하루 중 꽤 긴 시간 동안 아이들의 삶이 그곳에서 이뤄진다. 삶이 이뤄진다는 측면에서 그곳은 구성원들의 생태계이다. 아이들은 그곳에서 타인과 교류하고 의사소통한다. 심각한 갈등이 발생하고 협력과 경쟁이 일어나기도 한다. 패거리가 만들어지기도 하며, 스스로 고립되어 자기만의 세계 속에서 사는 아이도 있다. 한마디로 이곳은 문화적 생태계이다. 비록 학급은 인위적 관리 단위이지만, 이 안에서 아이들의 삶은 자연발생적 문화를 형성한다.

결국, 학급은 인위적으로 관리하려는 자와 문화적으로 생활하는 자가 공존하는 공간이다. 여기에 심각한 부조화가 있다. 이런 생태계라면 담임은 필연적으로 감시자가 되기 마련이며, 아이들은 감시당하는 자로 살아갈 수밖에 없다. 감시당하는 자 중에서도 서열이 존재한다. 생태계의 맨 아랫단에 위치한 아이들에게 학급은 매일 끔찍한 경험을 해야 하는 곳이기도 하다. 학급 안에서 발생하는 서열문화를 스즈키 쇼(2012)는 '교실 카스트'라 명명하면서 학교폭력과 집단 따돌림 현상의 뿌리가 되고 있다고 말한다.[46)]

가끔 학생들의 역동적 삶을 염두에 두고 학급운영 방식이 제안되기도 한다. 또 민주적 학급공동체라는 이상적인 모델을 상정하고 이를 위해 노력하는 담임들도 있다. 그러나 학급이라는 단위가 만들어지는 과정을 생각하면, 역시 학급은 기본적 관리 단위 이상을 벗어날 수 없다. 말하자면 이 시스템 속에서 교사는 잘해야 '어느 정도 민주적 감시자'가 될 뿐이고, 아이들은 '문화를 감시당하는 자'로 살아간다.

그러므로 학급을 다시 생각할 때가 되었다. 새로운 상상이 아니라면, 이런 부조화를 깰 방도가 없기 때문이다. 새로운 상상은 현재를 뒤엎는 참신한 것이어야 한다. 가령 학급이라는 시스템이 반드시 존재해야 하는 것일까? 이런 불온하고 발칙한 상상이 필요하다. 상상의 출발점은 관리가

---

46) 鈴木翔(스즈키 쇼, 2012).『교실 카스트』. 김희박 옮김(2013).베이직북스

아닌 문화이다. 관리와 문화라는 상충된 요구가 충돌하는 기존의 학급 시스템에서 온갖 문제들이 발생했다. 학교폭력도 그곳에서 시작됐고, 경쟁과 갈등 혹은 소외의 문제가 생겼다.

이 문제를 사고할 때 교사 중심에서 관리와 통제, 무사고 달성과 같은 후진적 관념 속에서는 새로움이 상상되지 않는다. 이러한 상상을 처음 할 때는 저항감이 있다. 현실을 배반해야 하기 때문이다. 그러나 어떤 창조도 현실을 인정하는 데서 출발하지 않는다. 새로운 상상이 필요할 때라는 징표는 이미 너무 많이 드러났다. 누군가의 골방 속 상상이 많은 이들의 사유를 자극했으면 한다.

이제 위의 이야기가 한 이상주의자의 뜬구름 잡는 망상이 아니라는 것을 밝힐 차례다. 학교라는 제도화된 공간에서 아이들을 가르치는데, 학급이라는 기초 단위가 아니라면 어떻게 교육이 이뤄질 수 있을 것인가를 생각하는 당신은 전형적인 '관리형 타입'이다. 아이들을 관리와 통제의 대상으로 여기는 한 새로운 상상이 끼어들 여지는 없다. 또한 생각만 공동체니 어쩌니 하면서 실제로는 온갖 제도화한 통제권한을 발휘하고 있는 경우도 마찬가지다. 새로운 상상은 이 모든 현실을 뛰어 넘는 것으로부터 출발한다.

현재 40대인 교사가 정년 전에는 목도하게 될 학교 또는 새로운 배움터에 대한 상상이 필요한 시기가 바로 지금이라고 생각한다. '학교의 형태'를 고정적으로 사고하다 보면 학급에 대한 생각은 다른 조건들을 따라가는 종속변수에 불과하다. 가령 20년 전의 학교 사정을 생각해 보자. 한 학급에 60명의 학생들이 절대적인 자원 배분 권한을 가진 담임교사 아래서 나름대로 질서를 유지했다. 지금 학급당 학생 수는 30명까지 줄어들었지만 학급운영 방식이 획기적으로 변하였는가? 변하기는커녕 대부분의 학급관리 방식은 한 치도 달라진 것이 없으며 오히려 더욱 정교하고 촘촘하게 디지털 데이터베이스로 관리하고 있다.

다시 20년 후를 생각해 보자. 정부는 학급당 정원을 획기적으로 낮추려 하지 않을 것이다. 기껏해야 20명대 후반에서 유지될 가능성이 크다. 왜 그럴까? 경제를 움직이는 것은 교육이라 했던가? 아니다. 그것은 그들의 논리이고 실제로는 경제가 교육을 움직인다. 그래서 교육이 경제에 종속되고 있고, 더욱 심화되고 있는 것이다. 갈 길은 뻔하다. 지금보다 더욱 정교하고 촘촘하게 훨씬 '전자적으로' 관리하게 될 것이다. 심지어 RFID[47] 같은 기술은 지금 당장이라도 아이들의 교실 출입을 디지털 방식으로 관리할 수 있다.

새로운 상상이 없다면, 기존의 질서가 온존·강화·안정화하기를 바란다면 그 머리에서 나올 수 있는 상상은 위에서 내가 딱 언급한 내용 정도이다. 학급당, 교사 일인당 학생 수는 생각만큼 획기적으로 줄어들지 않을 것이며 '성취와 무사고'를 최우선에 놓는 패러다임 역시 변하지 않을 것이다. 그런 정도의 상식적 판단으로는 이 흐름에 섞여 있는 '음모'를 발견해 내기가 쉽지 않다.

방향을 달리하여, 이렇게 생각해 보자. 현재 아주 완만하게나마 학급 당 학생 수가 줄어들고 있었다. 두 가지 요인이 있다. 하나는 정책적으로 여건을 개선하기 위한 노력이다. 학교를 신설하고 학생들을 분산 배치하는

---

47) RFID(Radio-Frequency Identification) 기술은 전파를 이용해 먼 거리에서 정보를 인식할 수 있다. 이 기술을 활용하여 학생들의 출결, 급식 등을 관리할 수 있다.

과정에서 비롯된 것이다. 그런데 이보다 훨씬 중요한 것이 있다. 바로 '인구의 자연감소'이다. 지금 우리가 보고 있는 상황은 사실 인구감소분에 의한 것들이다. 앞으로는 인구감소 효과가 더 크게 작용할 것이다.

당신이 만약 의사결정 권한을 가진 교육정책가라면 어떻게 하겠는가? 인구의 자연감소에 따른 학생 수 감축 효과도 노리고 동시에 새로운 시설 투자를 거듭하여 학급당 학생 수를 획기적으로 줄이겠는가? 아니면 '적정 수'를 유지하면서 경제적 효과를 함께 보려 할 것인가? 물으나 마나 한 질문이다. 당연히 후자이다. 적정 수를 유지하기 위한 경제활동 가운데 한 가지가 작은 학교 통폐합이요, 교사를 증원하지 않는 것이다.[48] 혹은 언제라도 해고 가능한 비정규직 교사의 수를 늘려가는 것이다. 이 사항은 논증을 필요로 하지 않는다. 최근 수년 동안 보아 온 것이다. 직관으로 알 수 있다.

더 영악한 사람이라면 기존의 체제를 고수하려는 정규직 교사와 불완전 고용에 시달리는 비정규직 교사 간에 싸움을 붙여볼 수도 있다. 그래서 국민들이 볼 때 현실에 안주하려는 교사들과 적은 급료에도 불구하고 아이들을 위해 열심히 헌신하는 교사로 대비시키는 효과를 볼 수도 있겠다. 최근 몇 년 사이에 학교 안에 급팽창한, 그리고 앞으로도 예견되는 비정규직 교사들의 모습에서 읽어 낼 수 있는 미래에 대한 지표들이다.

인구 자연감소분만 반영시키더라도 앞으로 10년 후에는 학급당 20명 선으로, 20년 후에는 학급당 10명대에 진입할 수 있다. 단, 교원법정 정원이 지켜진다는 전제 속에서 그렇다. 그리고 학급당 학생 수의 획기적 감소가 교육적으로 매우 효과적이라는 국민적 공감대와 함께한다면 말이다.

학급의 의미가 새롭게 조명되기 위해서는 바로 '학교의 규모'가 지금보다 현저하게 작아져야 한다. 대도시 과대 과밀학교 문제가 얼마나 심각한지는 더 이상 보충 설명이 필요 없을 것으로 안다. '학교를 더 많이 지어야 하고, 대도시 땅값이 얼마인데…' 등의 경제 논리를 다시 펴는 분들이 있을까봐 좀더 보충하면, 학교를 새로 지어야만 현재 학교의 규모를 줄일 수 있는 것이 아니다.

기존 건물을 이용하면서도 복수 개수의 학교가 들어가 있는 새로운 형태의 학교 개념도 생각해 볼 수 있다. 10명대로 줄어든 학급 규모라면 기존의 교실이 너무 크기 때문에 이를 두 개 이상으로 분할하여 사용하는 것이 가능하다. 사실 이것은 순전한 내 의견이 아니고 북유럽에 가보니 한 학교에 복수 개수의 학교가 들어서 있는 개념의 학교도 있고, 한 교실을 반으로 나누어 아이들을 분리 배치하는 경우도 있었다.[49]

지금보다는 현저하게 규모가 축소된 학교라는 조건, 학급을 유지하는 것이 '촘촘하고 정교하게 전자적으로' 아이들을 관리하자는 것이 아니라는 조건이 충족된다면, 이미 학급의 개념은 지금과는 사뭇 다르고, 담임의 역할도 달라질 것이다. 아니면 그 과정에서 이미 학급이라는 관리 단위는 의미를 갖지 못할 수도 있다. 전반적으로 '생태문화 공간'으로 학교가 탈바꿈하는 과정을 밟게 되는 것이다. 그 안에 사회적·문화적 체험을 하기

---

48) 이명박 정부 시절 교육과학기술부는 '적정 규모의 학교를 육성하겠다'는 목표 아래 초·중학교는 6학급 이상, 고등학교는 9학급 이상, 학급당 학생 수는 최소 20명 이상을 최소 규모로 정한 초·중등교육법 개정안을 추진했었다.
49) 스웨덴의 푸트룸 종합학교는 큰 학교 속의 작은 학교를 여럿 두는 개념으로, 핀란드의 라또까르타노 종합학교는 한 교실의 공간을 두 개로 나누어 별도로 운영하는 방식으로 학교와 학급에 대한 새로운 상상을 하고 있다.

위한 단위 같은 것, 자기에게 필요한 배움의 공간을 찾아가 일시적으로 묶이는 단위 같은 것들이 지금의 학급 개념과는 완전히 다르다.

어떤 이들에게는 내 상상력의 일단이 '이상주의자의 과대망상'으로 들릴지도 모른다. 그런데 미안하게도 나에게는 그런 지적을 하는 사람들이 '한 치 앞도 보지 못하는 매우 빈약한 안목의 소유자'로 생각된다. 되짚어 생각해 보자.

지금 학교에서 일어나는 많은 문제들의 근원은 자유로운 상상의 나래를 억압하는 온갖 통제와 경쟁 구조라고 생각하지 않는가? 그것은 구조와 사람에 걸쳐 일어나는, 아이들의 전인적 발달을 저해하는 몹쓸 것들이다. 나는 아주 심각하게 다음 세대들에게 안겨줄 희망의 교육 시스템을 이야기하고 있는 것이다. 가르치는 자의 이런 상상이 아니고서야 어찌 자라나는 아이들로부터 멋진 상상력을 기대할 것인가?

SWOT 분석 유감

1970년대 미국의 스탠포드 대학에서 처음으로 도입된 SWOT 분석[50]은 기업의 환경분석을 통해 강점(strength)과 약점(weakness), 기회(opportunity)와 위협(threat) 요인을 살피고 이를 토대로 마케팅 전략을 수립하는 기법이다. SWOT 분석은 과학적 분석도구이자 경영학적 패러다임 사고의 산물이라고 할 수 있다.

기업에서 자주 사용하던 SWOT 분석이 학교교육 계획서에서 자주 발견되고 있다. 특히 혁신학교의 교육계획서 첫머리에는 예외 없이 SWOT 분석이 들어가 있다. SWOT 분석 내용을 보면 학교교육의 목표를 제시하고, 그 목표를 달성하기 위해 현재 주어진 강점과 약점을 열거하고 있다. 그 다음 기회와 위협요인을 열거하고 이 분석에 기초하여 학교교육의 방향을 제시하는 것으로 돼 있다.

많은 혁신학교에서 SWOT 분석 결과, 그 대안으로 '배움과 돌봄, 협력과 소통'이 필요하다고 하면서 특정의 수업모델을 제시한 바 있다. 학교교육을 둘러싸고 일어나는 학생들의 경험의 연속적 재구성 과정에서 역동적으로 일어나는 현상이 바로 배움, 돌봄, 협력, 소통 같은 개념들이다. 이러한 어휘들이 교육적 개념을 획득하는 이면에는 이와 같은 학교교육과 학생들의 경험이 만나는 맥락적인 상황이 있다. 이러한 이유 때문에 이 개념은 기본적으로 과학적 패러다임으로는 설명하기 힘들다.

그럼에도 불구하고 SWOT 분석을 통하여 학교교육의 방향을 제시하게

---

50) http://www.smartinsights.com/marketplace-analysis/swot-analysis/swot-analysis/

되는 경우, 질적이며 역동적인 과정으로서의 개념을 과학적, 기능적 개념으로 치환해버리는 오류를 범하게 된다. 학교교육을 연속적으로 재구성하는 하나의 사태로 바라볼 때 SWOT 분석 방법은 적절한 틀이 아니다. 그보다는 학생, 학부모, 교사, 지역주민들로부터 나온 '이야기'에 주목할 필요가 있다. 학교에 대하여 어떤 느낌과 바람을 가지고 있는지, 어떤 활동과 수업을 원하고 있는지, 무엇이 개선되고 극복되었으면 하는지를 폭넓게 들어보는 것이 소수의 기획 단위에서 나온 SWOT 분석보다 훨씬 유익하다.

SWOT 분석의 대안으로는 '전원 참여, 전원 분석' 방법이 권장된다. 필자가 제안한 바 있는 이 방법은 구성원 전체가 한 공간에 모여 학교운영을 평가하고 새 학기 계획을 세우는 방식이다. 우선 모든 구성원은 기획팀에서 제시한 용지에 자신의 의견을 적어서 제출한다. 가령 용지에는 서너 개의 공통 질문(학교운영의 성과와 문제점, 새 학기에 추진하고 싶은 활동 내용 등)과 자유 제안을 쓸 수 있는 공간이 있다.

여기에 모든 구성원은 바람직한 학교운영을 위한 자신의 생각을 쓴다. 제출한 용지는 기획팀에서 분석한다. 많은 교사들이 거론한 내용, 소수가 지적했지만 의미 있는 내용 등을 빠짐없이 기록하고 필요한 경우 범주화한다. 이제 한 번 더 구성원 전체의 모임을 갖고 전면적 토론을 실시한다. 여기서 나온 의견들을 바탕으로 새 학기 계획을 수립하는 것이다. 물론 학교장도 자신의 경영관을 의견으로 제시하여 반영할 수 있다.

이러한 '전원 분석, 전원 참여' 방식의 학교교육계획 수립은 우선 구성원 전체를 계획 단계부터 참여시켜 주체로 세운다는 의미가 있다. 아울러 모든 학교활동에서 자발적 참여 동력을 확보한다는 차원에서도 큰 의미가 있다. 교사들의 자발적 참여는 학생들의 긍정적 참여를 이뤄내는 동기로 작용할 수 있다. 혁신학교를 비롯한 현재의 학교교육계획 수립 절차는 소수의 교사에게 계획부터 평가까지 업무가 할당되어 있어 해당 교사의 피로감을 가중시키고, 정보가 공유되지 않아 전체 구성원의 참여가 자발적으로 이뤄지지 않는다는 한계가 있었다. 전원 분석, 전원 참여 방식을 통하여 이 같은 문제를 어느 정도 극복할 수 있다.

교장의 역할과 학교 의사소통

학교 단위 교사연수 강의를 나가면 강의 전에 학교장과 짧은 티타임을 갖는 경우가 있다. 이 시간에 학교장은 자신의 학교 경영관을 피력하기도 하고 학교의 실태나 환경을 설명해 주기도 한다. 아울러 자신이 교사들과의 소통이나 구성원들의 복지를 위해 신경을 많이 쓰고 있다고 말한다. 심지어 이런 학교장의 마음과 노력이 강의를 통하여 교사들에게 전달되었으면 하는 바람까지 내비치는 경우도 있다.

한편 교사들은 자신들이 학교장과 얼마나 답답한 소통을 하고 있는지, 이것이 우리 학교만의 얘기인지, 다른 학교들은 어떤지 등등의 얘기를 듣고 싶어한다. 몇 마디 대화를 나누다 보면, 이 불통의 원인이 어디서 비롯되는지 대략적인 정보를 얻을 수 있다. 사실 이런 학교일수록 공식적으로는 문제가 드러나지 않는 경우가 많다. 밖에서 보아 아무런 문제가 없어 보이고 심지어 모범적인 학교경영 사례로까지 소개되고 있지만 안에서는 의사소통의 심각한 장애를 겪고 있는 것이다.

혁신학교라 해서 크게 다르지 않았다. 성공적으로 운영되고 있다는 학교조차도 학교장과 교사들 간의 갈등과 마찰이 자주 있었고, 오히려 어떤 곳은 혁신학교로 지정되기 전보다 더 힘들어졌다고 어려움을 호소하였다. 이들 학교에서는 혁신학교의 목적을 둘러싸고 교장과 교사들 간에 이견이 있었고, 이를 대화를 통해 좁히지 못하고 있는 경우가 많았다. 내부형 공모제를 통해 교장이 된 경우, 평교사들의 입장과 처지에서 생각하려고 노력하지만, 전반적으로 의사소통을 통한 문제 해결의 경험이 부족한 탓에 안타까워하고 있었다.

경험적으로 보아 교장이 좋아하는 교사들에게는 몇 가지의 공통점이 있다. 자신이 맡은 일을 과묵하게 잘 처리하는 교사는 어떤 교장에게나 선호의 대상이다. 또 갖추어야 할 것을 빠짐없이 잘 갖추어 학교평가나 학교장 경영능력평가에 보탬이 되는 교사를 좋아한다. 무엇보다 교장은 자신의 의중을 잘 파악하고 이것을 관철하기 위해 다른 교사들을 설득할 수 있는 능력을 가진 교사를 가장 좋아한다. 정작 아이들의 바람직한 교육과는 아무런 상관이 없는 데도 말이다.

교장실과 교무실은 거리상으로 십 미터밖에 되지 않지만, 어떤 교사에게 이 거리는 참으로 멀고, 교장실의 벽은 한층 높게 느껴진다. 용기를 내어 마음먹은 바를 얘기하려 하면 긴장이 되고, 혹시 불만이 가득한 교사로 찍히지나 않을까 노심초사한다. 학교현장에 만연한 '상호 불간섭주의'는 직접 나와 관련이 없는 것을 말하는 것을 곱게 보지 않는 풍토가 있다. 이런 풍경 속에서 교사들은 개별화돼 간다. 교사들의 개별화 현상은 학교 전체의 교육력의 저하로 이어질 가능성이 크다.

의사소통에 대한 이해가 있는 교장이라면 교사들이 이런 환경 속에서 생활하고 있다는 것을 알아야 한다. 그러므로 '언제든 교장실로 와서 마음껏 말씀하시라'고 구호로만 외칠 것이 아니라 교사들의 이야기를 듣기 위해 적극적으로 찾아 나서는 것이 중요하다. 교사들의 이이야기를 잘 듣는 것은 학교 생태계를 살아 숨쉬게 하는 원천이 될 수 있다. 교사들의 이야기를 '날 것 그대로 듣는 능력'이 사려 깊은 교장이 갖추어야 할 덕목이다. 교사들의 이야기를 경청하는 교장이 있는 학교와 의사소통 불능 상태에 빠진 교장이 경영하는 학교는 그 문화가 다르다. 교사와 학생의 말이 강물처럼 흐르는 학교는 갈등이 있어도 그들의 노력으로 조율할 능력을 가진다. 학교장의 열린 마음은 민주적 학교공동체의 시작이다.

학교를 방문했을 때 교장과의 짧은 티타임 시간에 권해 드리는 내용이 있다. 가끔 시간을 내어 교사들의 이야기를 '그냥 한 번' 들어보라는 것이다. 그 속에 학교를 통하게 하는 아주 중요한 단서가 있을지도 모른다는 말과 함께.

배움의 공간을 다시 생각함

　기성세대에게 학교의 '복도'를 떠올려 보라 하면 어떨까? 일반적으로 복도에서 연상되는 것은 '썰렁함'이다. 특히 외부 세계와 한 장의 유리로 접해 있는 한겨울 학교의 복도는 '추운 곳'이라는 이미지가 지배적이다. 내가 초등학생이었던 40여 년 전이나 지금이나 복도는 언제나 난방에서 제외된 추운 공간이다. 요즘 아이들에게 있어서 복도는 담요를 뒤집어쓰고 뛰어가며 괴성을 지르는 곳이다. 그만큼 한겨울의 복도는 썰렁하고 춥다. 아이들 편에서 학교의 복도는 외부와 교실을 연결하는 단순 통로일뿐이다.

　3년 전 방문했던 북유럽의 여러 학교에서 복도의 개념은 우리와는 많은 부분이 달랐다. 스웨덴의 푸트룸 종합학교를 방문했을 때 방문객들이 첫 번째로 한 것은 두꺼운 외투를 벗어 옷장에 거는 일이었다. 이 학교의 학생들 역시 학교에 등교하면 외투를 벗어 옷걸이에 걸고 그 다음 일정을 갖는다. 학교 내부에서는 다시 외투를 입을 일이 없다. 그 곳 학교들의 복도는 통로 이상이었다. 복도는 아이들이 편안하게 쉴 수 있는 공간이자, 토론과 학습의 공간이었다. 그들은 편안하면서도 학습동기를 유발할 수 있는 공간으로 복도를 설계했고, 생활 공간인만큼 복도를 난방 구역에서 배제하지 않았다.

　핀란드의 라또카르타노 학교의 복도 역시 학생들 입장을 배려한 구조였다. 이 학교의 복도에는 아이들이 언제든지 모여서 토론할 수 있는 모둠형 테이블과 의자가 배치돼 있고 군데군데 인터넷에 연결되는 PC를 놓아

두었다. 아이들은 언제든지 둘러앉아 담소를 나누거나 토론을 하고, 필요한 경우 PC로 다가가서 정보를 검색하곤 한다. 아울러 복도는 교사와 학생이 마주앉아 상담을 하는 장소이기도 하다.

이 학교의 복도를 따라 이동하다 보면 코너에 놓인 소파를 발견하게 된다. 비단 이 학교뿐만 아니라 북유럽 학교의 복도에서는 모서리마다 소파를 놓아두어 아이들이 언제든 편안하게 쉬도록 배려한다. 즉, 집이나 학교나 별반 다를 바 없는 환경을 제공함으로써 아이들의 심신이 최대한 안정되도록 한다. 북유럽 아이들의 교육경쟁력이 어디에서 나오는지 잘 보여주는 풍경이다.

우리가 복도를 난방구역에서 배제한 것과 달리 북유럽의 학교들은 복도까지 난방을 잘해서 한겨울에도 아이들이 반팔 티셔츠를 입고 취미 활동을 즐긴다. 스웨덴의 푸트룸 종합학교 건물을 잘 살펴보면 이곳 교육자들이 복도를 어떤 개념으로 생각하고 있는지 잘 드러난다. 이들에게 복도는 배움의 장소이자 놀이의 장소이다. 복도와 연결돼 있는 휴게실에서 반팔 티셔츠를 입고 당구를 즐기고 있는 학생들을 보고 잠시 우리나라 학교의 복도에서 떨고 있을 학생들을 떠올렸다.

이렇게 난방을 따뜻하게 하면 좋지만 난방비가 많이 들어가지 않느냐는 기자의 물음에 푸트룸 종합학교 홍보담당 교사 한스 알레니우스의 대답이 걸작이다. "난방은 연료의 문제가 아니라, 건물 설계 방식에 더 영향을 받는다. 우리는 학교를 지을 때부터 철저한 단열 시공으로 밖으로 새어 나가는 열을 가둔다."는 말이다. 밖으로 새어 나가는 열이 더 많은 우리 학교 구조를 생각해 보면, 비슷한 난방비를 쓰고도 훨씬 따뜻한 공간에서 생활하는 아이들이 부러울 수밖에 없다.

물론, 북유럽의 모든 학교들이 처음부터 이런 설계를 갖춘 것은 아니었다. 1980년대를 거치며 모든 아이들을 차별 없이 가르치는 종합학교 아이디어의 도입과 함께 학교 건물의 개혁도 단행되었다. 그들은 학교의 교육력을 높이는 데 방해가 되는 요소로 학교 건물의 비교육적 환경을 지목하고 세심한 설계와 시공으로써 배움의 공간을 완성하여 오늘날의 북유럽식 교육적 성취에 한걸음 다가설 수 있었다.

사실 우리의 학교들이 일자 복도와 사각형 모양의 교실을 고집한 데에는 그럴 만한 이유가 있다. 건축비가 가장 싸게 먹히는 방식이기 때문이다. 학교를 지으면서 아이들의 꿈과 희망을 생각한 것이 아니라 경제성과 효율성을 생각한 것이다. "어려운 조건에서도 열심히 노력하여 훌륭한 사람이 되어라…"하는 말은 요즘 아이들을 설득하기에 전혀 매력적이지 않다.

19세기 교실에서 21세기의 대표적 기기인 스마트폰에 중독돼 있는 아이들은 오늘날 우리 교육환경을 압축적으로 상징한다. 배움의 공간을 잘 꾸미는 일, 그 무엇보다 앞서 생각해야 할 사항이다. 학교를 개보수하거나 신축할 때에 어떤 점들을 고려해야 하는지 북유럽 학교들에서 시사점을 찾아보길 기대한다.[51]

---

51) 이 글은 2013년 2월 8일 오마이뉴스에 실린 필자의 기사를 재구성한 것이다.

핀란드의 고등학교, 놀라운 공간의 상상력

3년 전 북유럽 교육탐방 길에 방문했던 핀란드의 야르벤빠 고등학교에는 '아레나'라고 부르는 중앙 광장이 있었다. 대개의 핀란드 학교들이 그렇듯이 밖에서 보면 이 건물이 학교인지 아닌지 알 수 없다. 바깥 세계와 단절시키는 담, 크고 육중한 교문 같은 것은 없다. 학교에 다가서면 학교 명칭이 들어간 작은 간판과 소박한 출입문이 있다.

야르벤빠 고등학교의 아레나 내부

북유럽 학교들에서 볼 수 있는 공통점 중의 하나는 '화려하지 않은 외양, 편안하고 따뜻한 내부'라는 것이다. 야르벤빠 고등학교의 내부 구조는 학생들이 가장 편안한 분위기에서 공부할 수 있게 하자는 고민 속에서 설계되었다. 위에서 내려다본 이 학교의 모습을 보면 가운데 원형 광장이 있고, 몇 개의 건물이 방사형으로 연결돼 있다. 바로 이 원형 광장이 야르벤빠의 자존심이자 교사, 학생, 학부모의 소통의 공간이다.

이 원형 광장의 모습을 보고 필자는 바로 파놉티콘(panopticon) 구조를 떠올렸다.[52] 조금씩 형태만 다를 뿐이지 파놉티콘이 가진 아이디어는 오늘날에도 그 감시의 효율성 때문에 많은 감옥에서 채택하고 있다. 누군가는 파놉티콘의 아이디어에서 감옥만을 생각할 때 핀란드 사람들은 학교를 생각해 냈다. 이것이 핀란드인 특유의 상상력이다. 감시와 통제 그리고 책임과 자율은 백지 한 장 차이일뿐이다. 그 사소한 상상력이 야르벤빠를 만들었다. 이 학교의 구성원들은 아레나 광장에서 먹고, 대화하며, 휴식을 취한다. 아레나는 토론장이 되기도 하며 공연장으로 쓰이기도 하는 다목적 공간이다.

이곳 학생들은 매주 금요일 아레나에서 공연을 한다. 한 시간 이상 하는 거창한 공연이 아니다. 20분 정도의 쉬는 시간에 이루어지는 깜짝 공연이다. 아레나의 구조 덕분에 학생들은 자기 교실

아레나에서 공연 중인 야르벤빠 학생들

에서 한 걸음만 나오면 각 층의 어디에서든 무대를 가깝게 볼 수 있다. 공연이 끝나면 학생들은 바로 교실로 들어가서 수업에 임할 수 있다. 놀이와 수업이 이렇게 효율적으로 공존할 수 있다는 사실에 다시 한 번 놀란다.

필자가 이 학교를 방문했을 때 마침 학생들은 금요 공연을 펼치고 있었다. 더 놀라운 것은 과외 활동으로 밴드 연습을 한 것이 아니라 음악 시간에 공부한 것을 기초로 발표하고 있는 것이다. 밴드 소리가 울리자 학생들이 하나 둘씩 모여들었다. 1층에 있는 학생들은 그대로 무대를 주목하고, 2, 3층에 있는 학생들은 객석으로 내려올 필요 없이 자기가 있는 그 자리에서 공연을 관람하였다. 약 20분 동안 시끌벅적하게 공연과 환호성이 이

---

52) 파놉티콘은 19세기 영국의 철학자 제러미 벤담이 제안한 일종의 감옥 건축양식을 말한다. 파놉티콘의 어원은 그리스어로 '모두'를 뜻하는 'pan'과 '본다'를 뜻하는 'opticon'을 합성한 것으로, 벤담은 소수의 감시자가 자신을 드러내지 않고 모든 수용자를 감시할 수 있는 형태의 감옥을 제안하면서 이 말을 창안했다.

어지는가 싶더니 이내 잠잠해졌다. 공연이 종료됨과 동시에 학생들은 바로 돌아서서 자기들의 교실로 들어간 것이다.

파커 J. 파머(1998)는 '가르침의 공간에 적용할 수 있는 여섯 가지 역설'을 제시하였다. 차례로 소개해 보면 제한적이면서 개방된 공간, 다정하면서도 긴장된 공간, 개인과 집단의 목소리를 동시에 수용하는 공간, 학생의 작은 얘기와 전통의 큰 얘기를 동시에 존중하는 공간, 고독을 지지하면서 동시에 일체감을 부여하는 공간, 침묵과 언어를 동시에 환영하는 공간이다.[53] 파머는 가르침과 배움이 이상적으로 일어나는 공간의 조건을 말하고 있다. 북유럽 학교에서 볼 수 있는 교실이나 광장 등은 전체와 개인을 동시에 귀하게 여기며, 침묵과 환호가 공존하는 교육적인 고려를 세심하게 담고 있다.

한국의 학교들과 비교하면 대단히 창의적이고 교육적인 공간 활용이라 할 수 있다. 대개의 한국 학교들은 실내 체육관과 겸용으로 쓰이는 공연장이 별도의 건물에 마련돼 있다. 이마저도 학생들이 자유롭게 사용하기 힘들게 돼 있으며, 어쩌다가 한 번 있는 행사 때에는 학생들이 모이고 흩어지는 데 많은 시간을 소모한다. 공연, 전시 등 문화 공간으로서의 용도보다는 체육 활동을 위한 공간이다. 배움의 공간을 '총체적 사고'의 산물로 설계하지 않고, 그때그때 기존 건물에 덧붙여지는 형태로 짓고 있기 때문이다. 야르벤빠 고등학교 관계자의 말에 따르면, 이미 많은 한국의 교육자들이 이곳을 방문하여 건물에 대한 설명을 들었다고 한다. 배움의 공간에 대한 획기적인 상상력으로 학생들이 오고 싶어하는 학교, 즐겁고 편안한 학교가 탄생하기를 기대한다.[54]

---

53) Parker J. Palmer(1998).『가르칠 수 있는 용기』.이종인·이은정 옮김(2005).한문화 151-157p
54) 이 글은 2013년 2월 9일 오마이뉴스에 게재된 필자의 기사를 재구성한 것이다.

04 《 교사

       " 아이들이 배움의 즐거움을 통하여 스스로 지식을 내면화해 갈 수 있도록 조력하는 마음이 교사에게 필요하다. 많은 상상력이 필요하다. 상상력이 고갈된 교사에게서는 호기심이 충만한 아이가 절대로 나오지 않는다. 호기심은 세상에 대한 탐구의욕이다. 교사는 아이들의 호기심을 자극하여 끊임없이 동기를 부여하는, 지식의 내면화를 위한 원인 제공자여야 한다. **"**

배움의 즐거움을 촉진하는 교사

산의 정상에 오른 사람에게 "정상을 밟은 소감이 어떠냐?"고 물어본다면 "무엇인가 할 수 있다는 성취감을 느낍니다. 모든 사물이 발 아래 있다 생각하니 기분이 무척 좋습니다." 하고 말할 것이다. 안타깝지만 초심자의 답변이다. 정말 오래도록 산에 올라 내공이 쌓인 분들에게 같은 질문을 하면, "글쎄요. 그냥 산에 있으면 좋아서…." 정도의 답변을 들을 수 있을 뿐이다. 실제로 그러하다. 내공이 깊은 사람은 산을 정복의 대상으로 보지 않는다. 그냥 산에 머무는 시간을 귀하게 여기고 산과 대화하고 호흡하는 것으로 만족한다.

수업도 그러하다. '수업예술론'의 관점[55]에서 보면 "이 수업에서 학생들이 달성해야 할 명시적이고 행동적인 학습목표는 무엇입니까?"라고 묻는 것은 폭력에 가깝다.[56] 이는 마치 작가에게 "당신은 이번에 얼마짜리 작품을 생산할 예정이십니까?" 하고 묻는 것과 같다.

---

55) 아이즈너(Eisner, Elliot W. 1966)는 기존의 행동적 목표 진술에 대하여 강하게 비판하면서 '문제해결 목표'와 '표현적 결과'를 동시에 보아야 한다고 하였다. 이 과정에서 그는 교사의 '교육적 감식안'을 중요하게 생각하였다. 이재남(2011)은 『수업예술론』에서 아이즈너의 수업 예술성과 그 실천 양태를 잘 정리하고 있다.

수업을 통하여 달성해야 할 목표는 '두 자리 수의 곱셈 열 문제를 풀어 이 중 여덟 개의 정답을 맞힐 수 있다.' 따위의 가시적 결과가 아니라, 그 시간의 수업 주제와 관련하여 사유할 수 있는 능력을 기르는 것이다. 그리고 수업 이전, 또는 이후에 일어날 배움의 내용과 연계하고 융합하며 지식을 내면화해 나가는 것이다. 지식을 내면화했다는 것은 낱낱의 지식을 분절적으로 기억하고 암기한다는 것이 아니다.

오늘날 지식의 내면화라는 과제가 더욱 엄중하게 다가오는 이유는 어느 때보다 더 학습자들이 지식을 기능적, 절차적으로 기억하고 암기하는 데 급급하도록 조성된 환경 때문이다. '수능대박'이나 '스펙전쟁'과 같은 용어들 속에서 학습자들은 차분하게 지식을 축적할 여유가 없다.

오로지 타인과 비교함으로써 자신의 위치를 확인할 수 있는 공부의 방식은 교육의 중요한 목적 중 '심성함양을 통한 가치의 실현'을 제쳐두고 '급여를 많이 받을 수 있는 직업'에 대한 욕구로 빠져들게 만든다. 확인 가능한 목표 진술 관행과 선발적 교육관의 만남은 이렇듯 영혼 없는 미래의 성인들을 양산한다.

달성해야 할 수업목표를 구체적으로 열거하는 방식은 가시적 결과의 진술을 중요시하기 때문에 학생이 구성해야 할 고등정신 기능보다는 낱낱의 개별적 생활 사태를 열거하는 데 그칠 가능성이 크다. 개별적 생활 사태를 단순하게 합한 경험은 학습자에게 살아 있는 지식이 아니다. 의미 있는 타자와의 상호작용을 통해 지식을 연속적으로 구성하고, 이미 축적된 나의 지식과 섞어 재구성하는 상태, 그리하여 이 경험이 삶을 통해 발현될 때, 비로소 지식이 내면화되었다고 말한다.[57] 바로 이것이 가르치고 배우는 일을 통해 달성해야 할 연속적 과정이자, 목표이다.

새로운 지식은 나에게 들어와서 기존 지식들과 섞이고 대립하면서 더 높은 질의 지식을 향해 나아간다. 학습자에 따라 이 과정의 속도가 빠른 사람이 있고, 느린 사람이 있으며 쉽게 표현되는 경우도 있고 여간해서는 밖으로는 표현되지 않는 경우도 있다. 심지어 학창 시절에 있었던 배움의 효과는 성인이 되어서야 나타날 수도 있다. 그럼에도 불구하고 배움의 과정은 인간의 인식을 깊게 하고 지혜를 사랑하게 하며 호기심과 상상력을 촉진한다. 그 모든 과정에서 인내를 가지고 조력하며, 지식 구성 방법의 다양한 속성을 믿어 주는 이가 바로 교사이다.

교사는 그 배움의 과정에서 즐거움을 느낄 수 있도록 환경을 조성해야 한다. 가르치는 본인부터 결과보다 과정을 중시하는 사고를 갖는 것이 필요하다. 가시적 목표에 집착하여 자꾸 확인하려 들면, 지식을 내면화하기보다 낱낱으로 분해하여 기억하기를 재촉하는 것이 된다. 성공보다 노력을 칭찬해야 하고, 결과보다 과정을 칭찬해야 하는 이유가 여기에 있다. 배움에서 즐거움을 느끼는 환경이란 때로 질서정연하지 않다. 특정한 방법이나 형식을 요구하지 않을 수도 있다. 풀리지 않는 실타래처럼 일견 복

---

56) 교육목표가 구체적이며 행동적인 용어로 진술되어야 한다는 주장에 대하여 다음과 같은 비판적 견해가 있다. 문제해결이나 창의적 사고와 같은 고등정신 기능은 행동적 용어로 진술하기 어렵다는 것, 목표를 구체화하면 수업에서 발생하는 예상치 못한 학습경험을 다룰 수 있는 적정 시기를 활용할 수 없다는 것, 구체화한 수업목표는 수업을 평가를 위한 과정으로 만든다는 것, 구체적 목표의 강조는 단순한 행동을 나열하는 방식이 된다는 것, 따라서 질보다 양에 치우치며 전체적 통합성을 기하기 어렵다는 것 등이다.

57) 레프 비고츠키(Lev Semenovich Vygotsky, 1896~1934)는 지식의 구성이 언제나 사회적으로 매개되며 현재와 과거의 사회적 상호작용에 의해 영향을 받게 된다고 하였다. 그는 언어를 내면화함으로써 실용적 지능을 사회화된 지능으로 변환해 놓은 산물을 고등정신 기능이라 하였다(이애란, 2007).

잡하고 난삽해 보일 수도 있다. 교육은 복잡하고 미묘한 일이기 때문이다.

그럼에도 불구하고 교사 자신부터 그 과정을 즐겨야 한다. 아이들이 배움의 즐거움을 통하여 스스로 지식을 내면화해 갈 수 있도록 조력하는 마음이 교사에게 필요하다. 많은 상상력이 필요하다. 상상력이 고갈된 교사에게서는 절대로 호기심이 충만한 아이가 나오지 않는다. 호기심은 세상에 대한 탐구의욕이다.[58] 말하자면 교사는 아이들의 호기심을 자극하여 끊임없이 배움의 동기를 부여하는 '지식의 내면화'를 위한 원인 제공자여야 한다.

---

[58] 존 듀이(John Dewey, 1859~1952)는 그의 저서 '경험과 교육(1938)'에서 교육을 통해서 길러야 할 가장 중요한 태도는 '계속해서 배우려는 열망'이라고 하였다. 따라서 교사는 어떻게 하면 아이들의 현재 경험이 미래에 긍정적인 영향을 줄 수 있을까 하는 문제에 대하여 깊이 탐구하라고 조언한다. 그는 성장으로서 교육은 항상 현재의 경험을 통하여 일어나는 것이며, 성장을 위한 교육은 현재의 경험에서 풍부한 의미를 찾아내는 경험을 함으로써 미래에 대비하는 것이라고 말한다.

교사를 향한 시선

2013년 10월 글로벌 교육기관 바르키 GEMS 재단[59]이 발표한 '교사위상 지수(The Global Teacher Status Index) 2013'에 따르면 한국 교사의 위상이 OECD 회원국을 비롯한 주요 국가 중에서 네 번째로 높은 것으로 나타났다. 또 한국 교사의 평균 연봉은 4만3,874달러로, 4만5,755달러의 싱가포르, 4만4,917달러의 미국에 이어 세계 3위였다.

그런데 같은 조사에서 한국 학생들의 교사에 대한 존경심은 최하위로 나타났다. '학생들이 교사를 존경한다'는 문항에 대하여 한국 학생들은 불과 11%만이 긍정 반응을 보였다. 이 문항에 대하여 중국이 75%로 압도적으로 선두였고, 52%의 터키, 47%의 싱가포르가 뒤를 이었다. 한국의 교육시스템에 대한 신뢰도는 10점 만점에 4.4점으로 평균 점수(5.5점)를 밑돌며 19위에 그쳤다. 교육시스템 신뢰도는 핀란드(7.7점)가 가장 높고 똑같이 6.7점을 받은 싱가포르, 스위스, 일본도 우수한 평가를 받았다. 한국 교사의 학업 수행에 대한 신뢰도 역시 평균 점수(6.3점) 이하인 5.4점으로 19위로 나타났다. 압축하면, 한국 교사들의 급여 수준은 높지만 학생들의 존경을 받고 있지 못하며, 교육시스템의 신뢰도 역시 평균을 밑돌고 있다는 것이다. 그런데, 부모들은 자녀들의 장래 직업으로 교사를 희망한다는 것이다.

조사 결과를 종합해 보면 한국은 교육시스템과 교사에 대한 신뢰도가 매우 낮음에도 불구하고 교사들은 높은 급여를 받고 있기 때문에 부모들

---

59) https://www.varkeygemsfoundation.org/

은 자녀들이 교사가 되기를 희망한다는 것으로 요약된다. 한 문장으로 쓰고 보니 상호 모순되는 것들끼리 이렇게 조화를 이룰 수도 있구나 하는 생각이 든다. 혹시 통계 수치를 드러내지 못하는 실상이 있지 않을까 궁금하다.

우선, 한국 교사들의 평균 연봉을 우리 돈으로 환산해 보면 4,700만 원이 나온다. 싱가포르, 미국 다음으로 한국의 교사들이 높은 급여를 받고 있다는 사실에 조금 놀랍다. 구매력지수(PPP)[60]를 반영하여 조사를 했기 때문에 실제로는 이보다 조금 낮은 수준이라는 것을 감안하더라도 한국의 교사들은 경제적 지위에 있어 세계 상위권인 것은 사실이다. 최소한 한국 교사들의 경제적 지위가 다른 나라에 비하여 열악한 상태는 아니라는 것이다.

조심스럽게 두 가지 문제를 제기해 보겠다. 한국의 경우 초임교사 때는 연봉이 OECD 평균에 미치지 못하나 10년 정도에서 OECD 평균을 넘어서 최고호봉에 이르면 꽤 차이가 나는 것으로 나타난다. 또한 젊은 교사와 고경력 교사 간의 연봉 차이가 큰 편이다. 초임교사의 연봉과 최고호봉의 격차는 OECD 평균이 1.64배이나, 한국은 2.78배이다.[61] 이러한 특성이 수치상 평균 연봉을 높였을 가능성이 크다. 또 한 가지는 평균 연봉만으로 따질 수 없는 '교육여건'과 '업무강도'에 관한 것이다. 한국은 OECD 국가군 중 연간 수업일수 및 교사 1인당 학생 수가 가장 많은 나라이다.[62] 수업 외의 업무도 만만치 않은 편이다. 위의 조사에서도 언급됐지만, 교사를 존경하지 않는 아이들 앞에서 힘겨운 수업을 해야 하는 처지이다. 이런 점들이 평균 연봉만으로 교사의 위상을 논하기에는 한계가 따른다는 것을 말하고 있다.

한국에는 교사를 곱게 보지 않는 언론의 논조가 있다. 아마도 학생을 학교에 맡긴 부모들을 향한 언술의 일종이라고 보는데, 그래서 그런지 내가 느끼는 일반 시민들이 교사를 보는 시선 역시, 그리 따뜻하지 않은 것이 사실이다. 선진국일수록 교사들을 사회경제적으로 우대하고자 한다. 특별히 교사들을 배려해서가 아니다. 나라의 미래를 짊어질 학생들이 좀 더 안정된 환경 속에서 마음놓고 공부하기를 바라기 때문이다. 교사가 생활의 곤궁함 때문에 신경이 다른 곳에 가 있다면 아이들의 교육을 위해 좋을 것이 없다. 그러므로 교사가 수업에만 전념하도록 급여나 근무조건 등 제반의 여건을 마련해 주고, 이를 제도화하는 것은 필요한 일이다.

한편 시민들이 교사들에게 더 좋은 교육을 요구하는 것은 당연한 일이다. 이에 따라 교사들은 더 연구하고 공부하여 학생들에게 좋은 교육을 제공해야 하는 것은 마땅한 의무다. 그러나 그것을 넘어 교사의 급여나 안정된 신분 등을 다른 직종과 비교하여 교사를 질시하거나 신뢰하지 못하는 것은 다른 문제이다. IMF 이후 신자유주의적 정책의 시행에 따라 시민들의 삶이 안정화되지 못하고 고단함의 상태가 지속되고 있다. 아마도 그런 불안정성의 지속이 상대적으로 안정적이라 생각되는 교사집단을 향한 질

---

60) 구매력지수(PPP ; Purchasing Power Parity)는 국가간 물가의 차이를 제거함으로써 상이한 통화들의 구매력을 동일하게 하는 통화환산율로 정의된다.
61) 2013 OECD 교육지표
62) 2013 OECD 교육지표에 의하면 우리나라 초·중·고 교사의 연간 수업주수(40주), 수업일수(220일), 법정근무시간(1,680시간)은 OECD 평균보다 많다. OECD 평균 연간 수업주수는 초·중학교가 38주, 고등학교가 37주, 수업일수는 초·중학교가 185일, 고등학교는 183일, 법정근무시간은 초등학교 1,671시간, 중학교 1,667시간, 고등학교 1,669시간이다.

시로 나타나지 않았나 생각한다.

정리하면, 선진국과 비슷한 정도의 급여를 받는 것으로 나타난 한국 교사들의 직무 만족도가 생각만큼 높지 않다. 또한 교사들의 근무 여건도 밖에서 생각하는 것과 같이 썩 좋은 상태가 아니다. 특히 아이들과 하루를 보내는 교사들의 육체적·정신적 스트레스는 상상 이상이다. 아이들의 교사에 대한 존경심과 신뢰도는 어느 때보다 최악이라는 조사가 이를 반증한다. 시민들이 교사들에게 차가운 시선을 보낸다고 해서 해결될 것은 아무것도 없다. 각자 자기가 처한 위치에서 자신의 사용자에게 더 좋은 대우를 해 줄 것을 요구하는 것이 맞다. 내 경험상 아이들의 성장 과정에서는 교사에 대한 존경과 신뢰가 높을수록 좋다. 물론, 이것은 교사들도 자신의 전문성 제고를 위해 노력하고 있다는 전제에서 말하는 것이다.

위와 같은 조사들이 행여 교사들이 처한 어려운 상황을 가리고, 시민들로 하여금 '존경도 받지 못하면서 높은 급여만 받는 집단'으로 교사들을 인식하게 하는 계기가 될까봐 염려스럽다. 내가 아는 한 지금 한국 교사들은 충분히 힘겨워하고 있고, 전문성 신장을 위한 노력은 상식선을 넘어 과잉에 이르고 있다.[63] 사실, 시민들과 교사는 질시와 반목의 관계가 아니라 민주적 시민성이라는 개념 아래 '연대와 동행'의 관계에 있다. 우리 아이들을 위해서 그렇게 해야 하고 그 관계의 긍정성 여부에 따라 우리 교육의 미래가 달렸기 때문이다.

---

63) 교사들의 연간 연수 이수시간이 시도별로 60시간에서 180시간에 이르고 있다.

교사의 탈(脫)전문화를 부추기는 것들

"결론만 딱 말씀해 주세요."

"오늘 강의 PPT 제 USB에 넣어 주세요."

"어디 순서대로 따라하는 매뉴얼 없나요?"

오늘날 교사들의 문제는 외부로부터 강제된 '기능화'와 교사 자신에게서 비롯된 '편익'이 만나 결국은 '탈전문화'의 길을 서두르고 있다는 것이다. 대중적 학교가 만들어지는 과정 역시 두 가지의 필요가 충족되는 지점에서 이루어졌다. 하나는 보통교육에 대한 시민들의 요구, 다른 하나는 산업화 과정에서 시급히 필요했던 노동력에 대한 요구였다.

학교를 통해 고정불변의 지식을 전수하려는 지적 전통주의자들과 학교가 문화재생산의 장이 되고 있다는 비판론자들의 대립은 오늘날까지 학교를 바라보는 두 가지의 시각으로 형성된다. 물론 이 중 기득권의 편에 선 것은 지적 전통주의 입장이다. 나라를 막론하고 권위주의적 정부 아래서는 지적 전통주의를 고수하려 하고, 진보적 교육을 배제하려고 애쓴다. 지적 전통주의에도 크게 두 가지 입장이 있다. 그 하나는 순수한 지적 전통주의로 교과에 대한 의미 이해와 심성함양에 주안점을 두는 입장이요, 다른 하나는 지적 전통주의와 경영관리적 관점을 묶어 생산성 내지는 효율성의 입장에서 학교를 바라보는 입장이다.

오늘날 우리 학교에 만연된 관점은 '지적 전통주의'와 '경영관리적 관점'이다. 이 관점은 계량화한 교육의 효과를 요구하고, 미리 정해진 지표에 따라 교사와 학생, 학교를 평가하려고 하며, 교사들이 자기에게 맡겨진 일을 기능적으로 잘 처리하도록 끊임없이 유도한다. '기능적으로 업무를 잘 처리하는 교사', '토 달지 않고 묵묵히 맡은 일을 성실하게 처리하는 교사', '학생들의 성적을 높이기 위해 애쓰는 교사'는 종종 이 관점에서 우수한 교사로 호명된다.

교사의 전문성을 구성하는 요소는 풍부한 교과지식, 수업기술, 그리고 교육에 대한 사유 능력이다. '교직의 기능화'는 눈에 보이는 수업기술의 연마를 유도하며 교사의 사유 능력을 제거한다. 깊이 생각하지 않는 교사를 요구하는 오늘날의 학교 시스템이 '딱 떨어지는 정답', '시작부터 끝까지 잘 안내해 주는 매뉴얼', '상세하게 기술한 수업지도안'을 찾는 교사들을 양산한다.

이런 연유로 교사들은 좋은 강의를 들으면, 그 내용을 깊이 새기고 자기 안에서 재구성하기보다 먼저 강의 PPT를 손에 넣고 싶어한다. 좋은 강의는 PPT에서 나온다는 기능적 관점이다. 아울러 결론에 이르는 풍부한 과정에 천착하기보다 최종적인 결론만을 선호한다. 이리저리 찾아보고 시행착오를 거치는, 연속적 경험의 재구성을 통해 지식을 익혀 나가기보다 순서와 절차를 기술한 매뉴얼을 찾는다.

요컨대, 오늘 교사들의 탈 전문화 현상은 두 가지의 측면에서 비롯한다. 외부로부터 강제되는 '효율적이며 기능적인 업무 수행', 교사 자신에게서 나오는 '더 이상 손이 가지 않는 완성된 학습자료에 대한 요구'이다. 이렇게 되면 머지않아 교직이 더는 사유의 과정이 필요 없는 단순 기능직이 될지도 모를 일이다. 교사에게 필요한 지식은 효율적 업무 수행에 대한 것도 아니요, 잘 포장된 학습자료도 아니다. 교사에게 있어서 아이들의 세계에 교육적으로 개입할 수 있는 교사의 교육 행위 능력은, 학생과 학생이 처한 상황을 이해하고 여기에 교육적으로 적합하게 개입할 줄 아는 것이다. 교사에게는 '교육하는 데 필요한 지식'이 있어야 한다.[64]

'그렇게 요구받고 있는 데 힘없는 내가 어찌할 도리가 있느냐? 그날그날 주어진 업무를 따라가기에도 벅찬데 그 이상을 나에게 고민하라고 하는 것은 무리'라는 생각 속에 기능주의와 탈 전문화가 따라붙는다. 외부로부터 강제되니 따라 할 뿐이라는 단순 인과관계로의 치환은 떳떳한 일이 아니다.

정치로부터, 경제논리로부터 휘둘리지 않고 교육 그 자체의 본질이 회복되기를 바란다면, 지금 교육에 붙어 있는 효율과 생산성의 논리들을 비판적 시각으로 보아야 한다. 그것의 첫걸음은 교사 자신부터 기능적 절차와 방법들, 매뉴얼과 상세하게 작성한 학습지도안으로부터 과감하게 탈출하는 것이다. 지금 교사들에게 필요한 것은 '생각하고 또 생각하는 습성'이 몸에 달라붙게 하는 것이다.

---

64) Max van Manen(2002).『가르친다는 것의 의미』. 정광순, 김선영 공역(2012). 학지사 2p

교원능력개발평가

전국적으로 전국 초중고 교원을 대상으로 실시한 교원능력개발평가에서 평가 결과가 미흡한 교원 1,395명을 장·단기 집중 연수 대상 후보로 선정했다는 소식이다.[65] 지난해에는 2,197명의 교사가 미흡하다는 평가를 받은 바 있다. 교원능력개발평가는 교사의 자질을 계량화한 방식으로 측정하는 방법이다. 이 평가는 미리 정해진 능력 지표에 따라 좋은 수업과 그렇지 않은 수업을 가려낼 수 있다는 신념에 기초한다.

최초의 교육과정 학자로 알려져 있는 보비트[66]는 테일러의 '합리적 경영관리 방식'을 학교교육에 접목하였다. 공장에서 정해진 절차와 방법을 따르면 불량품이 없는 좋은 제품을 만들 수 있다는 신념에 따른 테일러의 경영관리 방식[67]을 학교현장으로 들여와 '이상적인 인간'을 목표로 이를 이뤄가는 교육과정으로 접목한다. 이것을 좀더 체계화시킨 학자가 타일러[68]이다. 타일러는 사회와 전문가가 합의한 교육의 목표에 따라 학습경험을 선정하고 이를 잘 조직하여 아이들에게 가르친 후 목표에 비추어 얼마나 달성했는지를 평가할 것을 제안하였다.

타일러가 교육목표를 직접 제시하지 않고 학습경험의 선정과 조직, 그리고 평가에 이르는 절차에 중점을 두었다면, 블룸[69]은 교육목표를 더욱 상세하게 분류하여 제시하였다. 이것이 유명한 교육목표분류학이다. 블룸은 인지적 영역을 지식, 이해, 적용, 분석, 종합, 평가로 그리고 정의적 영역을 수용, 반응, 가치화, 조직화, 성격화로 분류하였다. 현재 학교현장에서 시험을 볼 때 쓰고 있는 이원목적분류표란, 교사가 출제한 평가 문항은 블룸이 제시한 인지적 영역에서의 교육목표 분류 중 일부인 지식, 이해, 적용 중 어디에 속하는지를 기록한 것이다.

이러한 교육과정의 과학적 패러다임은 메이거[70]에 이르러 한층 더 구체화된다. 메이거는 학습목표를 제시할 때 관찰 가능한 용어로 수락 기준과 조건, 도착점 행동을 포함하여 상세하게 기술하는 것이 좋다고 말한다. 이렇게 탄생한 것이 '행동적 학습목표'이다. 이에 따라 교사들이 학습목표를 제시할 때 '~에 대하여 안다'와 같이 추상적 용어를 쓰지 말고 '~에 대하여 다섯 가지를 열거할 수 있다' 등으로 쓰라는 것이다.

교원능력개발평가는 수업과 학생지도 영역에 각기 평가요소와 지표를 둔다. 수업 영역에서는 수업의 준비와 실행, 그리고 평가 요소가 있고 각각의 요소에 대하여 학습자 특성 및 교과내용 분석, 수업의 도입, 수업자료의 활용, 평가 방법 및 활용 등의 지표를 둔다. 생활지도 영역에서는 개인생활지도와 사회생활지도 요소가 있고, 각 요소에 대해 인성, 진로지도,

65) 한국일보(2013년 1월 14일 기사),『초ㆍ중ㆍ고 교사 1395명 '기준미달'』.

66) 보비트(John Franklin Bobbitt, 1876~1956)는 미국의 교육과정 학자이다. 그는 1918년에 발표한 'The curriculum'에서 교육과정이라는 말을 처음으로 사용하였다.

67) 테일러(Frederick Winslow Taylor, 1856~1915)는 노동에 대한 최초의 과학적 관리 방법으로 알려져 있는 '테일러 시스템'을 창안하였다.

68) 타일러(Ralph W. Tyler, 1902~1994)는 미국의 교육 및 평가 분야에서 활약한 학자이다. 타일러는 교육과정을 개발할 때 교육목표의 달성, 교육 경험의 제공, 교육 경험의 조직, 목표 달성 여부의 판단을 반드시 답해야 하는 네 가지의 질문으로 정하고 이를 '교육과정과 수업의 기본 원리(1949)'에서 밝혔다. 타일러의 논리는 교육과정 개발 및 평가를 체계화하는데 있어 근거를 제공하였으나, 교육과정 재개념주의 학자들에 의하여 '기술 공학적 관점'이라는 비판을 받았다.

69) 블룸(Benjamin S. Bloom, 1913~1999)은 미국의 교육심리학자로 타일러의 논리를 바탕으로 교육목표분류학을 제시하였다.

70) 메이거(Robert Mager)는 타일러의 논리를 발전시킨 블룸의 교육목표분류학을 더욱 세분화하여 잘못 해석될 여지가 없는 것으로 표현해야 한다고 주장하였다. 메이거는 이러한 주장을 '행동적 수업목표의 설정(1962, 우리말 번역본, 1972)'에 담아 출판하였다.

학교생활 적응지도 등의 지표들이 나열돼 있다. 각각의 지표에 대하여 동료교사, 학생이 1점부터 5점까지 다섯 단계의 척도로 점수를 매기며, 학부모는 만족도를 평가하도록 돼 있다. 이렇게 하여 나온 평가의 결과가 5점 만점에 2.5점 미만을 받게 되면 능력향상연수 대상자로 선정된다. 아울러 평균 4.5점 이상의 '우수 교원'에 대해서는 학습연구년 특별연수 기회를 제공한다.

위에서 살펴본 대로 교원능력개발평가는 몇 가지의 기본 가정을 바탕으로 하고 있다. 즉, 좋은 수업이나 생활지도의 기준을 정할 수 있다는 것, 이에 따라 교사들의 수업이나 생활지도 능력을 계량화할 수 있다는 것, 평가 결과에 따라 불이익이나 특혜를 주면 교사들이 수업이나 생활지도를 더 열심히 하게 될 것이라는 것이다.

이런 문제인식에 비추어 보면 교원능력개발평가는 보비트에서 타일러, 블룸, 메이거로 이어지는 학교교육의 과학적 패러다임을 빼 닮았다. 수업을 체계화하고, 수업 장면에서 투입과 산출을 명확히 하며, 수업종료 후 목표달성 정도를 학습자의 행동 변화로 명확히 할 수 있다는 것이 '수업을 과학으로 보는 관점'의 핵심적 의의이다. 이 관점에서라면 수업의 효과를 계량화하는 것도 가능하고, 교사의 자질이 어떤 기준에 도달하고 있는지를 수치로 나타낼 수 있다.

과학적 패러다임 안에서 수업을 보는 관점은 즉시 나타나는 학습자의 행동 변화에 관심을 갖는다. 이 경우 학습자의 전인적 발달을 조력하기보다 수치화한 시험 점수나 학교폭력 발생 건수 등에 신경을 쓸 수밖에 없다. 결국 수업 장면의 독특성, 비예측성, 역동성, 맥락성의 이해 없이 오로지 결과로만 말하는 교원능력개발평가는 이론적으로도, 실천적으로도 허술하기 짝이없으며 교사의 전문성을 신장하기보다 오히려 기능적인 수업에 매몰돼 교사를 탈 전문화의 길로 이끈다.

특히 정부에서는 교원능력개발평가의 결과를 성과급과 연계시키려 하고 있다. 집단 내에서 경쟁시키고 경쟁 결과에 따른 상과 벌을 주면 교사들의 전문성이 신장될 것이라 보는 믿음은 선발적 교육관에서 비롯된다.

교육평가의 목표는 교사들의 능력을 계량화하여 줄 세우는 것이 아니다. 이 방법으로는 교사의 질적 전문성이 신장될 수 없으며 오로지 눈에 보이는 성과에 집착하는 결과를 초래하여 교육의 본질로부터 멀어지게 할 것이다. 교원능력개발평가가 아니더라도 많은 교실에서 교육평가는 이뤄지고 있다.

한 학기가 종료된 다음, 아이들에게 수업 감상문을 쓰게 하는 것은 아주 좋은 교육평가의 한 방법이다. 교사는 감상문을 읽으며 아이들이 어느 때 수업에 대한 의욕을 느꼈는지, 언제 교사에게 아쉬움을 느꼈는지 파악하여 자신의 수업개선의 참고자료로 사용할 수 있다. 교육평가의 본래 목적은 교육 행위의 개선이기 때문이다.

착시 걷어내기

뉘라서 "교사의 전문성은 이것이다"하고 말할 수 있으랴. '수업을 잘한다'는 개념만 놓고 보더라도 좋은 수업의 기준을 정할 수 없거나, 기준을 정하는 일 자체가 무의미한 일이다. 수업과 더불어 교사전문성의 또 다른 주요 영역으로 언급되는 생활지도 역시 마찬가지다. 정성이 가득 들어간 생활지도의 효과는 종종 아주 늦게 나타난다.

수업이든 생활지도이든, 이미 교사인 자는 당장 눈에 보이는 효과보다 아이의 전인적 발달을 도모하기 위해 노력할 터이니 당장의 수업지도의 어떤 지표, 생활지도의 무슨 지표를 놓고 교사의 전문성을 따진다는 일 자체가 교육적으로도 논리적으로도 정당하지 않다. 그러므로 좋은 수업의 기준을 정하고 이를 체크리스트로 만들어 동료교사와 학생, 학부모들에게 판단하도록 하고 있는 교원능력개발평가는 교사들의 전문성을 신장시키기보다 그들을 탈 전문화로 이끌 가능성이 많은 제도이다.

한편, 교사의 연수 이수 시간을 따져 성과급이나 학교평가에 반영하는 일 따위는 참으로 한심하다. 더 나아가 개별 교사들의 연수 이수 시간을 학교평가에 반영한답시고 모든 교사가 일정 시간 이상의 연수를 이수하도록 유도 내지는 강요하는 행위는 상식을 벗어난 잘못된 일이다. 일정 시간 이상의 연수에 참여하면 교사의 전문성이 향상될 것이라는 기대는 그래서 잘못되었다. 교사의 전문성은 연수 몇 번으로 획기적으로 향상되지 않는다.

최근 교사들의 연수 이수 시간이 증가하고 있다. 정말로 연수 이수 시간과 교사의 전문성이 비례하는지 과학적으로 따져 보는 것은 논외로 하더라도, 교사의 연수를 성과급이나 학교평가에 반영하려는 시도는 눈에 보이는 성과만 인정한다는 '투입-산출 관점'의 연장이다.[71] 그것에 발맞춰 민간 교육연수원에서도 이런저런 홍보 문구로 교사들의 전문성을 책임진 다고 광고한다. 아침마다 메일함을 열면 다양하고 화려한 카피로 교사들의 자질을 한껏 높여 주겠노라는 민간연수원의 광고 메일이 쏟아진다.

가르치고 배우는 일, 그것을 둘러싼 교사와 학생의 교감이 이렇게 기계적으로 치환되고 산술적으로 결과화돼도 좋은 것인가? 교직원연수, 자격연수, 직무연수, 원격연수, 자율연수, 역량강화 워크샵, NTTP, 교육연구년, 연구회 활동, 수업컨설팅 등 너무나 많은 프로그램들 속에서 교사들은 갈피를 못 잡는다. 오히려 이런 형식적 연수 프로그램들의 난무는 교사들로부터 사유할 시간을 빼앗아 간다.

나는 주장한다. 전문성 향상을 구실로 업무와 수업, 생활지도에 지친 교사들을 내몰아 소진시키지 말고 그들에게 충분한 여유를 주어서 좋은 책과 좋은 사람을 만나 좋은 대화를 많이 나누게 하라. 좋은 책과 좋은 경험, 풍부한 사유로 교사의 안목과 통찰력을 높이게 하는 것, 그래서 깊은 안목과 통찰력으로 아이들과 만남이 이루어지게 돕는 것, 바로 이것이 오늘날 요구되는 교사전문성의 핵심이다.

우리나라 교사들의 전문성이 하루아침에 땅에 떨어진 것이 아니라 교

---

71) 투입산출모형(input-output model)은 러시아에서 태어나 미국에서 활동한 경제학자 레온티에프에 의해 개발되어 경제 분석 도구로 활용되었다. 이 모형은 각 산업이 하나의 동질적 제품만을 생산한다는 것, 고정투입 비율로 제품을 생산한다는 것, 산출은 규모에 대한 수익 불변의 조건에서 이루어진다는 것을 기본 전제로 한다.

원능력개발평가와 같은 자질의 계량화, 무질서하게 막개발 되는 연수 프로그램의 홍수가 마치도 교사들에게 더욱 많은 연수 시간이 필요하다는 착시 현상을 만들어 내고 있다. 그러므로 정신 차리고 볼 일이다. 이 착시를 걷어내야 비로소 교사가 읽어야 할 책, 만나야 할 사람, 교실에서 교사를 기다리는 아이들이 보인다.

매뉴얼 유감

아이들을 만나 대화하고, 가르치고, 때로 상처받으며, 하루에도 열 두 번씩 감정의 변화를 겪는 교사들이 전국에 지천으로 널렸다. 내가 지적하고 싶은 것은 마치 이 모든 일들이 교사가 아이들과 소통하는 기술을 좀더 익히면 많이 완화될 수 있다는 믿음을 주는 온갖 매뉴얼들에 관한 것이다. 학생지도 매뉴얼, 상담 매뉴얼, 대화 매뉴얼, 심지어 치유 매뉴얼까지 있다.

자연재해가 났을 때 적용하는 대응 매뉴얼이 있다. 위기 상황에서 누구라도 절차적인 설명에 따라 행동 요령을 익히면 생존 확률을 높일 수 있다. 새로 장만한 전자제품을 어떻게 작동하고 사용하는지를 적은 사용자 안내서 역시 대표적인 매뉴얼이다. 사용자는 이 문서를 보고 제품을 작동시키거나 고장이 났을 때 도움을 받을 수 있다. 이럴 때 쓰는 것이 매뉴얼이다. 말하자면 매뉴얼은 활동 기준이나 업무 범위 혹은 사용자 안내 사항을 문서로 적어 놓은 것이다. 즉, 활동의 경로가 어느 정도 예상되는 일에 대하여 절차와 순서를 적어 놓은 것이 바로 매뉴얼이다.

그런데 대화 매뉴얼이란 무엇인가? 그 매뉴얼에는 내가 이렇게 말하면 상대는 저렇게 말할 것이고, 그에 대해 나는 또 어떻게 말하면 된다는 내용이 적혀 있다. 이러한 사고는 대화를 기계적 절차로 보는 관점에서 나온 것이다. 물론 교사가 상담기법, 수업기법, 대화기법을 익히고 연습하면 어느 정도는 아이들과의 소통에 이를 수 있다. 다만, 이 경우 '어느 정도'에서 머물고 말 것이다.

학교에는 감정 컨트롤을 능숙하게 할 수 있는 교사들이 없지 않다. 그러나 그들 역시 하루에도 몇 번씩 아이들과 부조화를 경험하고 큰 상처를 받으며 생활한다. 이런 모든 부조화를 단박에 꿰뚫어 자질이 풍부한 교사로 거듭난다는 것이 과연 매뉴얼로 가능한 일인가? 자질이 풍부한 교사란 어떤 교사인지 정의는 내릴 수 있단 말인가? 매뉴얼에 답이 있을 리 만무하며, 결국 남는 것은 힘든 교사를 위하여 충분히 지원했다는 증빙일뿐이다.

교사들에게 좋은 책 읽을 시간을 충분히 주라. 또 좋은 사람 만나 좋은 대화를 나눌 수 있는 시간을 허하라. 교사는 기본적으로 사유를 통하여 그의 전문성에 다가갈 수 있는 존재이다. 그 사유가 시간적, 공간적, 문화적으로 막혀 있는 상태에서 기술적 합리성으로 무장된 매뉴얼을 들이민다는 것이 문제인 것이다. 지금은 교사가 어떻게 사물을 폭넓게 바라보고 인식의 지평을 넓히며, 그의 사유가 안목을 풍부하게 하여 결국은 한층 넓어지고 깊어진 그의 눈으로 아이들을 보게 할 것인가를 고민할 때이다. 이것은 아이러니컬하게도 교사들에게 무슨 기법을 익히고 실천하라고 달달 볶는 것에서 벗어나, 지금보다 훨씬 더 여유로움을 주는 것으로 가능하다는 말이다. 이 방법이 아니라면, 그 어떤 매뉴얼도 작금의 위기를 극복하는 데 명약이 될 수 없을 것이며, 문제를 왜곡 혹은 심화시키는 데 일조할 것이라 생각한다.

교사들의 스트레스를 풀어주는 일

교사들이 지금보다는 수업과 관련 없는 업무에 덜 시달리고, 아이들에게 깊은 안목을 심어주기 위해 맘 편히 독서할 수 있는 시간을 가질 수 있으며, 교무실에서, 교실에서 스트레스를 덜 느낄 수 있다면 좋을 것 같다. 왜냐하면 교사의 긍정적인 마인드, 교사의 행복감과 진취적인 태도는 아이들에게 바로 영향을 미치기 때문이다.

그런데, 요즘 교육계의 꼴을 보면 어떻게 하면 교사들을 더 열 받게 할까 하는 일에 골몰한 것처럼 보인다. 교육의 본질을 망각한 교원평가, 교사의 자존감을 무시하는 성과급, 비교육적인 일제고사, 만신창이 교육과정, 대중적 처방으로 일관하는 학교폭력 대책, 오로지 경제논리로 접근하는 작은 학교 통폐합, 폭주하는 교사업무 등 열거하는 것 자체가 또 다른 스트레스이다. 또한 최근 교실 상황은 교사들의 정신건강을 심각하게 위협하는 수준에 이르고 있다. 아이들이 교사의 지시를 따르지 않고 마주 대드는 사건들이 발생하고, 학부모도 이에 질세라 교사와 마찰하는 일이 잦아졌다. 이에 따라 직무 스트레스로 인한 우울증을 호소하는 교사들이 늘고 있다.[72]

사실 교육정책을 입안하고 시행하는 일은 지극히 간단하다. 교사들이 스트레스 받는 일을 살펴 그것을 최소화시켜 주면 될 일이다. 교사들의 이기적인 입장을 대변하자는 것이 결코 아니다. 그렇게 하는 것이 우리 아이들의 미래에 훨씬 유익하기 때문이다. 위에 열거한 스트레스 요인들은 자

---

72) 아시아경제(2013년 5월 14일 기사),『교사들이 뿔났다. "잡무좀 줄여주세요"』.

세히 살펴보면 아이들의 바람직한 발달을 오히려 해치는 것들이다. 직업적 만족감을 가지고 평온한 마음으로 아이들을 만나는 것이 좋을지, 아니면 늘 불안과 압박감에 시달리는 상태에서 아이들을 만나는 것이 좋을지는 상상하기 어렵지 않다. 그래서 교육 선진국에서는 교사들의 사회경제적 지위를 보장해 주기 위하여 노력하고 교사들이 소진에 빠지지 않도록 다양한 프로그램을 마련한다.

나라의 교육을 위해 무엇인가를 해 보겠다고 나서는 사람들은 꼼꼼히 따져 보기 바란다. 교사의 스트레스를 줄여 아이들에게 유익한 배움이 일어나도록 하기 위해 어찌하면 좋은지 말이다. 뭔가 막혀 있고, 답답하고, 엉켜 있어 실마리가 안 보일 때에는 가장 단순한 것에 답이 있다. 꼼수나 편법을 쓰지 말고 실마리의 끝단을 찾아보는 것이다.

지금 이 땅의 교사들에게 필요한 것은 현란한 수업기술도 아니고, 심리치료의 달인이 되는 것도 아니며 감정코칭 전문가가 되는 것도 아니다. 그들에게 필요한 것은 '교사로서 자부심'이다. 그거 하나면 나머지 문제들까지 잘 풀린다. 그것이 엉켜 있는 실타래의 가장 끝단이기 때문이다.

수석교사와 수업전문성

수석교사를 공모한다는 공문을 보니 심사항목 100점 중 60점을 차지하는 수업전문성 영역에 다음과 같은 것이 있다. 이 심사기준에 의하면 수업전문성을 주제로 논문을 써서 박사학위를 받은 나는 수석교사가 될 수 없다. 물론, 나는 수석교사 제도에 반대하기 때문에 공모에 응할 마음은 없다. 일단 수업전문성 심사항목을 보자.

> 1) 교·내외 수업공개 실적
> 2) 공개수업 동영상 CD
> 3) 교·내외 수업컨설팅 실적
> 4) 직무연수 이수 및 연구 실적
> 5) 기타 교육기여 실적
>   - 교과서 및 지도서 집필
>   - 교육과정 편성 및 운영지침 개발
>   - 생활지도, 학생상담 실적
>   - 평가문항 출제 관련 등(초등)
> 6) 평가 선도 실적(중등)
>   - 대학수학능력시험, 모의수능, 전국연합학력평가, 학업성취도, 검정고시 및 진단평가 출제 관련

하나같이 계량화할 수 있는 실적 중심이다. 대체 위와 같은 경험이 있다고 수업전문성이 탁월하다고 어떤 이론, 어떤 교육학에서 주장하고 있는지 모르겠다. 이렇게 수석교사를 선발하면 결국 수업전문성이란, 몇 가지

지표에 의해 수치로 치환될 수 있는 것이라는 잘못된 믿음이 계속 이어질 것이다. 깊은 사유를 통하여 전문성에 다가갈 수 있는 존재가 곧 교사라는 생각을 가지고 있는 나로서는 이런 지표 중심의 전문성을 도저히 이해할 수 없다.

교사들의 수업전문성은 표준화된 지표를 따라가는 것으로 신장하지 않는다. 수석교사가 '수업의 달인'이라 하더라도 마찬가지이다. 이미 알려진 '좋은 수업'을 따라 한다고 해서 교사의 수업 능력이 고양될 수 있다는 전제는 잘못됐다. 수업이 가진 개별적 맥락에 대한 이해 없이 기준과 지표를 제시하고 이것에 다가서도록 교사들에게 요구하는 것이야말로 사유 없는 기능적 실천을 하라는 것과 마찬가지이다. 이런 실천을 조력하는 이가 수석교사라면 그리고 그가 양적 지표와 기준에 의해 선발된 사람이라면, 수석교사를 통해 교사들의 수업전문성 신장을 돕는다는 발상은 수업이 가진 의미에 맞지 않는다.

그들의 심정을 모르는 바는 아니다. 위의 심사 기준을 다시 살펴보면 모든 영역들이 승진을 위해 노력해 온 교사들의 실적을 우대하겠다는 속내를 숨기지 않고 있다. 수석교사 제도 자체가 승진 트랙을 이원화하여, 치열한 승진 경쟁의 숨통을 틔워 주겠다는 의도에서 나온 것이 아니던가? 이런 의도들이 노골적으로 심사 기준에 반영돼 있을 뿐이다. 이렇게 선발된 수석교사를 한 학교에 한 명씩 배치하면, 교사들의 수업전문성에 도움이 될 것이라 믿는 사람들이 아직도 우리 교육의 의사결정을 하는 중요한 자리에 앉아 있다.

아니나 다를까, 수석교사가 배치된 학교에서 들려오는 소리는 내 우려를 그대로 반영하고 있다. 동료교사의 수업을 보고 자문해 줄 만큼의 전문성이 턱없이 부족함에도 불구하고 자신의 지위에 대한 대우만을 바라는 곳이 많다는 것이다. 아울러 수업에 대한 감식안이 없어 질적 수업분석을 바라는 의뢰자의 요구에 전혀 부응하지 못한다는 것이다. 가르침과 배움이 어떻게 일어나고, 교사와 학생이 어떻게 성장하는지에 대한 깊은 사유가 없는 상태에서 수석교사가 됐기 때문이다. 아마도 아이들과의 관계가 너무 힘들고, 수업에 힘이 부쳐 수석교사가 되기로 맘먹은 분도 있을 터이다. 잘못된 동기는 종종 엉뚱한 결과를 가져올 수 있다. 승진 제도에 문제가 있으면 수석교사라는 별도의 트랙을 만들어 우회할 것이 아니라 승진 제도, 그 자체를 근본적으로 혁신하면 될 일이다.

내러티브

16년 동안 온라인 교사공동체 '교컴'[73]을 운영하면서 "조직의 방향을 어떻게 잡을까?", "어떻게 하면 활성화시킬까?"하는 고민에 시달렸다. 운영 과정에서 교사들이 참여할 수 있는 아이디어나 프로그램을 꽤 제시했다. 책을 읽고 서평을 올리는 '책 읽는 교컴', 교육에 관한 주제를 정하여 공부하고 토론하는 '공부하는 교컴', 연극, 영화, 뮤지컬 등 각종 문화행사에 초대하여 감상을 교류하는 '문화 교컴' 등은 회원들이 쉽게 참여하면서도 교컴 회원의 정체성을 갖는 좋은 기회가 되었다. 특히 '소셜교컴'[74]은 페이스북과 비슷한 메뉴 체계로 교사들의 일상과 경험을 교류하는 관계 지향 네트워크의 역할을 톡톡히 하고 있다.

대표로서 교컴에 대한 내 바람은, 교사들 곁에 살아 숨쉬는 유기체와 같은 조직으로 진화시키는 것이었다. 그동안 극심한 침체도 겪었고 지금은 다시 활력을 찾고 있는 중이지만, 교컴의 비전이나 진로에 대해 하루도 고민하지 않은 날이 없었다. 이러한 문제를 놓고 조직 내에서 토론도 해 보았지만, 아무래도 대표, 집행부, 일반회원 사이의 인식 차이가 있어서 그런지 깊은 대화를 하긴 힘들었다. 조직의 리더 입장에서 힘이 들어도 쉽게 내색할 수 없었고, 오히려 교컴 활동으로 인한 피로감을 호소하는 집행부들을 다독이느라 정작 내 앞가림을 할 수 없었다. 아마 이러한 문제는 모든 조직의 리더들이 고독하게 경험하는 문제일 것이다.

그런데 이런 문제로부터 나를 구원해준 곳이 생겼다. 바로 페이스북이다. 교컴과 달리 자연인으로서 격식 없이 글을 쓰고 친구들과 교류할 수 있어서 요즘은 교컴보다 머무는 시간이 더 많다. 페이스북에서는 교컴 대표라는 무게감도 떨칠 수 있어서 좀더 편하게 글을 쓸 수 있다. 자유롭게 글을 쓰는 과정에서 더 솔직해지고, 나의 힘든 사정이나 약한 부분을 가리지 않고 드러내게 되었다. 오히려 이런 모습을 보고 수업과 업무에 지친 전국의 선생님들이 위로를 받고 있다. 그것이 무척 고맙다. 또 스스로에게 자랑스럽다. 나는 페이스북을 통하여 교육을 이야기 한다. 개인적 교육 경험을 나누는 것에 그치지 않고 이것을 둘러싼 구조와 연결하여 제시함으로써 교사들과 함께 공부하고 성장하고 있다.

교사들이 자신의 전문성을 신장하는 방법은 많다. 수업기법을 전하는 연수에 가면, 한편으로 감동하지만 또 한편으로는 좌절한다. 대체로 잘 알려진 수업기법 전문가 교사들은 그 분야에서 10년 이상 갈고 닦은 것을 발표하는 방식으로 연수를 이끌기 때문에 보통의 교사들이 그대로 따라 하자면 당연히 실패와 좌절을 맛보게 된다. 실패와 좌절이 수업기법 탓이 아닌데도 교사들은 어딘가에 있을 멋진 수업기법을 찾아 연수 쇼핑에 나선다. 그러나 수업이해에 기초하지 않은 낱낱의 수업기법을 적용하려는 것은 수업을 기능화시키는 것은 물론, 교사의 내적 성장을 위해서도 바람직하지 않다. 교사는 그의 사유와 경험의 재구성을 통하여 전문성에 다가서는 존재이다. 가르침을 테크닉으로 보는 경향은 동료교사들 간에 깊이 있

73) 교컴은 필자가 대표 운영자로 있는 '교실밖교사커뮤니티'의 약칭으로 1997년 '교실밖선생님'으로부터 시작되었다. 2000년 교컴으로 이름을 변경하고 회원제로 전환하여 오늘에 이르고 있다. 현재 7만 명의 교사, 교수, 예비교사 회원이 가입해 활동하고 있으며, 1년에 두 번 전국 수련회를 개최하여 교사 성장의 계기를 마련하고 있다. 홈페이지 주소는 http://eduict.org
74) 교컴 초기화면 왼쪽 맨 위의 '소셜교컴' 링크를 눌러 들어갈 수 있다.

는 대화를 지속적으로 나누지 못하게 한다. 가르침을 테크닉으로 격하시키면 교직은 물론 교사도 위축된다.[75]

내가 지금 페이스북에서 하고 있는 소통 방식은 '내러티브'[76]에 가깝다. 나는 전국의 교실에서 아이들과 씨름하고 있는 선생님들의 처지에서 사고하고, 그들의 눈높이로 사물을 보고 싶다. 그리고 그러한 느낌, 아이들과의 상호작용, 내 경험과 새로운 지식과의 만남에 대하여 편안하게 대화를 나누는 것이 중요하다고 본다. 교사의 실천적 지식을 서로 나누고 축적, 구성하는 가운데 미래 사회, 미래의 학습자가 요구하는 교사전문성이 키워진다.

교사가 단순히 교과교육 전문가 혹은 교육과정의 실행자로부터 아이들과 더불어 삶과 경험을 나누고 실천하는 '내러티브적 사고의 주체'로 자기 역할을 재규정할 때, 수업실제가 좀더 풍부해질 것이라 믿는다. 야콥 무트(1967)는 오늘의 교육학이 단순하고도 자명한 일상적 교육행위에 대해 무관심했거나 소홀했다고 지적한다. 이런 이유 하나만으로도 학교의 일상적 현상을 올바르게 인식하는 것, 즉 이를 정확히 기술하고 그 결과에 대해 교육적으로 숙고하는 작업은 정당하다.[77]

내러티브 관점에서 교사전문성 신장 방법은 전달이 아닌 재구성의 과정이다. 내러티브는 교사가 가진 지식의 실제 혹은 행위에 뿌리를 둔 경험적 인식론에 근거를 두고 경험을 재구성하는 것이다. 내러티브 관점은 인식 주체의 경험과 반성을 중시한다는 점에서 기술적 합리성을 극복할 수 있는 대안으로 주목받고 있다.[78] 기존의 교사교육이 지나치게 수업기법을 강조하는 과정에서 교사 및 학습자의 경험과 분리되었다면 내러티브는 교사와 학생의 개인적 경험과 사유를 중시하는 과정에서 수업을 삶 속에 녹아들게 하는 촉매제가 될 수 있다. 페이스북에서는 쉬운 방법으로 교사들의 교육 실천 과정을 자서전적으로 쓰고, 교류할 수 있으며 그들의 지식을 집단적으로 축적, 구성해 갈 수 있다. 내러티브가 집단지성을 구축하는 하나의 방법론이라고 하면 페이스북은 집단지성을 가능하게 하는 도구로 기능하고 있는 것이다.

저커버그, 당신이 처음 페이스북을 만들었을 때는 하버드 대학생들에게 온라인으로 미인 뽑기 같은 놀이를 제공하는 것으로 시작했고, 남녀 관계에 기초한 인맥 쌓기 개념으로 시작했지만, 그것은 스스로의 진화를 거듭하여 여기 한국에서는 아주 훌륭한 서사 구성의 도구가 되고 있다는 것을 알고 있는가? 당신은 상업적으로 성공했지만, 나는 이것을 교사들의 내러티브 도구로 만들었다네.

---

75) Parker J. Palmer(2005). 『가르칠 수 있는 용기』. 이종인·이은정 옮김(2005). 한문화 263p
76) 함영기(2010). 『수업전문성의 재개념화를 위한 실천적 탐색』. 한국학술정보 272p
77) Andreas Flitner/Hans Scheuerl(1967). 『사유하는 교사』. 송순재 옮김(2000). 내일을 여는 책 50p
78) 함영기(2010). 같은 책 50p

잘 듣는 능력

의사소통에서 '잘 듣기(적극적 경청; active listening)'는 꽤 중요한 덕목으로 꼽힌다. 타인의 이야기를 들을 때는 분석, 판단, 비난, 예측을 하지말고 순수하게 그 이야기에 집중하라고 한다. 특히 타인의 말을 듣지 않고자신의 말만 하는 사람들에게 경청의 중요성은 아무리 강조해도 지나침이 없다. 하임 기너트[79]나 토마스 고든[80] 같은 의사소통의 대가들도 적극적 경청과 긍정적 공감을 묶어 의사소통의 핵심에 놓았을 정도다.

'잘 듣는 능력'이란 과연 무엇일까? 문제를 가진 내담자가 자신의 이야기를 잘 들어주는 상담자나 교사를 만나면 어느 정도는 마음 편하게 자신의 이야기를 통해 마음을 드러낸다. 자신을 드러낸다는 것은 문제 상황의해결을 위한 시작이다. 잘 듣는 것은 이와 같이 상대방이 자신을 드러내게하는 촉매제 구실을 한다.

그런데 정말 잘 듣는 능력이란 상대방의 이야기를 잘 듣고 공감해 주는것 이상이다. 의사소통 이론을 처음 공부한 사람들이 갖게 되는 일종의 편향은, 어떤 상황에서도 꾹 참고 잘 들어야 상대방의 내면에 자리잡고 있는문제를 이끌어낼 수 있다고 과도하게 믿는 것이다. 상대의 이야기를 정성을 다해 잘 듣고, 고개를 끄떡이며, 다정하게 눈을 맞추어 주는 의사소통방식은 과연 내담자가 가진 문제를 해결할 수 있을까? 문제의 해결 가능성이 높아진다는 것에 동의하지만, 이것만으로는 뭔가 부족하다.

내담자가 상담자 혹은 교사에 대하여 갖게 되는 신뢰는 '자신의 존재를인정해 주고 이야기를 잘 들어 주는 사람'일 경우 더 높아진다. 그러나 여기서 한걸음 더 나아가지 않으면 안 된다. 마음 편안하게 이야기하고 그것을 통해 일정하게 감정을 해소했다는 것으로 문제는 해결되지 않는다. 문제 상황에 대한 이해 없이 그저 잘 듣는 것만으로는 좋은 상담이 이루어질 수 없다.

학교에서 교사와 학생 사이에 오가는 이야기를 본의 아니게 엿듣게 되는 경우가 있다. 아직도 강압적으로 아이 위에 군림하려는 교사가 있다. 그런 교사들은 좀더 다른 각도에서 공부가 필요하다고 보고 여기서는 논외로 한다. 가끔 아이의 이야기를 정성스럽게 들어주는 교사를 발견할 수 있는데 그것이 내 눈에는 뭔가 '기능적'으로 보이는 경우가 있었다. 뭔가 그냥 들어 주는 절차랄까, 이런 느낌 말이다. "그래, 그랬구나. 철수에게 그런 일이 있었네…. 선생님이 어떻게 도움을 줄 수 있을까?" 이런 상담 교과서에 나오는 말을 들으면 왠지 적극적 경청, 딱 그 정도에 머물러 있다는 느낌이 든다. 잘 듣는 것은 '해결의 전망'이 포함된 의사소통의 기술이자 덕목이다.

내담자 편에서도 그렇다. 내가 하는 이야기가 단순하게 들려지는 것이 아닌, '이해되는 상황'이기를 원한다. 내 이야기를 들어 주기만 하면 되는 것이 아니라, 지금 내 상황을 이해해 주는 누군가가 있다는 것이 단순한

---

79) 하임 기너트(Haim G. Ginott, 1922~1973)는 이스라엘에서 태어나 미국에서 활동한 어린이 심리치료사로 정신요법과 심리학에 깊은 관심을 가지고 부모와 교사, 어린이들을 상대로 활발한 연구 활동을 펼쳤다. 교사와 학생 사이, 부모와 10대 사이, 어린이를 위한 집단심리치료 등의 책을 썼다.

80) 토마스 고든(Thomas Gordon)은 적극적 듣기와 나-메시지 전달법 그리고 무패 방법이라는 의사소통 기술을 통해 부모와 자녀, 교사와 학생 간의 관계에서 빚어지는 갈등을 효과적으로 해결하는 방법을 창안하였다. '교사역할훈련', '부모역할훈련', '리더역할훈련' 등의 책을 썼다.

듣기를 넘어 해결 전망을 갖게 한다. 요즘 아이들과 이야기를 나눠 보면서 자꾸 드는 생각이다. 해결에 대한 통찰이나 안목, 그리고 의지가 없이 '그래, 그랬구나.' 이것만으로는 진전된 만남을 이어가기 힘들다.

초등과 중등에서
수업전문성을 개념화하는 방식

초등의 교사문화 중 으뜸은 뭐니뭐니 해도 '선후배' 문화와 '동학년' 문화다. 선후배 문화가 수직적 위계에 비중을 두고 있다면 동학년 문화는 어느 정도 수평성을 보장한다. 하지만 동학년 문화 역시 종종 선후배 문화에 흡수되는 경우가 많다. 이는 초등교사들이 어떻게 배출되느냐와 무관하지 않다. 전국에 분포해 있는 10개의 국립교대와 국립교원대, 이화여대 초등교육과에서 초등교사를 배출한다. 이런 이유로 한 지역의 초등학교에는 그 지역 교대 출신의 직속 선후배가 많을 수밖에 없다. 이런 수직적 위계 구조는 초등교사의 수업전문성 신장에 도움이 될까?

초등에서 교감이나 교장이 나의 직속 선배가 되는 경우도 허다하다. 이 경우 교과나 혹은 수업방법에 대한 전문적 협의보다는 '선배의 조언'에 더 무게가 실린다. 전문성에 대한 수평적 토론이나 협의보다 '지도와 자문'의 성격을 갖는다. 물론, 선배교사가 탁월한 전문성의 소유자이자 민주적 소양을 가지고 있는 경우라면 훨씬 효과적이다. 문제는 그런 경우가 그리 많지 않다는 데 있다. 선배교사와 후배교사의 경험이 일치하는 데서 오는 이와 같은 구조는 초등에서 협의에 의한 수업전문성 신장 노력이 결실을 맺기 힘든 이유가 되고 있다.

한편 중등에선 어떨까? 중등교사들은 주로 교과 및 업무부서 지향 문화를 갖는다. 그 중 수업전문성과 관계있는 것은 교과이다. 극단적으로 선후배 교사 사이에도 교과가 다르면 함부로 조언할 수 없는 엄격한 교과 구획의 문화가 있다. 교장, 교감도 교과가 다르다면 수업내용에 대해서는 조언을 삼간다. 이것은 중등교사의 수업전문성 신장에 바람직하게 기여하는 구조일까?

엄격한 교과 구획은 긍정적인 측면과 부정적인 측면을 모두 내포한다. 아무리 선배교사라 할지라도 교과가 다르다면 함부로 조언할 수 없는 분위기는 어느 정도 교과의 독립성과 교과 공동체의 유지에 기여한다. 한편, 지나치게 엄격한 교과 구획은 중등교사들의 통합적·연계적 수업전문성을 신장하는 데 장애로 작용한다. 특히 요즘 교과를 종횡으로 넘나드는 지식의 성격에 따라 중등에서 어떻게 교과간 협력을 이뤄내고 이를 교사의 성장으로 수렴하게 하느냐가 중요한 문제가 되고 있다. 혁신학교에서 교과의 구분 없이 하고 있는 수업협의회가 큰 효과를 보고 있는 점이 이를 증명한다.

초등교사는 전 과목을 다루기 때문에 자연스럽게 통합과 연계를 시도할 수 있다. 교과를 넘나드는 교육과정 재구성도 중등에 비하여 더 자유롭다. 그러나 다수에 의한 협의 형태에서 선후배 사이의 수직적 위계를 어떻게 극복하냐 하는 것이 관건이다. 중등에서는 강한 교과 독립성이 교과의 권익을 지켜 주는 기제로 작용하지만 교과간 협력을 취약하게 만든다.

바로 이러한 지점이 수업전문성을 풍부하게 사고하는 데 있어 매우 중요한 시사점을 제공한다. 초등에선 강점이 중등에선 약점으로 작용하고, 초등에서 약점이 중등에선 강점으로 작용한다. 일찍이 북유럽에서는 이러한 점들에 주목하여 초등과 중등이 한 교실에서 수업하는 종합학교(comprehensive school)와 무학년제(none grade system)를 완성시켰다. 그것의 효과는 지금 잘 드러나고 있다. 초중등 교사를 아우르는 수업전문성의 신장, 어떤 상상력이 필요할까?

교사들의 아비투스

교실 출입문에 자빠져 가로 누워있는 대걸레에 많은 아이들이 걸려 넘어진다. 욕을 내지르면서도 누구 하나 치울 생각을 하지 않는다. 때로 교사도 여기에 걸려 넘어진다. 사실 이 장면은 아이들의 무료를 깰 흥미로운 볼거리 이상의 아무 것도 아니다. 만약 교사가 학생 누구에겐가 "이거 왜 안 치우니?"라고 묻는다면, "제 담당 아닌데요." 혹은 "제가 안 그랬는데요." 등의 답을 들을 것이 뻔하다. 그러므로 묻고 상처받느니 그냥 교사가 집어 들어 정돈하는 것이 빠르다. 그것 외에 이 사태를 두고 아이들의 책임을 묻거나 교육적 의미를 설명하는 것은 모두 무의미하다. 난 이것이 오늘날 교실에 만연된 '일인 일역'에서 비롯된다고 본다. 일인 일역은 '자기 일이 아니면 움직이지 않는 것이 룰'이 되어 버린, 개별화된 아이들에게 개별적 책무성을 요구하는 학급운영의 한 방식이다.

교실에서 해야 할 일 한 가지에 대하여 학생 한 사람씩 대응시켜 책임을 맡긴다는 일인 일역은 교사들이 피해가기 힘든 유혹이다. 그것이라도 없다면 난장판이 될 교실을 그나마 차선으로 유지해 주기 때문이다. 공동체의 합의된 약속, 공동의 책무, 타인에 대한 배려, 즉 '민주적 시민성'은 이제 교실에서 찾아보기 힘들다.

그런데, 조금 더 깊이 생각해 보자. 학생들에게 부여되는 일인 일역은 무엇을 닮았는가? 멀리서 찾을 필요가 없다. 학교의 모든 업무를 낱낱이 세분화하여 교사들에게 맡기는 '업무분장'을 쏙 빼닮았다. 학교의 업무분장은 질 높은 수업을 보장하기 위한 장치도 아니요, 아이들의 인성을 함양하는 데 가장 효과적인 체제는 더욱 아니다. 교직사회에서 업무분장은 행정업무를 효율적으로 처리하기 위해, 교사와 학생들을 관리하고 통제하기 위해, 개별 업무에 대한 책임을 명확히 묻기 위한 관료제의 핵심 기능이다.

무섭지 아니한가? 교사들의 '아비투스(habitus)' [81]는 부지불식간에 자신이 속한 집단의 습속을 그대로 아이들에게 상속한다. 교사가 아이들의 전인적 발달과 전혀 상관없는 소모적 행정업무에 내몰리는 것에 대하여 좌절하면서도, 저항하지 못하고 아이들에게 투사하기, 오늘날 학교 생태계의 모습이다.

더 나아가 기법 위주로 진행되는 협동학습에서도 비슷한 모습을 발견할 수 있다. 여기서 행해지는 '역할분담'은 무임승차를 방지한다는 명목 아래 모둠에 속한 구성원 모두에게 되도록 공평하게 역할을 부여한다. 이 과정은 나의 책무를 다 해야 우리 모둠의 성취를 방해하지 않는다는 개별 학생의 책임감으로 지탱된다. 학생들은 모둠학습에서 이루어지는 역할분담을 통하여 개별적 책무성을 자각하는 대신 남의 일에 상관하지 않는 것이 예의라는 성인세계의 '상호불간섭원칙'까지 학습한다. 교무실의 업무분장도, 교실에서 하는 일인 일역도, 기능적 협동학습에서 즐겨 쓰는 역할분담도 모두 그 뿌리는 비슷하다. 집단 내 개인에게 부여되는 명확한 역할을 통해 무엇이 잘못됐을 때, 잘못의 원인을 정확하게 드러내고 문책할 수 있다는 관료제의 핵심 기능이 바로 그것이다.

이것에 오래 길들여진 교사는 '공정한 업무분장'이라는 이데올로기에 쉽게 동화되어 업무의 내용보다는 공정한 배분에 집착한다. 그 업무의 교육적 의미는 사라지고 오로지 기계적 형평성에 신경을 쓰는 꼴이다. 일선 학교에서 운영되고 있는 인사위원회의 모습을 보면 이것에서 한 치도 앞으로 나아가지 못하고 있다. 이 업무가 아이들의 바람직한 성장을 위해 정말 필요한가, 그렇지 않은가에 대한 성찰적 물음은 제쳐두고 그저 공정하게 나누어 불만없이 업무를 수행하는 것에 익숙해진다. 이 관행화된 익숙함에서 학급에서 행해지는 일인 일역, 협동학습의 기능적 역할분담 같은 것이 나온다.

모든 새로움은 기존의 질서를 배리(paralogy)하는 것으로 부터 시작된다. 교사의 역할이 중요한 것은 질서의 수호자여서가 아닌 '해체를 통한 재구성'으로 나아가는 창조의 주역이기 때문이다. 예컨대 요즘 자주 거론되는 교육과정 재구성은 어떤가? 기존의 교육과정에 대한 해체없이 재구성이 가능한가? 가능하다면 그것은 재구성이 아닌 '기존 교육과정의 주석'에 불과할 뿐이다.

우리가 꿈꾸었던 '민주적 시민성'은 자기 일이 아니면 절대로 간섭하지 않고, 개인적 책무만을 명확히 하는 것으로 얻어지는 것이 아니다. 이것이 야말로 나와 타자간에 지식과 지식의 섞임, 행위와 행위의 섞임 속에서 한 걸음씩 연속적으로 재구성되는 경험, 바로 그것이다.

---

81) 아비투스(habitus)는 프랑스의 사회학자 삐에르 부르디외가 도입한 용어로 권력 기반의 사회 질서 속에서 개인의 구조화된 성향 체계로 사회적 위치, 교육 환경, 계급 위상에 따라 후천적으로 길러진 성향을 의미한다.

소모적인 일에 진지하게 매달리는 김 선생님께

교직생활 평생 흔들림 없는 내 모토는 '정말로 내가 하고 싶은 일에 나를 온전히 몰입시키며, 나를 소모시키는 일은 대충 한다'는 것이다. 지금까지는 어느 정도 잘 지켜 왔다고 생각한다. 10여 년 전 토론문화 시범학교를 운영해 보고 싶은 생각에 연구부장을 자원했었다. 그리고 두 해 전, '수업혁신 교사학습공동체'를 운영해 보고 싶어서 다시 연구부장에 지원했다.[82] 부장교사 업무를 수행하는 동안 내 기준에 따라 형식적으로 대충 할 일과, 정성을 기울여야 할 일을 구분하여 처리했다.

소모적인 일과 그렇지 않은 일의 기준은 무엇인가? 이것에 정확한 기준이란 없다. 경력이 몇 년 되지 않아도 직관으로 알 수 있다. 이 일이 누구를 위한 일인가? 아이들의 전인적 발달을 위해 필요한 일인가? 내 성장에 보탬이 되는 일인가? 이런 정도만 자문해 보아도 전심을 다해 몰입할 일인지, 아니면 형식적으로 때울 일인지 구분이 된다고 생각한다.

누가 보아도 소모적인 일에 진지하게 몰입하는 동료교사를 본다. 그에게도 이유는 있을 것이다. 승진에 대한 유혹일 수도 있고, 아니면 천성이 너무도 긍정적이어서 불만 없이 일을 처리하는 스타일이거나, 단순히 일 자체에 대한 성취감일 수도 있을 것이다. 또는 누군가는 해야 할 일을 내가 할 뿐이라는 '희생과 헌신'의 발로일 수도 있을 것이다.

이렇듯, 희생과 헌신이 몸에 붙어 어떤 일이든 거부하지 못하고 '과묵하고 성실하게 맡은 바 업무를 잘 처리'하는 교사들은 대체로 학교에서는 솔선수범하는 모범교사라는 평을 듣는다. 학교장의 입장에서는 이런 교사를 선호한다. 승진을 목적으로 그리하는 것이라면 말릴 생각은 없지만, 아마도 이런 분이 나중에 교장이 되면 틀림없이 어떤 일이든 자신의 명을 거역하지 않고 헌신과 희생으로 기꺼이 감당하는 교사를 선호할 것이다.

헌신과 희생, 근면과 성실, 과묵한 실천…. 지난 시절 좋은 교사의 표본처럼 여겨졌던 이런 덕목들에 대하여 유감을 표하는 이유는, 방향 없는 헌신과 따져 묻지 않는 맹목적 성실함이 잘못된 권위와 관행을 온존 강화하는 데 크게 일조하고 있다는 생각 때문이다. 잘못된 권위와 관행이 지속되는 것에는 그럴 만한 이유가 있다. 그 이유 중의 하나가 이것에 대한 문제의식 없이 과묵하고 성실하게 수행하는 교사들이 있다는 것이다.

내가 싫어하는 것 중의 하나는 '바쁘다'는 말을 입에 달고 사는 교사들이다. 바쁘다고 반복하기 전에 그 일의 성격에 대하여 진지하게 따져 보라. 난 많은 교사들이 어떤 일을 하게 될 때 반드시 그것이 누구를 위한 일인지, 학생들의 전인적 발달에 기여하는 일인지, 그것이 아니라면 최소한 나의 성장에 도움이 되는 일인지를 깊이 생각해 볼 것을 권한다.

이렇게 해서 아이들과 별로 관계없으나, 교사들을 과도하게 소모시키는 온갖 업무들이 드러났으면 좋겠다. 거듭 말하지만, 난 '누가 보아도 소모적인 일을 진지하게 수행하는 교사'들이 이제부터는 그 일의 필요에 대해 꼼꼼하게 따져 물어 더 이상은 그 자신을 소모시키지 않았으면 좋겠다.

---

82) 필자가 근무하는 학교는 부장교사를 평교사들의 투표로 선출하고 학교장이 최종 임명한다.

다시, 김 선생님께

내가 지금 하고 있는 일을 잠시 나열해 보겠다. 중학교 수학교사, 대학의 겸임교수, 온라인 교사공동체 교컴 대표, 오마이뉴스 시민기자, 교육희망 객원필진, 교사연수 강사, 연구 및 수업 컨설팅 등이 있다. 그리고 지금까지 일곱 권의 책을 썼다. 꽤 많은 일을 하는 편이지만 그로 인해 '바쁘다'는 말을 입에 달고 생활하지 않는다.

서두에 이 이야기를 먼저 하는 이유는, 내가 교사들의 소모적인 일을 반대한다고 해서 내가 하는 일이 오로지 나에게만 유익한 그런 일의 종류는 아니라는 것이다. 한때 나도 부장교사를 할 때는 끝도 없는 업무에 시달렸던 적이 있음을 고백한다. 그러므로 내 이야기는 어떤 교사들을 향하고 있을 뿐만 아니라 나 자신에게 주는 준엄한 호통이기도 하다.

교사들 중에는 출근하자마자 컴퓨터에 전원을 넣으며 이런 저런 공문을 확인하고 혹시 누락된 일이 없는지 보고, 기일을 놓치지는 않았는지 노심초사하며 늘 바쁘게 지내는 분들이 있다. 쫓기듯 수업에 들어가고, 수업역시 업무를 진행하는 기분으로 '처리하고', 그 다음 일에 매달린다. 대개이런 분들은 자신의 업무 진행을 주변에 중계한다. 그래서 나도 그들이 얼마나 바쁜지 웬만큼 알고 있다.

몇 학교를 거쳐 오면서 느낀 것 중의 하나는 이런 교사들일수록 대단한 사명감으로 무장돼 있다. 마치 학교운영이 관리자와 자신을 포함한 소수의 핵심적인 교사들의 열정으로 꾸려지는 듯 착각하고 있다는 점이다. 딱히 필요하지 않은 일임에도 늦도록 책상을 지키고, 주말 출근을 감행하여 더욱 열심히 하고 있다는 인상을 보이고 싶어하는, 헌신과 희생의 '모범적인' 교사들 말이다.

난 한편으로 생각한다. 그토록 바쁜 일이 정말 절실하게 필요한 일인지, 그와 그가 만나는 학생들의 발달에 얼마나 기여하는 일인지 의문이다. "교사들은 정신없이 바쁜 존재였으면, 다른 여유를 갖는 것을 사치로 알았으면" 하고 바라는 '누군가'가 있어 꼭 조종과 통제를 하고 있는 느낌이다. 그 누군가는 바로 관료체제라 부르는 시스템이다.

공문 더미에 파묻혀, 읽고 쓰는 것이라곤 온갖 종류의 공문이요, 머릿속에는 어떤 내용을 언제까지 보고해야 한다는 긴장감으로 가득 차 있는 상태라면 애초부터 아이들의 무한한 상상력을 키워줄 소양은 없다고 보아야 한다. 나는 지금 교사들에게 잡무로부터 벗어나라는 선동을 하고 있는 것이 아니다. 과연 가르치고 배우는 일의, 학교와 교실공동체의, 수업의 본령이 어디 있는지 진지하게 자문하라는 것이다.

사유가 없는 교사에게서 상상력이 풍부한 아이들이 나오기를 기대한다? 늘 수업과 관련 없는 일에 쫓기는 교사에게서 다양한 수업방법의 시도를 기대한다? 애초부터 가능하지 않은 일을 주문하면, 결국 남는 것은 성과주의적, 형식주의적 일처리요. 공허한 보고서일 뿐이다. 그러므로 가르치는 일에 종사하는 모든 사람들은 생각하고 또 생각해 봐야 한다. 자신이 하고 있는 '핵심적인 일'이 무엇이고, 다른 어떤 일들이 그것을 지원하고 보조하는 일인지, 어떤 일이 그것과 관련이 없거나, 심지어 방해하는지 말이다.

경쟁적 대입 시스템 등 구조적인 문제를 말하기는 쉽다. 그러나 구조의 문제에 관심을 가지고 그것의 개선을 요구하는 말단의 현장에서 우린 무엇을 할 수 있을 것인가? 부단한 사유와 실천이 뒤따르지 않는다면 막상 구조가 개선되더라도 그것은 그의 몫이 아니다.

민주적 절차와 논의 구조 속에서도 "피곤해요, 내가 해야 할 일만 딱 맡겨주세요."하는 젊은 교사가 있었다. 이런 기능적 일처리 관성이 나도 모르게 체화되고 확산되어 교사들의 일이 '단순하게 딱 떨어지는' 것으로 환원되는 것은 바람직한 것이 아니다. 다시 말하지만, 교사를 소모적인 일들로 부리려는지 제대로 확인하고, 수업을 중심으로 교사의 일을 재편할 때만 비로소 교사의 눈에 자신을 기다리는 아이들의 눈망울이 들어올 것이란 사실이다.

연구하는 교사

교사전문성은 수업 역량, 학생지도 역량, 학급 및 학교 업무 수행 능력 등 몇 가지 차원과 수준에서 정의될 수 있지만 최근 교사전문성의 중요한 범주로 대두되고 있는 것이 '연구 역량'이라 할 수 있다. 며칠 전 경기도에서 교육연구년[83]을 맞아 연구 중인 교사들을 대상으로 '질적연구 방법론'에 대한 강의를 하였다. 현장에서 많은 교사들의 질문이 있었고, 강의 후에도 몇 분의 선생님들께서 그동안 진행해 온 연구과정에 대한 컨설팅을 받고 싶어했다. 이곳 지면을 통해 내가 생각하고 있는 교사 연구자들에게 드리는 몇 가지 제안을 써 보고 싶다.

우선, 경기교육청에서 의욕적으로 채택하고 있는 교육연구년제는 그 시도가 참신하다. 이 과정을 통하여 교사들이 한 가지 자신의 관심 주제를 선정하고 일 년 동안 천착한다는 것 자체가 교사로서 연구전문성을 성장시키는 데에는 좋은 방법이다. 강의 때 했던 질의응답과 개별 컨설팅 과정에서 공통적으로 느꼈던 사항들을 중심으로 써 보겠다.

이른바 '현장연구'는 교사들에게 어떤 기여를 했을까? 현장연구(field research/ school-based action research)는 교사들이 자신의 실천 공간에서 행위 당사자로 참여하여 연구를 계획하고 과정을 이끌며 의미 있는 결론을 이끌어 내는 교육연구의 한 영역이다. 교사들이 가장 손쉽게 접근할 수 있고, 연구대상과 데이터가 비교적 쉽게 획득된다는 점에서 교사들이 선

---

83) 교사들의 연구 역량의 신장을 위해 경기도에서 시행하고 있는 제도로 연구계획서 심사에 통과한 교사들에게 1년간의 연구 수행을 위한 특별연수 기간이 주어지고 소정의 연구비를 지원한다.

호하는 방법이다. 그런데 '현장연구대회'를 통해서 교사들의 연구물에 등급을 매겨 승진점수로 활용되면서 이 연구는 승진을 위한 도구로 전락하였다.

현장연구대회를 통하여 발표한 연구물들은 거의 현장에서 참고되지 않으며 오로지 다음 현장 연구자가 선행연구의 인용물로만 기능한다. 그리고 연구과정에서 연구방법이나 조사분석 및 글쓰기에 대한 전문적 지원을 받지 못하여 조악한 수준의 연구물이 되고 있다. 이 부분을 개선하기 위해서는 등급제와 승진 점수로 반영하는 것을 폐지하고 연구 본연의 목적을 살려 정말로 '현장개선연구'가 되도록 제자리를 잡아주어야 한다.

이런 까닭에 현재 진행되는 현장연구는 오히려 연구 역량의 성장을 왜곡한다. 현장연구가 교사들의 연구 역량 향상에 기여하기보다는 분량 채우기 식, 때우기 식, 짜깁기 식으로 진행하니 오히려 연구 능력이 바람직하게 성장하지 못하고 왜곡되는 결과를 낳는다. 현장교사들의 연구 컨설팅을 하다 보면 이런 흔적들이 도처에서 묻어난다. 근거 없는 단정과 비약들이 넘쳐나며, 선행 연구물의 기계적 나열로 본 연구를 이론적으로 지지하지 못하고 분리하는 현상이 발생한다. 그럼에도 불구하고 교사들은 과거에 진행했던 현장연구 관행을 쉽게 포기하지 못한다.

교육연구년제를 신청할 정도의 교사들은 연구시범학교나, 교과연구회를 통하여 교육청에서 요구하는 양식에 따라 보고서를 작성해 본 경험이 있는 분들이다. 그런데 이러한 정책보고서 작성 경험은 오히려 참신한 연구 진행을 가로막기도 하다. 대부분 컨설팅을 요청하는 교사들의 연구 상황에서 발견되는 문제는 '연구물이 아닌 보고서'로 일단 시작해 놓고 이에 맞추어 자료수집과 해석을 하다 보니, 정작 연구가 요구하는 타당성과 참신성을 드러내지 못한다는 점이다. 이 경우 보고서 수준의 문서를 연구물로 전환하는 작업을 하는데, 이 또한 만만치 않은 작업이어서 애를 먹기 일쑤이다. 보고서와 자신의 견해를 드러내는 연구물은 그 형식과 질이 다르다.

연구계획을 세우고 그에 따라 현장 관찰과 자료 수집을 하다 보면 고생이 따른다. 그러다 보니 연구문제를 예리하게 드러내지 못하고 '종합보고서 내지는 제안서' 형식이 돼버리는데 이때 교사 연구자는 이 종합의 유혹을 과감하게 버려야 한다. 사실 좋은 연구를 하는 과정은 데이터의 홍수 속에서 연구 문제를 잘 설명할 수 있는 것들을, 비중과 준거에 따라 다시 배열하고 설득력을 더해 설명하는 것이다. 그렇게 하기 위해서는 초점 영역을 정확히 하고 그것에 관해서 자신의 견해를 최대한 참신하게 밝히는 것이 중요하다.

양적연구, 현장연구는 주로 자신이 속한 공간에서 연구를 진행한다. 행위 당사자로서 연구의 한 축을 이루기 때문이다. 이때 만나게 되는 것은 내가 가르치는 아이들, 나와 교류하는 교사들 등 직간접으로 연구자와 관련을 맺고 있는 대상들이다. 질적연구에서는 어느 정도 연구자의 주관성이 드러나기도 하지만 연구자의 생활 근거지에서는 종종 연구의 중심이 흔들릴 수 있다. 해결책은 다른 학교, 다른 교실을 관찰하는 것이다. 이때 그 학교, 그 교실의 상황을 잘 설명해 줄 수 있는 (이전에는 잘 몰랐던) 정보제공자를 만나면 좋다.

'중학교 2학년 수학과 수준별 이동수업의 효과성 연구'라고 주제를 정했을 때는 그 효과성을 드러내기 위하여 불가피하게 실험집단과 통제집단을 설정하고 조사연구를 실시한 다음, 양쪽을 비교하여 통계적으로 유의한지를 살펴보게 될 것이다. 전형적인 양적연구이며, 관행화된 현장연구의 모습이다. 그러나 주제를 '수준별 이동수업에서 최하위반 학생들의 수학교과에 대한 생각'이라고 고쳐 보자. 전자의 경우는 가설을 입증하기 위한 조사연구가 동원되는 것이고 후자의 경우에는 학생들의 문화 속으로 들어가 그들의 인식을 듣고 이것을 기술하는 것이다.

특정 집단이나 개인의 문화, 양태, 인식을 드러내고 싶을 때는 단순하게 설문조사 방법으로 하는 것보다 직접 그들이 있는 현장으로 들어가(참여관찰), 학생들의 수업대화를 녹음이나 촬영, 기록으로 남기고(자료수집), 필요한 경우 지도교사나 학생들을 면담하며, 연구계획에서 설정한 대로 일정한 분석틀로 분석하고 기술한다. '교육연극 프로그램에 참여한 학생들의 타인과의 관계 개선 양상에 대한 관찰 연구' 같은 것들은 좋은 질적연구의 주제가 될 수 있다.

연구물은 저자의 손을 떠나면 그때부터는 온전히 독자의 몫이다. 따라다니며 설명해 줄 수 없는 노릇이기에 저자는 최대한 친절하게 기술해야 한다. 당연히 문학적 감수성과 글쓰기에 능한 경우가 그렇지 않은 경우보다 좋은 질적연구를 할 가능성이 높다.

교사의 성장과 사유

동식물이 자라나는 것도 성장이라 하며, 인간이 몸집이 커지고 나이가 들어가는 것도 성장이라 한다. 사람의 생각이 넓어지고 깊어지는 것도 분명한 성장이다. 인간의 몸과 마음이 잘 자라나기 위해서는 주변과의 끊임없는 상호작용이 필요하다. 그래서 타인과의 풍부한 관계 형성 과정이 성장의 중요한 매개가 되기도 한다.

교사의 성장이란 무엇일까? 단언컨대 교사의 성장은 '교육적인 방법으로' 그가 가르치는 아이의 전인적 발달을 조력하는 과정에서 온다고 본다. 전인적 발달은 지적 발달만이 아닌, 신체적인 건강함과 타인과의 관계 능력까지를 포함하는 발달 개념이다. 또한 이 세 가지의 개념이 별개로 떨어진 상태에서 각각의 발달을 기하는 것이 아닌, 서로 유기적으로 관계하며 연속적으로 재구성해 나가는 경험의 과정이다.

아이의 전인적 발달의 이해, 그 과정에서 교사의 역할에 대한 자각은 교사 자신의 반성과 성찰 과정을 통해 이루어질 수 있다. 이러한 반성과 성찰을 가능하게 하는 교사 성장의 방식이 바로 '사유'이다. 이런 측면에서 수업을 능숙하게 하는 것, 아이들과 잘 소통하기 위하여 노력하는 것도 교사가 성장해 나가는 모습이지만, 그 중 으뜸은 사유의 능력이 자라나는 것이다.

교육적인 방법으로 아이의 전인적인 발달을 조력한다는 것은 어떤 의미일까? 바람직한 발달은 즉시 확인 가능하지 않기 때문에 교사는 아이의 성장을 염두에 두고 여러 가지 방법을 동원할 수 있다. 아이의 바람직한 성장이 목적이라고 해서 동원되는 모든 방법이 정당화되지 않는다. 교사가 아이들 앞에 서는 방법 역시 다양하다. 감독자나 경영자와 같은 역할로 아이들 앞에 설 수도 있고, 엄격하거나 자애로운 부모의 심정으로 설 수도 있다. 그 어떤 경우에도 교사들은 '교육적 행위'를 통해서 가르침의 여정에 가담하는 존재이다. 교사는 의미 있게 존재하지 않으면서도 물리적으로는 학생들 앞에 존재할 수 있다. 역으로 물리적으로는 학생들과 함께 있지만 우리의 삶에 학생들이, 또 학생들의 삶에 우리가 존재할 수 있다.[84]

'교사의 성장과 사유'는 지금 이 시기 교사들이 깊게 생각해야 할 화두이다. 교사들은 하루가 다르게 단순 기능인으로 내몰리고 있다. 관료주의는 깊고 넓은 사유보다 단순 반복적 업무를 능숙하게 처리하는 교사들을 선호한다. 당장 적용할 수 있는 수업방식이나 기술을 뽐내는 교사가 전문가로 호명된다. 이런 현실에서 교사의 삶과, 사유, 실존 등을 떠올리는 것은 그 자체로 의미가 크다. 교사들이 이러한 점들을 인식하고 유익한 강의를 찾아 듣거나 좋은 책을 읽고, 좋은 사람을 만나 대화를 해야겠다는 생각을 가지고 있다는 것은 그의 성장에 있어 중요한 동력이 된다.

그러나 우려도 있다. 요즘 인문학에 대한 관심들이 높아지면서 존재, 사유 등에 대한 어휘들이 많이 사용되는데, 나는 때로 이것들이 과잉 언급되거나, 실천을 배제한 언술로 전락할 위험도 있다고 생각한다. 성장, 사유 등이 교사 개인의 사고에 머물러 사사화되고 이내 고착화되면, 교사의 삶에서 파생하는 부조화와 악순환이 교사의 노력 부족 때문인 것으로 인식될 가능성이 생긴다.

가르치는 자의 존재, 삶, 사유, 성찰과 같은 어휘들이 언술로 빠지지 않으려면 이것이 구조와 개인을 가로지르는 실재(reality)를 통하여 녹아드는 것, 혹은 그런 실천적 경험과 동반되어야 한다. 구조와 동떨어져 개인적으로만 성찰, 사유한다면 개인은 풍부한 지성을 갖게 되겠지만, 구조의 변화를 기대할 순 없다. 오히려 개인에 지나치게 집중할 때, 개인을 지배하는 몹쓸 구조는 온존 강화된다는 사실이다. 동서고금을 통틀어 권력은 늘 인간을 개별화하기 위해 노력해 왔다.

교사의 '성장과 사유'는 '동행과 연대'를 덧붙여 말할 때 좀더 힘을 갖는다. 함께 할 사람, 함께 할 방식을 고민하지 않고 골방에 틀어박혀 좋은 책 읽고, 깊은 사유에 빠지는 것만으로는 부족하다. 뉘라서 가치 있게 살고 싶지 않을까? 뉘라서 정의롭게 살고 싶지 않을까? 그러나 가치와 정의를 따지기 시작하는 순간, 우리가 목도하는 것은 견고한 구조와 시스템에 압도당하는 것이다. 우리의 사유, 성찰은 가치와 정의를 방해하는 몹쓸 구조, 그것을 지탱하는 여러 유기적 관계와 힘들을 인식하고, 그것을 은폐하거나 축소할 것이 아니라 정면으로 마주함으로써 드러내는 것이 중요하다.

개인의 실존을 강조한다는 것은 모든 '구조적 문제의 개인적 환원'이 아니라, 구조와 연결된 개인의 존재를 통찰적 안목으로 연결함으로써 얻어지는 성찰적 되물음 방식이어야 한다. 그렇지 않다면, 이른바 청춘 멘토를 자처하는 사람들이 더는 내려놓을 것이 없는 젊은이들에게 "마음을 비우세요, 내려놓으세요."라고 공허한 주문을 계속하는 것과 조금도 다를

---

84) Max van Manen(2002). 같은 책 101p

것이 없다.

　교사의 실천은 늘 이렇듯 갈등과 모순 속에서 엉킨 실타래를 풀듯 이루어져 왔다. 단순히 어떤 연수, 무슨 강의를 듣고 개인적 깨우침 정도에 머무는 정도를 넘어 그 속에서 "나는 어디를 바라보고 누구의 손을 잡아야 할 것인가?"에 생각이 이를 때 우리의 의식은 진정한 성장과 사유로 향한다.

연대와 동행

　교사의 존재와 교육 상황을 깊이 생각하지 않고 막개발 되는 각종 연수 프로그램들, 구조의 문제를 외면하고 개인의 몸과 마음에 집중하라는 힐링 열풍, 잘 먹고 잘 살자는 건강 붐, 이기적 욕망을 부추기는 '나 중심' 구호들이 한창이다. 이런 현상들은 극복하기가 쉽지 않다. 질병에 시달려 보지 않은 교사가 없기에 건강은 요즘 교사들에게 최대 화두로 다가선다. 아이들 문제, 학교 문제, 동료들과의 관계에서 겪는 심각한 스트레스는 교사들을 힐링으로 이끈다. 교원능력개발평가, 성과상여금, 학교평가 등의 압박은 교사들에게 학점 위주, 시간 때우기 위주의 연수 프로그램을 찾도록 강요하고 있다. 문화는 현상을 그대로 반영하기 마련이다. 문제는 반영 방식이 왜곡된다는 것, 그런데 이것의 당사자인 교사들이 현상과 문화 사이를 통찰하지 못한다는 것이다.

　동료교사들과 대화를 해 보면, 교사에게 압박을 주는 구조와 관행의 문제를 알고 있으나 현실은 가깝고 구조는 멀게 느껴지니 우선 손에 닿는 것부터 해결하고자 하는 욕구가 생길 수밖에 없다고 한다. 잘못된 것을 알면서도 불가피한 선택이 강요되는 현실이라는 벽, 교사들의 개별화를 끊임없이 부추기는 몹쓸 정책들 때문이다.

　가해자와 피해자 중심의 학교폭력 대응 매뉴얼은 잘 알지만 폭력의 근원에 대하여는 고민하려 하지 않고, 연말정산과 연금 계산은 척척 잘 하지만 교사의 존재론적 의미에 대하여는 무신경한 교사들이 늘고 있다. 지금 당장 나에게 유익함을 주는 것이 아니라면 일단 제쳐두고 나중에 생각해 보자는 것이다.

몇 년 전부터 급증하고 있는 업무와 아이들 생활지도 문제로 인해 앞에 닥친 일 외에 다른 것에 신경 쓸 여유가 없다는 것이다. 그래서 잠깐이라도 여유가 생기면 우선 몸을 챙기고 마음을 쉬는 일에 집중할 수밖에 없다는 것이다. 주변을 둘러보니 많은 교사들의 마음이 상해 있고, 지칠 대로 지쳐 있다. 육체적 질병은 물론 우울증을 비롯한 마음의 병을 호소하는 교사들도 많았다. 교사들이 개별화를 강요당하기에 맞춤한 조건들이 형성되고 있는 것이다.

교사에 대한 관리와 통제는 개별화된 책무성을 강요하고 있다. 이는 요구되는 기준과 지표에 따라 가시적 성과를 내는 것 외에 다른 사람, 다른 일에는 신경 쓰지 말라는 것과 같다. 관료화된 통제는 교사 개인이 해야 할 일을 세분하여 명확히 분담함으로써 그 일이 성과를 내지 못하였을 때 그것이 누구의 책임인가를 묻는다. 이런 분위기 속에서 교사들은 자신의 약점을 드러내기보다 숨겨야 할 부끄러운 것으로 여긴다. 타인의 지지와 도움의 필요성을 억누를 때마다 교사는 성장의 기회를 잃는다.[85]

사실 교사들이 자신들의 취약함을 공공연하게 드러낼 수 있는 조직이 건강한 조직이다. 약함을 표현할 때만 누군가의 조력을 받을 수 있기 때문이다. 협력은 누군가의 드러냄으로 시작하여 대화로 진행되며 실천으로 완성된다. 최초의 드러냄이 없다면 대화와 실천도 없다는 것이다. 그러므로 교사들은 어려움과 마주할 때 두려워하지 말고 이를 표현함으로써 주변의 동료교사와 협력할 수 있는 전제 조건을 만드는 것이 중요하다.

연대와 동행은 교사들의 개별화를 가속화하려는 움직임에 맞서 함께 생각하고, 함께 서는 방식이다. 생각이 다르다면 치열하게 토론하여 공감대를 만들어 내고, 그래도 좁혀지지 않는다면 다른 만큼 서로 확인하고 존중하면서 협력하는 것, 그것이 내가 현단계에서 생각하는 연대와 동행의 개념이다.

---

85) Tony Humphreys(1996). 『선생님의 심리학』. 안기순 옮김(2009). 다산북스 92p

큰 바다 속에 있는 작은 물방울

그동안 교사들이 본인의 수업 공개를 꺼렸던 이유는 간단하다. 교사들은 자신의 수업을 공개하는 부담에 비하여 사전에 준비해야 할 것이 너무 많고, 수업 이후에 다른 교사의 평가를 들어 봐야 스스로에게 유익함이 없다고 생각한다. 우리 교육현장을 지배해 왔던 체크리스트를 동원한 계량적 수업평가가 갖는 한계 때문이다.

수호믈린스키의 전인교육론을 담고 있는 '선생님들에게 드리는 100가지 제안'에 보면 이웃 학교 교사의 수업을 참관한 교사가 그 수업에서 감동을 받고 해당교사에게 질문하는 내용이 나온다.[86]

> "당신은 학생들에게 모든 심혈을 다 기울였습니다. 말 한마디
> 한마디에 커다란 감화력이 있습니다. 수업 준비에 몇 시간이나 들
> 였는지요? 아마 한 시간으로는 안 되겠지요?"

이 질문에 대한 수업공개 교사의 답변은 우리에게 많은 시사점을 준다.

> "나는 평생 이 수업을 준비했고, 모든 수업을 평생 준비합니다.
> 그렇지만 이 수업 준비에 직접 들인 시간은 15분밖에 안 됩니다."

수업은 기술이 아닌 이해의 과정이다. 교사가 수업을 준비한다는 의미는 교사가 가진 모든 경험과 안목을 수업 주제에 따라 녹아들게 하는 행위이다. 이는 자료 몇 개, 기법 몇 개로 해결되는 것이 아니다. 최근 수업혁

신 바람이 부는 것은 참으로 반가운 일이지만, 그것이 단순 기법 위주로 흐르면 오히려 해악이 될 수도 있음을 경고하는 말이다. 다시, 수호믈린스키의 말을 들어 보자.

"당신이 학생에게 가르치는 교과서의 기초 지식은 당신의 학문 지식이라는 큰 바다 속에 있는 작은 물방울이 돼야 한다."[87]

이 말은 교사에게 있어 낱낱의 수업사태를 어떻게 계획해 갈 것인가도 중요하지만 늘 독서를 통하여 쉼 없이 지식의 바다를 채우라는 말이다. 좋은 책과의 만남, 타인과 나누는 대화의 경험은 교사를 멈춤 없는 사유의 세계로 인도한다. 깊은 생각은 교사의 안목과 통찰력을 키우게 하며 사물을 보는 시각을 풍부하게 한다. 이런 측면에서 볼 때 수업은 매시간의 준비도 필요하지만, 그 바탕에는 교사의 무르익은 경험을 요구한다.

이런 의미에서 수업공개를 위해 특별히 준비과정을 요구하는 것은 진정한 수업개선을 위해서 바람직하지 않다. 평소 수업을 그대로 볼 수 있어야 한다는 조건, 그리고 5점 척도 방식의 체크리스트 평가 혹은 형식적인 주례사 평가가 아닌 '내러티브 방식의 수업대화'를 통해서 수업에 대한 반성과 성찰 그리고 개선과 성장으로 이어지는 기쁨을 맛보도록 해야 한다.

---

86) 수호믈린스키(В.А.Сухомлинский),『선생님에게 드리는 100가지 제안』.수호믈린스키 교육사상연구회 편역(2010). 고인돌 22p
87) В.А.Сухомлинский. 앞의책 24p

05《 학생

“ 아이들의 요구에 바로 답을 해 주는 교육이 좋다, 그리고 그 답은 명쾌할수록 좋다는 분들이 있다. 이렇게 되면 아이들을 정 답주의에 빠지게 만든다. 아이들이 구성해야 할 많은 지식 중에 는 바로 기억해 두어야 할 것도 있고, 두고두고 음미해야 할 것 들도 있지만 이 모든 지식들은 아이들의 사유와 연결될 때만 가 치를 지닌다. 아이들에게서 상상과 사유가 멈추면 교육도 끝이 다. ”

P의 변화

    중학교 3학년생인 P, 2년째 나와 수학 시간에 만나고 있다. 작년 한 해, P와 나 사이는 늘 긴장 상태였다. P는 수업 준비가 전혀 되어 있지 않은 것은 물론이고, 수업 시간 내내 잠을 잤다. 늘 엎드려 잠을 자고 있는 까닭에 내가 본 것이라고는 가끔 미세하게 움직이는 그의 등뿐이었다. 어쩌다가 잠시 깨어 있을 때에도 P는 타인의 접근을 허락하지 않는 무표정으로 일관했다. 무엇을 물어봐도 대답을 하지 않았고, 언제든지 무슨 이야기든 해도 좋다고 해도 반응이 없었다. 말하자면 그 학급 서른다섯 명 아이 중 P는 투명인간이었다.

    P는 '잠자는 것, 수업을 준비하지 않는 것, 다른 사람과 대화를 하지 않는 것'을 탓하지 않으면 그 누구와도 갈등하지 않았다. 따라서 아이들도, 선생님들도 그냥 갈등만 피하는 상태를 유지했다. 어쩌면 '방치'였을지도 모른다. P가 수학 수준별 이동수업 D(최하위반)반에 편성되었을 때, 약 2개월 간 좀더 가까이서 그를 관찰할 기회가 있었다.

    일단 대화를 거부하니, 어떤 계기를 만들기 힘들었다. 동기유발을 목적으로 가끔 나누어 주는 사탕이나 초콜릿 같은 것도 마다했다. 다른 아이들이 사탕을 맛있게 먹고 있을 때 P의 시선은 무표정하게 창 밖을 향했다. 호기심을 넘어 불편해지기 시작했다. 학습부진의 이유를 알아내기 위한 개인 상담 때도 전혀 말이 없었다. "언제든 나와 이야기하고 싶으면 찾아오거라." 하는 내 말에 그저 고개만 한 번 끄덕였을 뿐이다. 작년에 처음이자 마지막으로 나와 주고받은 소통은 '한 번의 고개 끄덕임' 이것이 모두였다.

그 사이 1년이 흘렀고 올해 다시 P를 맡았다. 크게 달라진 것은 없었다. 여전히 잠을 잤고, 수업 준비를 하지 않았다. 그의 책상에는 교과서도, 노트도, 필기도구도 없었다. 아주 많은 사연을 안고 있는 아이처럼 보이다가도 어떨 때는 아무 생각도 없는, 그저 하루하루를 힘겹게 '살아내는 것' 같은 그의 모습에서 오히려 내가 무력함을 느낄 정도였다. 어떻게든 대화를 시도해 보고 싶었지만 그의 견고한 무표정은 그 틈을 허락하지 않았다. 내가 할 수 있었던 것은 '나는 너에게서 관심을 거두지 않았다'라는 신호를 보내는 것, 그것밖에는 없었다.

그런데 개강 후 두어 달이 지난 5월 중순, 가끔 녀석과 눈이 마주칠 때 이상한 느낌이 있었다. 작년의 그 적대적이고 불안한 느낌이 아니었다. 어쩌다 시선이 마주쳐도 내 눈길을 피하지 않았다. 표정도 조금 밝아졌다. 그리고 묻는 말에 대해서 아주 짧았지만 본인의 의사 표현을 했다. 어떨 때는 두어 문장 이상 말할 때도 있었다. 사실 난 속으로 얼마나 안도했는지 모른다. 말로 표현할 수 없었지만 내가 이 녀석에게 가지고 있었던 연민과 안타까움이 큰 탓이었을 것이다.

오늘 P와 나 사이에 일어난 일을 평생 잊지 못할 것이다. 아이들 수행평가 지도를 하고 있을 때였다. 그러자면 나도 의자에 앉아서 아이들의 과제를 개별적으로 체크해 주어야 했다. 갑자기 어깨에 이상한 느낌이 왔다. 누군가 내 어깨를 정성스럽게 주무르고 있었다. P였다. 꽤 긴 시간 계속됐다. 내가 거부하지 않고 받아들이니 등으로, 허리로 이동하며 주무르고 두드리고 쓰다듬기를 반복했다. 지난 2년간, P가 어딘가에 이렇게 진지하게 몰입하는 것을 본 적이 없었다. 그동안 P의 불안했던 모습, 타인을 경계하던 모습이 빠르게 스쳐 갔다.

수업 종료를 알리는 벨이 울렸다. 교실 밖으로 나가다 뒤를 돌아보며 P를 보고 웃었다. P도 웃었다. P는 수줍은 듯 고개를 돌리며 복도 저편으로 걸어갔다. 녀석의 등이 눈에 들어왔다. 그렇게 쓸쓸해 보이던 P의 등이 좋은 햇볕을 받아 광합성을 하듯 경쾌하게 움직였다.[88]

---

88) 이글은 2013년 7월 4일 오마이뉴스에 게재된 필자의 기사를 재구성한 것이다.

K의 성장

학교 작품 전시회와 체육 축전이 있던 날, 졸업생 K가 다녀갔다. K는 지난해 내가 수학을 가르쳤던 학생이다. K는 말이 없는 편이고, 목소리 또한 작았다. 글씨도 돋보기를 써야 보일 만큼 아주 작게, 또박또박 썼다. 지난해 K는 교무실 내 자리에 많이 놀러 왔다. '놀러 왔다'고 표현하는 이유는 K가 내 자리에 와서 상담을 한 것도 아니고, 그렇다고 공부를 한 것은 더욱 아니었기 때문이다. 그러므로 놀러 왔다고밖에 달리 표현할 말이 없다.

아마도 한 주에 두 번 정도 찾아왔던 것 같다. 그냥 작은 의자에 앉아 내가 일하는 것을 보고 있기도 하고, 주초에는 주말에 있었던 이야기를 짧게 하기도 했다. 그렇게 10분 정도 앉아 있다 다시 자기 반으로 돌아가곤 했다. 다른 아이들, 다른 교사들과는 거의 교류가 없었던 아이였다. 나를 따르는 모양이 눈에 드러나 이 녀석이 교무실에 나타나면 주변 선생님들이 "아들 왔네요."라고 할 정도였다. 그가 왜 나를 좋아하게 됐는지 물어보지 않았다.

가끔 어려운 수학 문제를 들고 온 적도 있지만, 이 녀석과의 교류에서 공부가 중심에 있지는 않았다. 대화를 나눈 적은 많지만 무엇을 조언하거나 진로에 도움을 준 게 없으니 상담이 아닌 것도 확실했다. 교실에서는 표정이 어둡다가도 나를 만나러 오면 얼굴이 편안해지는 것이 겉으로 드러났다.

자기가 쓴 소설이라고 작품을 가져온 적이 있었는데 그럴 때는 이 녀석의 눈이 빛났던 것 같다. 그때만큼은 말수가 많아졌다. 주말에 있었던 이야기를 하면서 "혼자 노래방 가서 한 시간 노래 불렀어요." 하는 말을 들었을 때 "그래? 잘 했다. 소리도 고래고래 지르면서 불렀니? 혼잔데 뭐 어때…." 이렇게 답했지만 말이 없고 수줍음이 많은 네가 노래방에서 혼자한 시간 동안 노래를 부르면서 무슨 생각을 했을까를 생각하면 내 마음도 덩달아 아렸다.

그는 졸업을 했고 전문계 고등학교에 들어갔다. 졸업 후에도 한 달에 한 번은 꼭 찾아온다. 지난해와 꼭 같다. 내가 없으면 작은 의자에 앉아 나를 기다렸고, 내가 있다 해도 많은 말을 하지 않는 것도 그렇고. 나 또한 많은 것을 묻거나, 말하거나 하지 않았다. 이제 소문이 제법 나서 주변 교사들이 막내아들이라고 놀려대기도 했다. 그렇게 잠시 앉아 간단하게 안부를 나누고 돌아가는 것이 벌써 일 년이 됐다.

오랜 교류에도 나는 녀석에 대해 아는 게 그리 많지 않다. 친구가 딱 세명이 있는데, 가끔 영화를 보거나, 만나서 식사를 하고, 그리고 여름방학 때는 셋이 모여 처음으로 술을 먹었으며, 글씨를 작게 쓰고, 목소리가 작고, 소설도 쓰고, 노래를 잘하며, 나를 좋아하고…. 이것이 내가 아는 전부다. 초등학교 때 따돌림에 시달렸다는 얘기도 다른 교사를 통해 알았다. 내가 가진 역할은 그저 이 녀석이 찾아오는 동안 자리를 내어 주거나, 근황을 물어 주고, 말벗이 돼 주는 것이라 생각했다.

이번에 찾아왔을 때, 이 녀석이 성장하고 있다는 것을 느꼈다. 말수도 좀 늘었고, 다른 선생님께 찾아가 인사를 하고 싶다고 하기도 하고, 또 체육축전 구경도 같이 했다. 무엇보다 여름방학 동안 춤 연습을 해서 학교

공연에 나간 이야기를 할 때는 녀석이 대화를 즐기고 있음을 느꼈다. "선생님, 그때 찍은 영상이 있는데 보실래요?" 하면서 스스럼없이 영상을 보여줬다. 영상 속에는 남녀 혼성으로 노래에 맞추어 댄스를 하는 모습이 담겨 있었고, 관객들이 열광하는 소리까지 생생하게 녹화돼 있었다. "제가 무려 다섯 번이나 메인(그룹댄스에서 앞에 서는 것)을 했어요." 하는 말을 몇 번이나 한다. 춤 동작도 큼직하고 역동적이어서 보기 좋았다.

나는 K가 앞으로 어떻게 성장할지, 커서 무엇을 하게 될지 모르겠다. 지금까지 지켜본 바로는 소설을 쓰는 것, 노래 부르고 춤을 추는 것을 확실히 즐기는 것 같다. 지금은 그런 점들이 그냥 고맙다. 앞으로도 K는 찾아올 것이고 그때마다 나는 작은 미소로 그를 맞이할 것이며, 자리를 내어 주고, 근황을 물어 주고, 이야기를 들어 줄 것이다.

전인적 발달과 민주적 시민성

교육은 먹고 살기 위한 방편으로, 인간의 가치를 실현하기 위한 방편으로 기능한다. 이 양자는 종종 대립적 간극을 좁히지 못해 극단화한다. 그래서 욕망 충족의 수단으로 변질되거나, 현실과 동떨어진 이상향의 세계를 그린다. 이러한 교육의 커다란 두 가지 목적은 아이들의 '전인적 발달'로 통합될 수 있다. 지적 발달과 건강한 몸의 유지, 그리고 사회적 발달이 연속적으로 진행되는 과정이 곧 전인적 발달이다.

DeSeCo 프로젝트[89]에서 내놓은 미래 핵심역량의 범주 ②도 이질적 타인과의 협력 능력을 강조한다. 앞으로는 타인과 협력하고 좋은 관계를 유지하며 갈등을 잘 관리해 나가는 것이 살아가는 데 있어 핵심적 역량이라는 것이다. 전인적 발달의 측면에서 보면 사회적 발달과 통하는 개념이

---

89) OECD는 1997년부터 '역량의 정의와 선택(DeSeCo; Definition and Selection of Key Competencies)' 계획에 대한 연구를 시작하여 2003년 공표하였다. 핵심역량은 한마디로 '미래 사회의 청소년과 성인들이 갖추어야 할 핵심적인 생애능력'을 뜻한다.

핵심역량 범주	이 유	측 면
①도구를 상호 교류적으로 사용할 것	• 최신 기술에 뒤떨어지지 않기 위한 필요성 • 자신의 목적에 도구를 적용할 필요성 • 세계와 적극적으로 교류할 필요성	A. 언어와 기호(Symbol) 텍스트를 상호 교류적으로 사용한다. B. 지식과 정보를 상호 교류하여 사용한다. C. 기술을 상호 교류하여 사용한다.
②이질집단에서 상호 교류할 것	• 다원적 사회에서 다양한 것을 취급할 필요성 • 공감의 중요성 • 사회자본의 중요성	A. 타인과 원만한 관계를 유지한다. B. 팀을 짜서 협동하며 일한다. C. 충돌을 관리하고 해결한다.
③자율적으로 행동할 것	• 복잡한 세계에서 자신의 정체성과 목표를 설정할 필요성 • 권리를 실행하고 책임을 질 필요성 • 자신의 환경과 그 기능을 이해할 필요성	A. 커다란 상황 안에서 행동한다. B. 인생 설계와 개인적 계획을 짜고 실행한다. C. 권리와 이해, 경계, 필요성을 지키고 주장한다.

The Definition and Selection of Key Competencies : Executive Summary (PISA, 2003)

다.

　우리나라는 세계사에 유례없는 압축적 성장을 이룬 나라다. 압축적 성
장의 과정에서 민주적 삶의 양식이 체계화되지 못한 채 아주 짧은 시기에
'절차적 민주주의'가 이루어졌다. 절차적 민주주의는 경쟁적 자본주의와
만났다. 그 만남의 결과는 상상하기 어렵지 않다. 이익을 취하기 위해서
는 법과 제도를 제 편에 유리하도록 만들고, 권력을 유지하기 위한 제도적
기구의 설치와 운영, 기득권 편에 선 권력, 소수의 의견을 고려하지 않는
다수의 횡포, 타인을 배려하지 않는 무례함, 실정법에만 저촉되지 않으면
어떤 행위도 합리화할 수 있다는 신념 등이 독버섯처럼 자라났다.

　이러한 절차적 민주주의와 경쟁적 자본주의는 인간의 욕망을 부추겨
왜곡된 성장의 동력을 만들어 낸다. 경쟁을 합리화하는 선발적 교육관, 극
단적 이기주의의 만연, 물욕에 사로잡혀 이웃을 도외시하는 풍경들에는
물질적 욕망을 추구하고 오로지 내 안전만을 도모하는 살벌한 정글 자본
주의의 맨얼굴이 있다.

　애초부터 기득권을 가진 사람들이 모여 만든 법과 제도로 유지되는 절
차적 민주주의를 보고 '민주화가 완성되었다'고 한다. 행여 어떤 행위에
대하여 '반민주적'이라고 지적하면 민주화가 완성된 사회에서 먹고 살
만하니 헛소리한다는 핀잔을 듣기 일쑤다. 그러나 민주화는 완성되지 않
았다. 절차적 민주주의는 그럴싸하게 선진국을 흉내 내고 있을지 모르지
만 시민들의 삶의 양식 속에서 전혀 체화되고 있지 않다. 한쪽에서는 정당
화와 합리화의 구실로 절차 민주주의가 쓰이고, 선거를 통한 기회는 누구
에게나 공평한 것이라고 말하면서 못된 권력을 사유화한다.

오늘날 학교와 교실의 모습도 이것에 영향 받은 바 크다. 교실 붕괴는 곧 민주적 시민성의 붕괴이다. 이는 교실에서 자생적으로 발생한 것이 아니라, 위에서 지적한 절차적 민주주의와 자유경쟁 자본주의가 스며든 학교와 교실에서 필연적으로 동반하는 물적 욕망 추구의 또 다른 모습이다.

그러므로 우리가 전인적 발달을 말할 때는 민주적 시민성과 굳건히 결합하여 개념화해야 한다. 이미 100년 전에 듀이는 제도와 절차도 중요하지만 개개의 삶 속에 뿌리박혀 있는 민주적 양식을 강조했다.[90] 이것은 삶의 양식으로서 민주적 시민성이다. 나라의 품격은 국가경쟁력에서 나오는 것이 아니라 바로 여기에서 나온다. 삶 속에 굳건하게 뿌리내린 민주적 양식, 즉 문화로서 시민성에서 그 나라의 품위가 결정된다.

전인적 발달에서 사회성의 확대, 미래 핵심역량에서 이질적 타인과의 협력은 그냥 타인과 관계를 잘 맺고, 협력하는 정도를 뛰어넘어 민주적 시민성을 삶 속에 체화하는 과정을 개념화할 필요가 있다. 불이익을 참지 않는 소극적 마음이 절차적 민주주의라면, 정의로운 행복을 추구하고자 하는 마음이 곧 민주적 시민성이다.

---

90) John Dewey(1916).『민주주의와 교육』.이홍우 역(1987).교육과학사

학생지도, 개인적 자유와 민주적 시민성 사이

교사들이 학생지도 문제로 고충을 겪는 것은 어제, 오늘의 문제가 아니다. 사춘기의 절정에 이른 중학교 2학년 아이들에게서 학교 부적응이나 일탈의 문제가 많이 관찰된다 해서 한때 '북한군도 무서워한다는 중2'라는 말이 나돌았다. 그런데 요즘 초등학교 5, 6학년 아이들의 상태도 만만치 않은 모양이다. 6학년의 경우 담임을 기피하는 현상까지 벌어져 늘 젊은 교사의 몫으로 배정되고 있다 한다. 혹자는 이런 현상의 원인을 학생인권조례의 제정[91] 등 학생인권을 중시하는 흐름에서 비롯된다고 말하기도 하고, 또 다른 이는 학생인권조례와 무관하게 가족관계의 변화, 개인주의의 만연 등 압축적 고도성장의 과정에서 파생되고 있는 전환기적 현상이라 진단하기도 한다.

교사들이 학생지도 문제로 과도하게 신경 쓰다가 본연의 임무인 수업에 소홀하게 되는 경우, 이 피해는 다시 학생들에게 돌아간다. 그러므로 어떤 관점으로 학생들을 볼 것인가, 어떤 방식으로 학생지도에 임할 것인지가 중요하다. 학생인권조례에 의하면 학생들은 누구나 차별 없이 폭력으로부터 자유로울 권리를 가지며, 특히 두발 및 복장 자유화 등 개성을 실현할 권리와 소지품 검사 금지, 휴대폰 사용 자유 등 사생활의 자유를 보장받을 권리를 갖는다. 이것 외에도 양심·종교의 자유, 집회의 자유 및 학생 표현의 자유, 소수 학생의 권리를 보장하도록 돼 있다.

일부 교사들은 두발 및 복장을 자유롭게 풀어 주고 소지품 검사도 못하게 하면서 학생 일탈을 막으라는 말은 앞뒤가 맞지 않는다고 푸념하기도

한다. 더 나아가 자신의 경험에 비추어 학생의 일탈 과정은 두발이나 복장으로부터 시작된다는 강한 신념을 가진 교사들도 있다. 이 경우 머리 상태나 복장을 단정하게 지도하는 것에 많은 비중을 둔 학생지도 방법을 택한다.

학생인권조례가 나온 이후 학교는 학생들을 지도할 수단으로 '상벌점제'[92]를 앞 다투어 시행하기 시작했다. 많은 학교에서 상벌점제는 체벌을 대체하는 수단으로 기능하고 있다. 일부 교사들은 이 제도로 인해 학생들로부터 자신의 교권을 지키고 있다고 생각한다. 그러나 상벌점제는 학생지도를 위한 좋은 대안이 아니다. 한창 성장하고 있는 학생들의 일탈과 선행 사항을 수치로 환산하여 누적 관리하는 것은 교육적으로 온당하지 못하다. 스펙을 관리하듯이 선행이나 일탈 행위를 관리한다는 것은 선행에 대한 자부심도, 일탈 행위에 대한 반성도 이끌어 내기 힘든, 교환 기능으로서의 가능성이 크다. 타인에 대한 배려나 협력활동 등을 교환가치로 치환함으로써 민주적으로 사고할 기회를 막고 있는 것이다. 실제로 아이들이 사소한 선행도 상점과 교환하려 하고, 과거에 비하여 자발적 활동이나

---

91) 학생인권조례는 학생의 존엄과 가치 및 자유와 권리를 보장하여, 학생의 인권이 학교 교육과정에서 실현될 수 있도록 각 시도교육청별로 제정한 조례이다. 경기도교육청의 학생인권조례를 시점으로 서울·광주 교육청은 학생인권 조례를 공포하였으며, 2013년에는 전라북도에서 학생인권조례가 제정되었다. 본문 내용과 관련하여 학생인권조례의 주요 내용을 살펴보면 차별받지 않을 권리, 폭력으로부터 자유로울 권리, 정규교과 이외의 교육활동의 자유, 두발, 복장 자유화 등 개성을 실현할 권리, 소지품 검사 금지, 휴대폰 사용 자유 등 사생활의 자유 보장, 양심·종교의 자유 보장, 집회의 자유 및 학생 표현의 자유 보장, 소수 학생의 권리 보장 등이 있다. 또한 학생인권교육센터 등을 설치하여 학생인권침해를 구제하도록 하고 있다.
92) 학교에 따라 '그린 마일리지'로 불리기도 하며, 많은 학교들이 상벌점을 체계적으로 관리하는 온라인 프로그램을 이용하고 있다. 학생들의 상벌점 현황은 이 시스템에 누적된다.

자치 능력은 현저히 떨어지고 있는 것이 그 증거이다.[95]

학생인권조례가 나오게 된 것은 단순히 진보적 관점에서 학생들의 자유를 폭 넓게 허용하자는 것 이상이다. 아직도 우리의 상황은 경제 규모가 비슷한 다른 나라에 비하여 학생지도 측면에서 보수적 관점을 유지하고 있다. 학생들의 인권을 보장하는 것은 필연적인 시대정신이자 앞으로 나아가야 할 방향이다. 그런데 학생들 개개인의 권리와 마찬가지로 그들이 관계하는 타인들의 권리가 동등하게 존중되자면 생각해야 할 사항이 있다. 이것이 '민주적 시민성'이다. 학생 인권은 민주적 시민성의 성숙과 함께 주어질 때 보다 완전한 형태가 된다. 학교의 중요한 기능 중의 하나는 '사회화'를 도모하는 것이며, 시민 의식이 학생들의 삶과 문화 속에 뿌리 내리도록 하는 것이다.

안타깝게도 우리 학생들의 시민성은 과거에 비하여 퇴행하고 있다. 학급회의가 사라져 가고, 자치활동이 제 구실을 못하고 있다. 권위주의 시절에는 학교의 규제 때문에 시민성이 발달하지 못했다면, 이제 학생들 스스로도 퇴행적 사회화에 물들어 시민성 영역에 큰 가치를 두지 않고 오로지 욕망 추구의 장으로서 사회를, 학교를 사고한다.

그래서 나는 주장하기를, 학생들의 두발, 복장, 화장 같은 개별적 자유에 속하는 사항들은 아예 교칙에도 그 기준을 명시하지 말자는 쪽이다. 이것들은 학생들의 사적 영역에 속하는 문제로 벌점으로 지도할 사항이 아니다. 두발이나 복장의 상태가 학생 일탈의 전조 과정이라는 진단은 정확하게 규명되지 않은 과도한 예단에 불과하다. 학생들의 신체적 자유에 해당하는 사항들을 과감하게 허용하면 두발이나 복장 단속을 둘러싸고 벌어지는 교사, 학생 간의 불필요한 마찰을 줄일 수 있다. 요즘 아이들이 두발이나 복장을 통하여 그들의 자유를 발산하려 하고 그러기에 더욱 민감하게 생각하는 부분을 통해 갈등 상황을 만들어 낼 필요가 없다.

그 대신, 위에서 거론했던 민주적 시민성의 성숙과 관련하여 타인에게 피해를 주는 사항들이 있다. 예를 들면, 폭력, 금품 갈취, 집단 따돌림, 성폭력 등이다. 이런 부분들은 규칙을 엄하게 적용하는 것이 필요하다. 즉, 개인의 사적 자유에 속한 사항은 과감하게 규제를 풀되, 민주적 시민성의 관점에서 타인에게 피해를 주는 행위는 엄격하게 규칙을 적용하자는 것이다.

물론, 이 모든 과정을 교사들끼리 정하는 것은 아니다. 학생의 의견도 충분히 듣고, 학부모나 지역사회의 의견을 참고하여 학교규칙을 정하는 과정이 중요하다. 학생 인권은 참여를 바탕으로 하는 공동체의 형성과 같은 민주적 시민성의 성숙과 동반할 때만 의미를 갖는다. 지금 우리가 목도하고 있는 혼란과 부조화는 시민성의 성숙과 별개로 허용이냐 규제냐를 논하는 것에서 비롯된다. 불필요한 것의 규제는 없애고 꼭 필요한 부분은 더 비중을 두자는 말이다.

---

93) 서울 남부지역의 가산중학교는 2011년부터 선도부를 폐지하고 학교장이 교문에서 등교하는 학생들과 아침 인사를 나눈다. 2012년에는 상벌점제 역시 폐지하였다. 2012년에 가산중학교를 졸업한 신예진 학생은 상벌점제 폐지 이후 학생들의 생활이 더 밝아졌으며 매사에 적극적으로 활동하는 친구들이 많아졌다고 말한다. 자세한 사항은 전교조에서 발행한 『신나는 학교혁신 살아있는 학생인권(2013)』을 참고하기 바란다.

꿈 꿀 자유

자유에도 여러 유형이 있지만 그 중 으뜸인 것은 '꿈 꿀 자유'이다. 현재의 삶이 아무리 고통스러워도 미래에는 조금 나아질 수 있을 거라는 희망이 있다면 그 고통은 감내할 수 있는 것이 된다. 미래에 대한 희망은 현재를 사는 동력이 되기 때문이다. 예로부터 교사들은 아이들에게 꿈과 희망을 주는 전도사였다. 확실히 과거에는 아이들에게 "열심히 공부하면 네 꿈을 이룰 수 있어!"라고 말해도 어색하지 않았다. 그러나 요즘은 아이들이 먼저 안다. 꿈을 꾼다고 아무에게나 그것이 현실이 되지 않는다는 것을 말이다.

스즈키 쇼(2012)는 학교의 사회적 기능을 지탱하는 개념으로 '능력사회(meritcracy)'를 들었다. 학교에서 열심히 공부하면 좋은 고등학교에 가고, 또 좋은 대학을 나와 좋은 곳에 취직을 해서 결국에는 일생을 편안하고 안정되게 산다는 것이다. 이 과정에서 업적(학력)이 있는 사람이 높은 자리로 올라가 사회를 지배한다고 보았다. 그러므로 지금의 학교는 장래에 도움이 되는 능력을 몸에 익히고 업적을 쌓는 곳이라는 것이다.[94] 이러한 능력사회 개념은 일견 누구에게나 공평한 기회를 보장하는 것처럼 보이나, 이미 부모가 가진 사회경제적 지위에 따라 암묵적으로 결정돼 있는 상황을 추인할 뿐이다.

이런 구조는 국가에서 정한 교육과정을 충실히 이수한 학생이 꿈만 가지고 원하는 대학에 갈 수 있는 시스템이 아니라는 것에 대한 반증이다. 결국 아이들은 중학생 정도만 되어도 꿈을 이루기 위한 조건으로 가장 중요한 것은 부모의 재력이라는 것을 깨닫는다. 그 아이들에게 이 사회는 누구에게나 노력한 만큼 성과를 주는 공정한 룰이 지배한다고 말하기가 쉽지 않다. 결국 아무리 공부를 잘해도 부모의 재력이 뒷받침되지 않는 아이들은 이른바 '꿈 꿀 자유'조차 누릴 수 없다.

이는 공정한 사회가 아니다. 또 이런 사회에서는 긍정적 에너지가 넘치지 않는다. 있다면 무한 경쟁이요, 법칙은 단 하나 '약육강식'이다. 아이들에게 "세상은 참으로 살아볼 만한 가치가 있어, 너의 미래를 준비해봐." 이렇게 말하고 싶다. 단순한 수사가 아니라 아이들이 교사의 이 말을 믿고 찬란한 미래를 꿈꾸며 구김살없이 자라났으면 좋겠다. '부모 잘못만나 꿈을 이루지 못했다'는 것은 얼마나 허망하고 안타까운 말인가? '부모의 재력'에 힘입어 좋은 조건에서 사교육으로 무장하고 일류대학을 거쳐 사회의 지도층이 된다? 특정 외고 출신이 사법부까지 장악을 한다는 것은 여러 면에서 바람직한 현상이 아니다.[95]

내가 특별히 여기에 딴죽을 거는 이유가 있다. 재력이 있는 부모를 만나 큰 어려움 없이 사교육에 힘입어 외고와 일류대를 거쳐 법관이 된다고 하자. 이 법관으로부터 사회의 그늘진 곳에 대한 따뜻한 시선을 기대할 수 있을까? 최근 "과정은 위법이지만, 결과는 무효라 할 수 없다." 하는 대법관들의 결정을 보면서 드는 생각이고, 용산 참사의 원인을 모두 철거민에

---

94) 鈴木翔(스즈키쇼), 本田由紀 (혼다유키) 『교실 카스트』. 김희박 황효순 옮김(2013). 베이직북스 69p

95) 연합뉴스(2013년 9월 26일 기사). 『신임판사 35% 강남·특목고 출신』. 연합뉴스 기사에 따르면 매년 신규 임용되는 판사 가운데 3분의 1 이상이 외국어고 등 특수목적고와 강남소재 고교 출신인 것으로 나타났다. 고교별로 보면 대원외고 출신 신임 판사가 33명으로 가장 많았다.

게 돌리는 것도 모자라 철거민들을 감옥으로 보내는 법관들의 비정함을 보고 느끼는 생각이다.

우리 사회의 리더들은 다양한 계층에서 나와야 한다. 그래야지만 사회의 그늘진 곳을 살필 수 있는 안목과 억울함을 풀어줄 시선이 생긴다. 지난 정부에서 강부자니 어쩌니 하는 분들이 나라의 요직을 많이 맡았고 부자 감세, 규제 완화 등을 통해서 살 만한 사람들에게 특혜를 주는 정책을 펴는 것을 보면 더욱 그런 생각이 든다. 물론 이 분들은 가난을 개인의 탓으로 돌리겠지만 말이다. 그러나 이 사회에는 '노력해도 극복할 수 없는 가난'이 있다. 가난이 좋아서 선택하는 사람이 어디 있겠는가? 승자 독식 구조의 사회에서는 이런 구조적 가난이 필연적으로 생겨날 수밖에 없다.

사회의 양심이 될 '법조인'이 되기 위해서 아무리 절실하게 열망하여도 그가 현재 가난하다면 그것은 거의 헛꿈일 가능성이 많다. 누구나 꿈 꿀 자유는 있어야 바람직한 사회 아니던가?

아이들의 상상력이 빈곤한 이유

아이들의 상상력이 빈곤한 이유는 암기주입식 교육 때문이라고 말하는 사람도 있고, 사유를 앗아간 정보시대의 온갖 편리한 기기들 때문이라고 말하는 사람도 있다. 다 맞는 말이다. 그런데 인간이란 동물은 본디 자신에게 유익한 것을 끊임없이 추구하는 진화적 개체이다. 그러므로 아이들의 상상력을 기대한다면 '상상하는 것이 즐겁고 유익한 일'이 되도록 조건을 만들어 주어야 한다.

가끔 아이들에게 상상의 나래를 펴도록 시간을 할애할 때가 있다. 그 단원에서 나온 수학 개념을 넣어서 시를 지어 보라고 할 때도 있고, 어떤 문제는 아예 풀어 주지 않고 작은 단서만 주면서 집요하게 아이들의 생각을 요구하기도 한다. 그런데 상상을 즐기는 것은 고사하고 생각하는 행위 자체를 싫어하는 아이도 있다.

수업을 하면서 생긴 내 말 습관 중에 "그래, 이것은 생각을 좀 해보자…. 철수 생각이 듣고 싶은데?"와 같은 것이 있다. 철수의 답변은 이렇다. "선생님, 나보고 왜 생각하라고 그래요. 짜증나게…." 나뿐만 아니라 교사가 아이들에게 흔히 듣는 말 중의 하나다. 실제로 아이들은 생각하는 과정을 귀찮아한다. 여기에 더하여 깊은 생각 없이도 화면만 터치하면 원하는 것을 보여 주는 스마트 기기는 아이들의 생각 능력을 점점 더 퇴화시키고 있다.

한 가지 사례를 더 들어 보겠다. 필자는 수학 수행평가의 일환으로 '구두 설명'을 요구할 때가 있다. 요즘 학생들은 수학문제를 풀 때 정답을 정확하게 알고 있지만 자기가 푼 과정을 설명하지 못한다. 특히 남학생들의 경우에는 낙서하듯이 풀다가 어느 결에 답을 제시하는 경우가 많다. 그리고는 답만 맞으면 된다는 식이다. 처음 구두 설명을 요구하는 수행평가를 할 때에는 항의를 꽤 받았다. 아이들은 자기가 푼 과정을 자신의 언어로 설명하는 것을 꽤 힘들어 했다. 일부 학생은 교과서의 풀이와 다른 방법을 동원하여 문제를 풀고 나름대로 자기가 푼 과정을 설명하려 노력했다. 이 경우에는 이 학생의 풀이 방법을 전체에게 소개하고 칭찬을 듬뿍 한다. 이 것이 바로 생각의 결과, 상상의 효과라고 덧붙임 설명도 잊지 않는다.

1+1=2. 이것이 요즘 아이들이 선호하는 문제의 스타일이다. 아이들뿐만 아니라 이런 문제는 교사들에게도 환영받는다. 아이들 입장에서는 딱 떨어지는 답이기 때문에 별도의 고민이 필요하지 않다. 교사 입장에서도 문제가 명쾌하고, 변별과 채점이 쉽다. 종종 이런 스타일의 문제는 신뢰도와 타당도가 높다는 말을 듣기도 한다. 문제 스타일을 바꾸어 "더해서 2가 되는 정수는?" 이렇게 물었다고 하자. 이것은 생각을 조금 해야 하는 문제이다. '1+1'은 물론이고, '0+2'도 답이 될 수 있다. 정수라고 했으므로 '-1+3', '-2+4', '-3+5' …, 이렇게 나가다 보면 정답이 무수히 많다는 것을 알게 된다. 또한 이를 통해 자연수와 0, 음의 정수로 이루어지는 정수의 개념에도 다가설 수 있다. 바로 이것이 생각의 힘이고, 상상의 힘이다.

그런데도 아이들의 요구에 바로 답을 해 주는 교육이 좋다고 하는 분들도 있다. 그리고 그 답은 명쾌할수록 좋다는 것이다. 이렇게 되면 아이들을 정답주의에 빠지게 만든다. 아이들이 구성해야 할 많은 지식 중에는 바로 기억해 두어야 할 것도 있고, 두고두고 음미해야 할 것들도 있지만 이 모든 지식들은 아이들의 사유와 연결될 때만 가치를 지닌다. 아이들에게서 상상과 사유가 멈추면 교육도 끝이다.

맥락 없는 '선플' 과 봉사 점수

'착한 댓글'을 '선플'이라 하나 보다. '나쁜 댓글 = 악플'과 대비되는 개념으로 사용되는 말인 듯하다. 이렇게 인위적으로 짜맞춘 신조어도 마음에 들지 않지만, 이른바 '선플'을 달면 봉사 점수를 주게 돼 있고 이 때문에 시도교육청과 단위학교가 경쟁에 나섰다고 하니, 참으로 어이가 없다. 교육희망[96]에서 문제점을 잘 지적했기에 나는 이러한 활동이 언어 개념의 왜곡을 가져올 수 있다는 점을 말해 보려 한다.

언어는 뜻과 쓰임새가 일치할 때 제대로 개념화한다. 기사 내용을 보면 학생들이 봉사 점수를 받기 위해 수업시간까지 해쳐 가며 과잉 활동을 하는 것으로 돼 있다. 봉사활동은 그 취지를 살리기 위해 평일 일과 시간에 하는 것은 인정하지 않도록 하고 있다. 그것을 무시하고 수업시간에 댓글 활동을 하고 '인증샷'을 올린 것에 대하여 봉사 점수를 부여하는 것은 그릇된 행위이다. 더 나아가 학생들에 의하여 '봉사활동' 개념의 왜곡을 가져온다. 이것이 더 걱정이다.

또 따져 볼 것이 있다. 이른바 '착한 댓글' 활동이 네트워크에서 무엇을 목표로 하는지 아리송하다. 단순히 악플을 근절하고자 하는 의도에서 다중을 동원하는 방식인데다, 네트워크의 성격을 모르는 조악한 활동이다. 아이들이 어떤 게시물을 대상으로, 어떤 내용으로 착한 댓글을 다는지 모르겠지만, 그냥 인터넷에서 발견되는 게시물에 상대방의 의도와 상관없이 봉사 점수를 받기 위해 댓글을 다는 것이 어떤 의미일지, 어떤 효과를 가져올지 모르겠다.

네트워크의 가장 큰 특징은 상호작용이다. 가령 어떤 댓글이 게시물에 대한 공격적 의도를 담고 있다고 할 때 우린 댓글 하나만을 보고 판단하지 않는다. 게시물의 내용이 무엇인지, 어떤 맥락에서 이런 말이 나왔을까를 따지며 이는 다시 네트워크에 참여하는 사람들에 의하여 갑론을박을 거쳐 토론으로 발전해 나간다. 네트워크가 가진 자율 정화 기능이다. 다수의 아이들이 인위적, 조직적으로 이런 네트워크의 자연적 흐름에 뛰어들어 맥락 없는 '선플'을 달고 봉사 점수를 받는 제도는 많이 잘못됐다. 부작용이 더 나오기 전에, 아이들의 언어 개념 왜곡이 더 심화되기 전에 폐지하는 것이 옳다.

96) 교육희망(2013년 5월 5일 기사). 『'선플' 달면 봉사점수 '댓글알바' 키우나』

부적응 학생

부적응 학생들과 갈등을 겪으며 힘들어하고 있는 교사들이 점점 늘고 있다. 결론부터 말하여 아이들의 부적응 문제는 교사 탓이 아니다. 수업에 성실하게 참여하지 않아 교사에게 주의를 받은 학생의 경우를 생각해 보자. 교사로부터 주의를 들은 학생이 책상을 발로 차거나 욕설을 내뱉는 행동을 보면 교사는 화가 치민다. 이때 교사는 다시 학생을 불러 세워 "너, 지금 뭐라고 했니?, 너 선생님한테 말버릇이 그게 뭐야!"와 같은 말로 재차 확인하고 지도를 하려고 할 것이다.

아이는 "선생님한테 그런 것 아닌데요."와 같은 말로 빠져 나가려 하고, 이 말을 들은 교사는 더 화가 나서 아이를 몰아세운다. "뭐라고? 너 조금 전 내 얘기 끝난 다음에 책상을 발로 차면서 '아이 XX'이라고 했잖아. 그리고 나에게 한 말이 아니더라도 교실에서 그런 말 쓰면 돼? 너 아주 나쁜 아이구나." 이제 이 말을 들은 아이도 한마디 할 것이다. "선생님께 한 말 아니라는데, 왜 자꾸 저에게 그러세요? 어이없어! 진짜 XX 짜증나네…." 이후 상황에 대해서는 짐작이 어렵지 않다.

그런데 위 상황을 차분하게 복기해 보면, 애초 교사와 학생의 갈등으로 발전하지 않아도 될 문제가 교사의 미숙한 대처로 인해 심각한 지경에 이르게 되었다는 것을 알 수 있다. 수업에 성실하게 참여하지 못했던 학생은 그 이유가 있을 것이다. 그것이 교사 탓일 수도 있겠지만 대개는 다른 이유이다. 예컨대, 갑자기 집에서 하던 게임 생각이 나서 짝에게 그 얘기를 하고 싶었다든지, 앉아 있는 것이 불편하거나 목이 마르거나, 배가 고파서 얼굴 표정을 찡그리고 혼잣말을 하고 있었다든지, 몇 자리 떨어진 친구에게 무엇인가를 빌리고 싶어서 말을 걸었다든지 등등 여러 가지 이유가 있을 수 있다. 물론, 수업을 원만하게 진행해야 할 교사 입장에서 보면 이것은 수업에 성실하게 참여하지 않는 행위로 볼 수 있고, 타인의 수업을 방해하는 행위로 단정하여 바로 학생을 불러 주의를 촉구할 수도 있다.

처음 시작은 학생 개인의 문제에서 비롯되었으나, 결말은 교사와 학생의 갈등 문제가 되어버린 사례이다. 이렇게 되면 교사에게 불손한 언행이나 지도 불응에 해당된다는 이유로 교무실에 끌려와 반성문을 쓰거나 벌점을 부과하기도 한다. 어쨌거나 학생의 입장에서 보면 뭔가 잘못한 것 보다 훨씬 더 혼나고 있다는 생각을 할 수밖에 없으니 억울한 느낌이 드는 것은 당연하다.

학생들이 수업에 집중하지 못하고 산만한 행동을 보이거나 때로 적응하지 못하고 일탈로 빠지는 이면에는 무엇인가 배경이 있다. 그것의 대부분은 교사의 문제가 아니다. 수업 시간에 갑자기 친구에게 말을 걸고 싶었다면 그것은 그들 사이의 문제이지, 교사와 그 학생의 문제는 아니다. 심각하게 수업을 방해하지 않았다면 무시해도 좋을 상황이 아니었을까? 이것을 지적하여 잘못을 규명하고, 반드시 학생이 인정하게 하고, 반성까지 듣고서야 직성이 풀리는 교사들이 있다. 이런 교사들은 학생들이 예전과 너무 달라졌다며 교실 상황을 개탄한다. 학생들과 자주 마찰을 빚기도 한다. 말하자면 굳이 그럴 필요가 없었는데도 상황을 만들어 괴로움을 자초하는 경우이다.

무시해도 좋을 정도의 수업 태도라면 조금 여유를 갖는 것이 필요하다. 따지고 보면 하루 종일 딱딱한 책상과 의자에 몸을 의지하여 바른 자세를 유지한다는 것도 쉬운 일은 아닐 것이다. 비록 수업 시간이었지만 자기들끼리 대화를 통하여 해결하려 했던 다양한 시도들이 있다. 그것이 수업 시간에 이루어진 것은 마침 그때 그 생각이 났을 뿐이지, 수업 자체나 교사를 향한 부정적 메시지는 아니라고 봐야 맞다. 이렇듯 교실에서 일어나는 많은 '일탈'들이 교사와는 무관하다.

학생들과 마찬가지로 교사들도 피해 의식이 있다. 교사가 알아들을 수 없는 작은 말로 소곤거리는 아이들이 좋아 보일 리 없다. 그래서 교사는 자기 수업에 집중하지 못하는 그 학생들을 확인하고 싶고, 그들이 잘못했음을 인정받고 싶은 욕구를 가진다. 그런데 이것을 조금 인내하여 넘기는 상황과 군이 확인하여 갈등 관계로 발전시키는 경우의 상황은 그 차이가 크다. 교사도 학생도 마음의 상처를 받는다. 교사가 '지도-피지도'라는 프레임에 갇혀 권위를 포기하지 않으면 늘 생겨날 수 있는 상황이다. 교사도 학생도 교실 속에서 삶을 살아가는 존재이며, 모든 삶에는 특별한 존재 양식이 있음을 믿을 때 불필요한 갈등 상황을 피해갈 수 있다.

필자의 경험을 한 가지 말해 보겠다. 수업에 제대로 참여하지 않는 것은 물론이고 나아가 적극적으로 수업을 방해하는 학생이 있었다. 어떤 경우에는 내가 참기 힘든 정도의 부적응 행동을 보이기도 했다. 필자도 사람인 이상 어떤 지도도 거부할 때면 안타까움을 넘어 화가 치밀어 오르곤 했다. 수업 시간 중에 핸드폰을 사용하거나, 허락 없이 자리를 이동하고, 더러 교실 밖으로 나가는 등 수업이 어려운 지경이 되었다. 그럼에도 불구하고 학생에 대한 기본적인 존중을 저버리지 않고 꾸준히 대화를 시도했다. 더 이상의 대화가 힘들 때는 학생 스스로 느끼는 상황을 글로 적게 하고 서로 읽어 보기도 했다.

그날도 수업을 방해하며 일탈 행동을 반복하는 것을 보고 한마디 하였다. "네가 어떤 이유로 수업에 참여할 수 없는 상태가 되는지 궁금하다. 그런데 네 그런 행동이 나를 무척이나 힘들게 한다. 네가 수학을 포기했다고 내가 너를 포기할 수는 없지 않니? 네 상황 때문에 나의 수업 진행을 방해하는 것은 내가 받아들이기 힘들다…." 그런데, 그 말을 듣고 있던 이 학생이 "저는 선생님이 좋아요…." 이렇게 말을 하는 것이다. 순간, 내 귀를 의심했다. 그 학생을 바라보니 표정이 자못 진지했다. 그 다음에도 몇 문장을 중얼거리듯이 말했다.

요약하면, "제가 이렇다고 해서 선생님을 무시하는 것은 아니에요. 선생님이 우리 반 담임선생님이었으면 하고 생각한 적도 있어요…." 이런 말이었다. 그 학생은 그때부터 수업이 끝날 때까지 조용히 자리에 앉아 있었다. 학생의 그러한 이야기에 대하여 '네가 나를 좋아한다고? 웃기지 마라.' 이렇게 반응했을 수도 있었겠지만 그 또한 학생이 보내는 의사소통의 한 내용이라고 생각되어 일단은 받아들이기로 했다.

물론, 그런 소통이 있었다고 해서 학생의 행위가 당장 개선되지는 않을 것이다. 하지만 갈등이 증폭될 수 있는 상황과 조건에서 이것을 조절해 나가는 것은 더 중요하다. 학생과 마찰을 피해 나가는 것은 옳고 그름을 유보하는 것이거나, 비겁한 것이 아니다. 그리고 대부분 마찰을 피하거나 우회할 수 있는 권한은 교사에게 있다. 대화를 지속하기 위해서는 '학생의 부적응 행동이 교사 탓이 아니다'라는 상황을 인식해야 한다. 그래야 학생을 지도의 대상이 아니라 대화의 상대로 인정할 수 있다.

심리치료 이야기

어떤 상황이든 자신에게 불리한 쪽으로 해석하는 경향을 가진 분들이 있다. 대체로 이런 분들은 객관적 사실보다 더 확대하여 그것을 사실로 믿고, 그것으로부터 초래하는 괴로움을 감당한다. 이것을 심리치료 분야에서는 '인지적 오류'라 한다.

대표적인 인지적 오류에는 상대가 나를 사랑하지 않으면 미워한다고 생각하는 '흑백논리', 사소한 사건에 근거하여 일반적 결론을 내리고, 다른 사건에도 그 결론을 적용하는 '과잉 일반화', 대다수의 학생들이 수업에 만족했는데도 한두 명의 부정적 평가에만 집착하는 '선택적 추상화', 한 번의 실패만으로 이제 내 인생은 끝났다고 생각하는 '의미 확대(또는 축소)', 충분한 근거 없이 성급하게 결론을 내리는 '임의적 추론' 등이 있다.

그런데 이 문제는 토론을 할 때도 그대로 드러난다. 상대방의 의견에 귀기울이지 않고 자신의 주장만 내세운다든지, 한두 가지의 근거만으로 결론을 내고 이를 고집한다든지, 상대방의 여러 의견 중에서 유독 자신이 관심 있는 부분만 추려 집착한다든지 하는 경우 말이다. 이런 분들과 토론하려면 매우 피곤하다. 아론 벡[97]은 아마도 이런 분들에게 역기능적 인지도식에 기초한 인지치료를 권할 것 같다.

인지치료는 내담자의 생각을 바꾸게 하여 정서나 행동을 수정하게 하고 그를 통하여 불안감이나 사회적 장애, 우울증 등을 해소하게 도와주는 방법으로 시행된다. 검사, 약물치료, 대화치료가 있으며 근육이완, 체계적

둔감화, 단계적 노출 등도 치료법으로 많이 쓰인다. 하지만 중요한 것은 인지치료 역시 많은 심리치료 방법 중의 하나라는 사실이다. 필자가 공부를 조금 해 본 느낌으로는 다른 방법들과 절충하여 판단, 적용하면 더 효과적일 수도 있겠다는 생각을 했다.

그러니까 심리치료나 정신과 치료 방법은 그 치료하는 사람의 수만큼이나 다양한 가짓수가 있다. 프로이드나 융의 분석심리를 기반으로 하는 분들도 있고, 실존주의적 방법, 인본주의적 방법, 인지치료, 뇌기반 접근, 행동유형 접근, 성격유형별 접근, 사람중심, 현실역동 치료, 영성기반 치료 등 무척이나 다양하다 .

어떤 치료자도 이들 중 한 가지 방법 혹은 두 가지 이상을 혼합하여 적용할 것이다. 사실, 교사들에게 상대적으로 많이 알려진 것이 '인간중심 접근' 방법인데 칼 로저스[98]나 토머스 고든, 하임 기너트 등이 주로 아동·청소년 상담에 많이 적용했다. 이른바 '적극적 경청', '공감적 이해' 등의 키워드로 많이 알려져 있고, 의사소통을 중시하며 내담자의 입장에 선다하여 다분히 '교육적'으로 알려져 있다. 나 역시 공부 초기에 이런 유형의 심리학에 많은 관심을 가졌다.

---

97) 아론 벡(Aaron T. Beck, 1921~) 인지치료의 주창자로 알려진 아론 벡은 아동기에 생명이 위험할 정도의 투병생활로 초기에 학교생활을 중단하였지만, 이 문제를 극복하고 공포에 맞섰다. 벡은 자신의 문제들을 타인을 이해하고 자신의 이론을 발전시키는 토대로 이용했다. 벡은 인지치료를 심리상담 및 치료에 가장 영향력 있고 경험적으로 타당한 접근으로 보았다.

98) 칼 로저스(Carl Rogers, 1902~1987) 심리상담치료에서 인본주의 운동을 창안·발전시켜 심리학과 관련된 모든 영역에 영향을 준 사람으로 알려져 있다. 로저스는 생애 마지막 15년 동안 정책 입안자, 지도자, 갈등 집단을 훈련시킴으로써 정치에 인간중심 접근을 적용했다. 가장 힘썼던 분야는 인간 긴장완화와 세계평화였는데 이러한 업적에 힘입어 노벨 평화상 후보자로 지목되기도 하였다.

하지만 분석심리를 비롯한 고전적 방법들에 대한 공부도 하고, 다양하게 나와 있는 심리학 서적들을 읽다 보니, 현재 교사들이 광범위하게 적용하고 있는 인간중심 접근, 내담자중심 접근 방식이 놓치고 있는 부분들이 있겠다는 생각이 들었다. 물론, 더 깊이 들어가면 이러한 치료적 상담이 누구의 역할인가 하는 부분도 고민된다. 교사, 상담교사, 심리치료사, 정신과의사 이런 순으로 더 깊이 있는 치료와 처방을 할 수 있다.

따라서, 이런 해석도 가능하다. 아동, 청소년의 심리적 증세가 다양하고 그 깊이도 다른데, 교사만 상담을 잘 한다고 예방이 된다? 이것 역시 상당히 위험한 발상이다. 그 증세가 누구를 통하여 해소될 것인가를 판단하여 신속한 역할 분담으로 정신적 고통에서 빠져 나오도록 조력하는 것이 중요하다. 요즘은 우울증을 '마음의 감기'로 보는 정도로 정신문제를 바라보는 인식이 개선되고 있기도 하다. 아동, 청소년의 정신적 고통을 교육적 대화로만 풀 수 있다는 성급한 환상을 버리고 필요한 경우 적극적 치료를 통하여 해결을 모색하는 것이 좋다.

독서이력철 유감

　'독서이력철'이란 학생의 교과별 독서활동을 생활기록부에 기록하는 것이다. 읽은 책의 목록, 독서행사 수상경력 및 각종 독서 관련 시험에서 받은 점수, 독서인증제를 통한 인증 등급 등을 기록한다. 이 기록은 상급 학교에 진학할 때 사정 자료가 되기도 하고, 취업에 반영이 될 수도 있다.

　이와 관련하여 교육부에서 주관하는 '독서교육 종합 시스템'이 운영되고 있고, 각 시도교육청은 별도의 독서교육 시스템을 운영하고 있다. 이것의 취지야 말할 것도 없이 학생들의 독서 의식을 고취하고 독서를 많이 한 학생에게 그에 합당한 보상을 주기 위한 것이다.

　이미 학생들의 독서이력 관리를 도와주는 사교육 업체가 생겼다. 입시에 반영한다는 말에 벌써 눈치 빠른 사교육 시장에서 '효율적 독서관리'를 도와 주겠다고 나선 것이다. 이것만으로도 독서이력을 관리하겠다는 교육부의 발상은 문제가 있음이 드러난다. 입시와 연계한 독서이력 관리는 사교육 유발 요인이 된다는 점이다.

　사교육 유발 요인이 된다는 것 말고도 내가 독서이력철에 반대하는 주된 이유는 따로 있다. 개인이 읽은 책을 타인 누구에겐가 밝혀야 한다는 것도 상식 밖이지만, 어떤 틀에 의해 독서 활동을 관리하는 방법은 독서의 본래 취지를 훼손할 위험이 크다. 무리한 관리는 독서의 참된 즐거움을 앗아가는 것은 물론, 결국 독서의 기능화를 초래할 것이다.

　책이란 모름지기 읽어서 즐겁고, 감동 속에서 눈물도 펑펑 흘려보는 맛, 이를 통하여 이성과 감성을 풍부하게 하는 특별한 기능 때문에 읽는 것이다. 그래서 책읽기는 당연히 개인적이며 사적인 행위이다. 개인의 독서이력을 차곡차곡 쌓아서 누구에겐가 제출한다는 이 형식, 개인의 생각과 양심과 관점을 밖으로 드러내도록 강요하는 또 다른 형태의 폭력 아닐까?

학생의 이름을 부르도록 하는 법(法)

학교에서 교사가 학생을 부를 때 이름 대신 번호를 부를 수 없도록 하는 법이 추진된다. 야당의 한 국회의원은 15일 이 같은 내용을 담은 '초·중등 교육법 일부개정법률안'을 발의하였다.[99] 교사가 학생을 부를 때 이름 대신 번호를 부르는 것은 '학생의 인격을 존중하는 데 초점이 있기보다 교사의 편의에 치중한 면이 있다'는 것이 이 법안을 발의한 의원의 말이다. 아울러 법안을 발의한 의원은 선진국들은 학생들을 대상으로 '고유식별번호'를 부여하지 않거나, 부여하더라도 수업 시간에 이름을 대신해 번호를 사용하는 경우는 전무하다고 말한다.

학생을 부를 때 번호를 부르는 것보다 이름을 사용하는 것은 학생으로 하여금 학교생활 혹은 수업 시간에 존재감을 느끼게 해 준다. 긍정적이든 부정적이든 교사에게 자신의 이름이 호명되는 순간, 수업에 참여하고 있다는 현실 자각과 자기 정체성의 확인이 뒤따르기 때문이다. 요컨대 학교 생활에서 이름이 불리우는 것은 가장 기초적인 존재 확인의 과정이다. 또 학생 입장에서 '선생님이 내 이름을 기억하고 있다'라고 느끼는 것은 교육적으로도 긍정적인 효과가 있다. 사실 이런 내용은 이미 오래 전부터 교사들 사이에서 회자되던 말이었으며, 그것의 교육적 효과를 알기 때문에 많은 교사들이 학생을 부를 때 될 수 있으면 번호가 아닌 이름을 부르기 위해 노력하고 있다.

그런데 교사들에게 학생의 이름 부르기를 권장하는 것을 넘어 법으로

---

99) 뉴시스(2013년 9월 15일 기사). 「"23번 읽어봐" … '번호로 학생 지칭금지' 추진」.

강제하겠다고 하면 상황이 달라진다. 취지가 좋다 하여 법으로 정하게 되면 이름 부르기가 가진 긍정적 의미와 맥락은 사라지고 준법과 범법의 경계를 넘나드는 '절차적 행위'만 남게 될 것이다. 이번에 법안을 발의한 국회의원은 이 문제와 관련한 내용들을 좀더 숙고했어야 했다. 필자는 '이름 부르기 법안'이 다음과 같은 몇 가지의 문제점을 안고 있는 까닭에 법으로 제정되더라도 제 구실을 못할 것이라 생각한다.

첫째, 현재 교육현장에는 학생들의 제반 사항을 디지털로 관리하는 교육행정정보시스템(나이스, NEIS)이 운영되고 있다. 이 시스템이 처음 도입될 때 교사들은 학생들의 개인정보보호 및 정보유출의 우려를 들어 반대했지만, 당시 '전자정부'를 구현하고자 했던 국민의정부와 참여정부는 이를 강행했다. 그런데 이 시스템은 학생 개개인의 정보를 디지털로 저장해야 하기 때문에 불가피하게 고유식별번호를 부여한다. 법안을 발의한 의원이 선진국에서는 부여하지 않는다고 말한 고유식별번호를 NEIS에서는 부여한다는 말이다. 즉, 교사가 학생의 번호를 부르기 이전부터 이미 학생은 고유식별번호로 관리되고 있는 것이다. 이는 초등학교에서 중고등학교를 거쳐 대학에 입학할 때까지 지속된다.

관리의 편의성을 위하여 고유식별번호를 부여하고는, 교사들에게는 번호를 배제하고 이름만 부르라는 것은 아무래도 본말이 전도된 것이다. 정말로 학생들의 인권을 존중한다면 이렇게 학생 개개인의 정보를 디지털로 집적하는 것부터 없애야 할 일이다. 현재 이 시스템은 '차세대 나이스'라는 명칭으로 더욱 고도화하여 운영되고 있다.

둘째, 불가피하게 학생의 이름을 부르지 못하는 경우도 있다. 일주일에 한 학급에 대하여 한 시간 수업이 있는 교과의 교사가 주 20시간 수업을 한다고 하자. 한 반에 30명의 학생이 있다고 하면 대략 교사가 일주일 동안 만나는 학생들은 600명 정도가 된다. 이런 교사에게 600명의 이름을 일일이 외워 부르라는 얘기는 상식적으로 무리다. 또한 요즘은 학생들이 명찰을 달지 않거나, 달더라도 주머니 속에 넣고 있는 경우가 많아서 명찰을 쉽게 확인할 수도 없다. 아울러 명찰을 강제로 달게 하는 것은 인권침해의 소지가 있다는 의견도 있다. 교사가 이름을 외우고 부르기에 편치 않은 상황들이 있는 것이다. 법은 이 교사가 교육활동을 수행하는 과정에서 아이들의 번호를 불렀다고 처벌할 수 있을까?

셋째, 교실에서 일어나는 상황을 법으로 강제하겠다는 발상이 비교육적이다. 이 법은 준법과 불법의 경계가 뚜렷하게 드러나지 않는다. 교사가 교실에서 학생의 이름 대신 번호를 불렀다는 것을 어떻게 확인할 것인가? 학생들의 신고를 받을 것인가? 교사 스스로의 자백에 의존할 것인가? '권장 사항' 정도의 위상이면 족할 내용을 법으로 강제한다는 것은 누가 보아도 오버센스이다.

학생에게 고유식별번호를 부여하는 관행은 아주 오랜 역사를 가지고 있다. 그것은 대량교육의 도입과 맞물려 학생들을 관리하기 위한 목적으로 시행돼 왔다. 단순히 '교사와 학생 간의 번호 부르기'로 치환할 수 없는 '관리 대상으로서 학생'이라는 문화적 요인이 자리잡고 있다. 학생들에게 번호를 부여한 것은 교사가 아니다. 이미 학생들의 번호는 NEIS에 의해 가나다순으로 자동 부여된다. 오랜 세월 편의적 목적으로 관리해 온 학생들의 번호 부여 관행이 가장 극단적으로 드러나는 것이 바로 NEIS이다.

법안을 발의한 야당 의원은 영화 〈레미제라블〉에서 자베르 경감이 장발장을 '24601'로 부르자 "내 이름은 장발장이오."라고 짧게 답했다고 전하면서, 이는 죄수번호 24601로 산 그동안의 삶을 뛰어넘어 장발장 자신의 정체성을 상징하는 단호한 외침이라고 말한 바 있다. 이것이야말로 번호를 부여하는 주체와 시스템에 대한 성찰을 배제한 채, 그 번호에 의해 관리되는 학생의 상황을 장발장의 죄수번호와 대등하게 비교하는 편의적 사고의 전형이다.

결국 이 법안의 발의는 교사가 학생의 번호를 부르지 않는 것과 무관하게 이미 학생들의 고유식별번호에 기초하여 모든 정보와 이력을 축적하는 거대 시스템이 있다는 배경을 보지 않고 교사의 자세에만 초점을 둔 적절치 못한 것이다. 순서가 잘못되니 그나마 좋은 취지마저 퇴색하게 생겼다.

청소하는 아이들

학생들이 학교에서 하는 청소에 대하여 교육적 의미를 부여하는 교사도 있고, 이제 학생들은 공부에만 전념하게 하고 청소는 다른 방식으로 해결하자는 교사도 있다. 실제로 많은 학교에서 아이들이 청소를 기피하는 화장실이나 일부 구역은 외부 용역을 맡기기도 한다.

내가 담임을 맡고 있는 반도 청소를 한다. 한 번에 6명을 배정하여 일주일씩 돌아가며 한다. 청소를 지도하는 방법은 대개 두 가지로 택하고 있다. 모두에게 구역을 할당하여 본인의 구역만 깨끗하게 청소하도록 하는 방법이 있고, 그냥 교실에 청소 당번을 풀어 놓고 알아서 하게 하는 방법이 있다. 아이들 입장에서는 명확하게 자기 구역이 할당되기를 원한다. 교사들도 일일이 구역을 정해 주고 정확하게 점검하고 책임을 묻는 방식의 청소 지도를 선호한다. 그렇게 하지 않으면 엉망이 되기 때문이다.

내 경우는 '풀어 놓고 알아서 해라' 쪽이다. 예컨대 6명을 그냥 교실에 풀어 놓고 나도 이것저것 정돈하고 참여하는 스타일이다. 물론 처음에는 제대로 안 된다. 무척이나 인내가 필요한 방법이다. 일일이 구역을 할당하면 교사나 학생이나 번거롭지가 않아서 좋긴 한데, 아이들에게는 오직 개인적인 과제만 있고 공동의 과제가 없으니 청소가 협동적 과정이라기보다는 개인 과제를 처리하듯 진행된다.

그 결과 요즘 아이들 대부분은 정확하게 무엇을 하라고 꼭 짚어 주지 않으면 몸이 움직이지 않는다. 이 습관은 그대로 성인이 될 때까지 간다. 내가 구역을 일일이 할당하지 않는 이유는 바로 이것 때문이다. 이것이 꼭 방치를 의미하지는 않는다. 사실은 더 신경이 쓰이고 만만치 않은 준비 과정이 필요하다. 담임이 청소 감독자가 아니라, 한 명의 참여자로 마인드를 바꾸는 문제도 쉽지 않다.

그러나 일단 아이들에게 청소해야 할 분량과 인원, 시간 정도를 전달하고 스스로 역할 분담을 해 보라고 하면 이내 자기들 수준에서 가장 공평한 방법으로 구역을 나눈다. 이렇게 상호의존하고 협동했을 때 더 좋은 효과가 나도록 유도하고 촉진하는 것이 담임의 몫이라 생각한다. 아이들 입장에서 담임에게 요청하는 바가 있으면 나는 기꺼이 그 부분을 맡아서 한몫 거들면 된다.

문제는 청소라는 행위에 대한 해석의 문제이다. 책임을 할당하여 효율적으로 해치워야 할 과제로 접근할 것인가, 주변과 어울려 상호 의사소통하고 역할을 정하는 사회화의 과정으로 볼 것인가의 문제이다. 거듭 강조하지만 청소를 사회화의 과정으로 접근하는 경우, 엄청난 인내가 필요하다. 서로 의논하고 역할을 분담하고 활동을 지속시키기까지 몇 주 이상, 어떤 경우에는 몇 달이 걸리기까지 한다. 한 학기가 지나도록 진전을 보이지 않는 경우도 있다.

그럼에도 불구하고 나는 아직은 이 방법을 써 왔다. 다른 반과 비교하여 깨끗하기로 말하면 큰 차이는 없었다. 느긋하게 기다려 주는 교사의 마음이 아이들에게도 여유로움을 줄 수 있고, 그들끼리 소통할 기회를 마련해 준다고 믿고 싶다.

06 《수업

" 중요한 것은 얼마나 강한 동기를 가지고 있느냐가 아니라, 그 동기가 어떤 것이냐이다. 잘못된 동기는 강할수록 큰 문제를 야기한다. 외적 보상을 강조하는 것이나, 실패했을 때 닥칠 두려움을 조장하는 것은 종종 잘못된 동기로 이끄는 요인이다. 동기가 얼마나 강한가를 보기 이전에 그 동기가 어디를 향하는지 보는 것이 교사와 부모의 중요한 역할이다. "

진짜 공부

　우리 아이들이 가장 자주 듣는 말은 '공부하라'는 말이다. '그만 먹고 공부해라', '그만 놀고 공부해라', '그만 자고 공부해라' …, 이렇듯 공부하라는 말은 어디에 붙여 말을 만들어도 어울릴 지경이 되었다. 아마도 먹는 것, 노는 것, 자는 것보다 훨씬 중요한 것이 공부인 모양이다. 필자는 고등학교를 졸업한 지 20년이 훌쩍 넘어서야 잘 먹는 것, 잘 노는 것, 잘 자는 것이 공부보다 몇 배나 더 중요하다는 사실을 깨달았다. 학창시절에는 누구나 그랬듯이 공부를 잘하는 것이 행복한 미래를 보장해 준다고 믿었다. 선생님은 공부를 열심히 해서 화려하게 성공한 사람, 공부를 못하여 인생의 낙오자가 된 사람들의 예를 수시로 들어 주시면서 혹시라도 마음이 풀어질까 경계하며 쉴새없이 자극을 주셨다.

　그런데 말이다. 이런 생각을 해본 적이 있는가? "오늘도 새벽 여섯 시부터 밤 열두 시까지 쉼 없이 하는 공부가 도대체 내가 인생을 살아가는 데 어떤 의미를 가지고 있을까?"와 같은 생각 말이다. 물론 아이들의 대답은 있다. 대학입시가 발등에 떨어진 불인데 그런 사치스런 생각을 할 시간이 어디 있느냐고, 공부를 안 하면 대학에 못 들어가고 대학에 못간 사람을 인생의 실패자로 낙인찍는 사람들이 바로 당신들 성인들이 아니냐고 항변할 것이다.

아이들이 하는 공부의 대부분은 선배들이 축적해 놓은 지식을 가능한 많이 보고, 또 기억하는 방식이다. 그러한 지식들 가운데에는 당장 필요해 보이는 것도 있고 영원히 써먹지 못할 것처럼 보이는 것들도 있다. 초·중·고등학교 12년을 거치면서 공부한 지식들은 정확히 하루 만에 심판을 받는다. 그러니까 수능시험을 치르고 나면 너무 허탈한 것이다. 기회는 단 한 번, 심하게 말하면 도박과도 같은 공부이다.

"대학입시 때문에 한국이 멈추다(파이낸셜타임스)", "인생을 바꾸는 대학입시에 멈춰선 한국(CNBC)", "증시 거래마저 보류시킨 65만 한국인들의 대입시험(블룸버그통신)" 등의 표현은 외국 언론들이 전한 한국의 대학수학능력시험 스케치다.[100] 외국인들의 눈에는 항공기 이착륙 시간까지도 미루는 한국의 대학입학 시험의 가공할 위력이 꽤 엽기적으로 보였던 모양이다.

필자는 이러한 방식의 공부가 무한한 가능성이 있는 아이들의 능력을 죽이고 있다고 생각한다. 좀더 다른 내용, 다른 방식의 공부를 그만큼의 시간을 투자해서 했더라면 훨씬 커다란 성취감과 행복감을 맛볼 수 있을 것이라는 아쉬움을 항상 느낀다. 필자가 생각하기에 아이들이 하고 있는 공부가 실제로 사회에서 타인을 만나 경험을 쌓고, 의미 있는 소통 속에서 행복한 삶을 보장해 주기에는 다소 미흡한 듯하다. 요즘 젊은 청년들과 대화를 하다 보면, 참으로 '아이디어가 빈곤하구나.' 하는 생각이 든다.

학창시절 잘못된 공부 방식의 결과이다. 많은 양의 지식과 정보를 기억하는 데만 신경을 썼지, 이것을 다시 내 생활 속에서 적절하게 적용하면서 더 새롭고 창조적인 지식들로 구성해 가는 데는 여러모로 미흡해 보인다. 아주 단순한 아이디어만 있으면 해결되는 문제 상황도 어딘가에 있을 모범답안을 먼저 찾는다.

그렇다. 이것이 바로 '지식의 내면화'이다. 똑같이 한 시간 공부를 하더라도 그것이 내가 실생활을 살아가는 데 필요한 영양분이 될 수도 있고 그저 시험을 위한 단순 암기에 그칠 수도 있다. 청소년들은 모든 공부를 대학입시 준비에 집중시킨다. 그러나 대학입시를 통과함과 동시에 아이들은 그 몇 배의 기간에 해당하는 '삶'을 살아야 한다.

기왕에 하는 공부라면 보다 창조적인 방법을 고민해 볼 수 없을까? 다행히 요즘 들어 이런 학습방법을 고민하는 교사들이 예전보다 훨씬 늘어나고 있다. 반가운 일이다. 똑같은 지식이라도 단순하게 암기를 통하여 받아들이는 것보다도 친구들과의 토론과 협동 작업을 통해서 가치를 판단하고, 더 넓고 깊은 지식과 호흡하는 방식은 여러분들의 아이디어를 훨씬 풍부하게 해 줄 것이다.

누구나 입만 열면 정보화시대가 필요로 하는 인간상은 '창조적이고 진취적이며 능동적인 사람'이라고 한다. 그래서 그것을 보장하기 위한 학습방법으로 '자기주도적 학습'을 해야 한다고 한다. 이것을 구호로만 외치면서 실제 우리들의 학교는 과거의 공부 방식에서 한 치도 앞으로 나아가지 못하는 데 문제가 있다. 진짜 공부는 낱낱의 개별화된 지식을 기억하는 것이 아닌 이전 경험과 새로운 경험을 공부의 과정에서 만나게 하는 것이다. 그것은 삶의 연속적 과정에서 능동적으로 재구성된다. 그럴 때만 삶과 유리되는 지식에서 내 몸에 늘 붙어 다니는 진짜(authentic) 지식이 된다. 진짜 지식은 생명이 있다. 죽음이 아닌 생명을 만드는 공부의 방법, 그것이 진짜 공부이다.

---

100) 경향신문(2013년 11월 7일 기사). 『수능일, 한시간 미뤄진 주식 폐장 시간은?』.

학습소외 극복하기

교육에서 기회균등을 이야기하는 사람들은 누구에게나 교육받을 권리가 있다는 점을 강조한다. 지역과 계층에 따라, 혹은 남녀와 노소를 막론하고 교육 앞에서는 누구나 평등하다는 것이다. 이런 측면에서 해방 후 우리 교육은 일견 기회균등을 유지하기 위해 노력해 왔다고 볼 수 있다. 적어도 법적으로는 교육을 통하여 차별을 받는 경우가 없다.

그럼에도 불구하고 우리는 교육이 불평등하다고 느낀다. 여러 요인들이 있을 게다. 교육을 위한 '투입(input)'이 다르면 당연히 그 '결과(output)'도 다르다. 그런데 이 '투입'은 학습자가 선택하기 힘든 요인이다. 이 '투입'을 결정하는 것은 대개 학습자의 부모가 가진 경제력이다. 부모의 경제력에 따라 조기교육이니 선행학습이니 하며 투입량을 과도하게 키웠을 경우 학교교육에서 학습자들의 출발점이 현저하게 달라진다. 학습자의 출발점이 다르면 교실 수업이 힘들어지는 것은 당연하다. 개별적 투입 차가 커질수록 학교교육은 왜곡된다. 학교교육이 학습자의 의지와는 상관없이 처음부터 기회균등을 실현하는 데 장애를 안고 있다는 말이다.

그런데 이런 눈에 보이는 기회균등의 왜곡 말고도 교실에서 일어나는 학습소외가 많은 아이들에게서 기회를 박탈하고 있다. 학습소외는 크게 보면 대입 시스템이나 학교 교육과정 등 구조적인 요인에서 비롯하지만, 작게는 교사를 통하여 일어나기도 하고, 수업방법 혹은 평가방법 때문에 일어나기도 한다. 교사, 수업방법, 평가방법으로 인해 야기되는 학습소외는 잘 발견되지 않기 때문에 교실 밖에서는 알기 힘들고, 따라서 해결책을 제시하기도 어렵다.

가령 판서와 설명 위주의 수업에서는 흥미를 느끼지 못하던 아이가 협동학습, 프로젝트 학습 등의 참여형 수업에서는 굉장히 즐거워하는 경우도 있다. 그런가 하면 말로 하는 발표는 못하지만 인터넷을 통한 자료수집과 산출물 제작에서는 빼어난 능력을 과시하는 아이들도 있다. 나아가 지필시험에서는 전혀 두각을 나타내지 못하는 아이가 말하기나 공작 등에서는 높은 성취를 보이는 경우가 있다.

또 빠른 시간 안에 주어진 문제를 푸는 데는 힘겨워하지만 충분한 시간을 주면 아주 독특한 방법으로 문제를 해결하는 아이들도 있다. 이런 아이들은 자기가 선호하는 기회가 주어지지 않으면 늘 실패와 절망을 반복하다가 학교를 마칠 수밖에 없다. 기존의 학습구조는 배운 지식을 가능한 빨리, 많이 외우고, 지필시험에서 정답을 찾아내는 것에 익숙한 아이들에게 유리하게 작용하고 있다.

그동안 다양한 수업방법을 개발하고 전파하는 사례들을 많이 보아 왔다. 한결같이 수업방법을 다양화하는 목적은 '학습효과를 높이기 위해서'라고 한다. 그런데 이상한 것은 아무리 좋은 방법을 개발하여 적용하여도 결국 우수한 아이와 부진한 아이의 위치는 바뀌지 않을뿐더러 좋다는 수업방법이 부진한 학생에게는 별로 혜택을 주지 못하더라는 것이다. 무엇이 문제일까? 바로 학습효과를 성적으로 보는 관점 때문이다.

보다 정확히 말하면 '양화되어 나타나는 성취'를 학습목표로 볼 경우 부진한 학생의 능력은 개선되지 않는다. 커스틴 올슨(2009)은 학교에서

총명함을 중시하는 경향이 여전하다고 말한다. 많은 학교는 암묵적으로 특정 능력, 이를테면 정보나 해답을 빨리 생각해 내는 능력, 정확하게 암기하는 능력, 추상적 개념을 다루는 능력 등을 중요하게 여긴다는 것이다.[101] 총명함을 중시하는 경향은 많은 아이들로부터 배움에서 오는 기쁨을 앗아가고 있다.

그러므로 수업 및 평가의 방법을 다양화할 때는 학습소외를 극복하기 위한 차원에서 사고되어야 한다. 학습 부진아들에게 필요한 것은, 작지만 소중한 성공의 기회를 체험하는 것이다. 성공의 체험은 배우는 일이 더는 고통스러운 것이 아니라 기쁨일 수도 있다는 새로운 시각을 제공한다. 교사들은 학습효과의 개념을 폭넓게 해석하는 열린 사고를 가져야 한다. 당장 성적으로 나타나는 것은 확인 가능한 학습효과이지만 그보다 더 큰 학습효과는 전에는 재미없던 공부가 수업방법을 바꿈으로 인해 즐겁다는 반응이 나오는 경우이다. 사실 이는 단기적 성적 향상에 견줄 수 없는 엄청난 학습효과이다. 공부는 학습자 스스로 할 때 진정하게 지식으로 축적된다는 점을 상기하면 더욱 그러하다.

학습소외를 극복하는 데 비중을 크게 두고 수업 및 평가 방법을 다양화하게 하면 지금 교실수업에서 흥미를 느끼지 못하는 많은 아이들이 자신에게 특별한 잠재 능력이 있다는 것을 확인하고 기뻐할 것이다. 그래서 당장의 성적 향상이 아니더라도 공부가 즐겁고 선생님이 기다려지는 학교생활이 될 수 있다. 문제는 수업을 진행하는 교사의 관점 바로 세우기에 있다.

---

101) Kirsten Olsen(2009), 『상처 주는 학교』. 노승영 옮김(2012). 한울림 109p

즐거움을 앗아가는 선행학습

수업시간에 일어났던 일이다. 중학교 2학년 수학에서 다루는 삼각형의 닮음을 공부할 때다. 교과서와 익힘책이 있는 수학교과에서 한 단원의 수업 짜임은 이렇다. 교과서에서 개념탐구 과정을 진행하고, 기본문제를 다룬 다음에 익힘책으로 넘어가서 연습문제와 중단원, 대단원, 심화문제를 푼다. 그리고 마지막에 다시 교과서로 돌아와 사고력 문제를 풀면 한 단원이 종료된다.

상황은 삼각형의 닮음에 관한 문제를 풀 때 발생했다. 보통 닮은꼴 문제는 난이도가 '중상~상'의 문제들로 이뤄진다. 이 부분은 아이들이 스스로 푼 후에 내게 가져와서 어떻게 풀었는지 설명하는 방식으로 공부한다. 그런데 많은 아이들이 답을 정확히 알고 있었지만 왜, 그 답이 나왔는지 설명을 하지 못하였다. 수준별 이동수업 A반 아이들이니 대체로 성적 상위 25~30% 이상의 아이들이다.

그런데 아이들 대답이 천편일률적이다. "학원에서 공식만 외워서 풀라고 했는데요?"라고 했다는 것이다. 처음에는 그러려니 했으나 각 반에서 같은 대답이 나오고, 어떤 아이는 오히려 그 방법을 더 신뢰하는 눈치다. 오히려 내게 불만을 토로하는 아이도 있었다. 학원에서는 복잡한 원리나 개념탐구 같은 것은 생략하고, 대입만 하면 답이 딱 나오도록 잘 가르쳐 준다는 것이다.

그 문제는 공식만 외워서 될 문제가 아니었다. 그렇게 하면 답은 맞출 수 있겠지만 그 방식으로는 그 문제를 푸는 의미가 없다. 먼저 문제를 보고 고민하다가, 혹시 보조선이 필요하다면 긋고, 그 상태에서 이미 공부한 여러 가지의 수학적 정리들을 동원하여야 한다. 평행선의 성질, 엇각, 동위각, 이등변삼각형의 성질, 삼각형의 닮음 조건, 연비 등을 잘 생각해서 하나씩 해결해 나가면서 각각이 가진 수학적 의미를 음미하는 데 큰 가치가 있는 문제이다.

시간을 꽤 할애하여 공부 방식과 학습전략에 대하여 설명했다. 대부분의 아이들이 수긍을 했지만 앞으로 아이들의 공부 방식이 바뀔지는 의문이다. 아마 기대만큼 바뀌지 않을 것이다. 아이들은 쉽고 빠른 길이 있다고 생각하고, 문제를 푸는 핵심 비법 같은 것이 있다고 믿는 것 같다. 수학적 능력을 축적하기보다 당장 기말고사 수학 성적을 올리는 것이 아이들에게는 중요한 과제이니 그것을 어떻게 나무랄 수 있을까.

수학 공부에는 분명 독특한 즐거움이 있다. 정답 여부를 떠나 문제 상황을 놓고 고민하는 과정에서 자기가 알고 있는 수학적 원리들을 종횡으로 엮어 적용해 보는 과정은 매우 특별한 즐거움이다. 적어도 아이들에게서 수학하는 즐거움을 앗아가는 방식으로 가르치지는 말았으면 좋겠다. 출근길에 본 "성적이 오르지 않으면 수강료를 받지 않겠습니다."하는 어느 학원의 현수막이 머릿속에 남아 영 떠나지 않는다.

수준별 이동수업

 중학교 수학교사인 나는 수준별 이동수업에 반대한다. 협력보다 경쟁을 부추기고 낙인을 찍는 방식이라서 반대하는 것도 있지만, 효과가 없기 때문에 반대한다. 그리고 이 방법에 숨어 있는 지배 이데올로기의 관철과 문화재생산에 대하여도 반대한다. 물론 정책을 반대한다고 해서 나에게 맡겨진 수업을 소홀히 하지 않는다. 자신의 이상에 맞지 않는다 해도 주어진 현실 속에서 최선을 다하는 것은 교사의 기본이다.

 수준별 이동수업이 도입된 것이 7차 교육과정 시작 때부터니까 얼추 이 방법으로 10년 정도 해 왔다. 수준별 이동수업 여부를 학교 단위에서 결정하면 되는 것처럼 돼 있지만 별도로 마련된 두 학년 분의 강사비가 학교로 지급되기 때문에 선택의 여지는 없다. 즉, 두 학년은 무조건 수준별 이동수업을 해야 한다.

 하여 올해는 수준별 이동수업에 대한 질적 연구를 해보고자 마음을 먹고 교사이자 연구자인 입장에서 수업을 진행하고 관찰하고 인터뷰하고 아이들과 대화를 나누었다. 그러나 논문으로 완성할 만큼의 자료와 사례를 확보하지 못했고, 가르치는 동시에 연구를 한다는 것이 연구 측면에서는 엄청난 기술을 요구하기 때문에 이번에 논문으로 작성하지는 못할 것 같다. 올해 모두 네 수준의 아이들로 나누어 실시해 본 수준별 이동수업에 대한 느낌을 적어 보면 아래와 같다.

 A그룹(최우수반) : 보통 3개 학급에서 직전 고사 수학성적 상위

25~30% 이상의 아이들로 편성됨. 사교육을 통하여 선행학습이 돼 있는 경우가 대부분. 소수의 아이들은 수업에 집중하고 교사와 상호작용하려 하지만 선행학습으로 인해 원리, 개념 등에 대한 흥미가 없음. 단순 암기형 문제는 대부분 잘 풀고, 특히 정형화한 유형의 문제 풀이에 강함. 동료 간의 경쟁의식이 있음. 다음 시험에서 B그룹으로 내려갈까 봐 압박감을 느끼는 학생이 있음. 부진 학생들을 배제하고 우수 학생끼리 공부하기 때문에 심화문제를 자세히 다룰 수 있음. 전반적으로 '약간'의 효과가 있다고 생각됨.

B그룹(보통반) : 수학성적 상위 30~60%에 해당하는 중간 수준의 아이들. 수업태도가 A그룹보다 좋고, 선행학습을 하지 않는 아이들은 교사의 설명에 집중하려는 경향을 보임. 시험을 잘 보아서 A그룹으로 올라가고자 하는 열망이 강함. 교사의 요청에 따라 협력학습도 되는 편. A그룹에 비하여 동료 간 경쟁의식은 크지 않음. 그렇게 효과적이지도, 그렇다고 효과가 완전히 없다고 할 수도 없는 그저 그런 정도.

C그룹(하위반) : 수학성적 상위 60~90%에 해당하는 하위그룹 아이들. 우리가 보통 중2라고 부르는 아이들이 대부분 속해 있음. 학교의 일진, 혹은 그 주변의 집단화된 아이, 일탈 학생들이 모두 이 그룹에 속해 있음. 교과서나 학습 준비물이 대부분 제대로 갖춰지지 않음. 수업태도 지극히 불량. 수업시간 내내 떠들고 자기들끼리 대화하며 때로 교사에게 반항함. 이 그룹을 맡은 교사들은 쉽게 소진되며 큰 스트레스를 받음. 협력학습을 시도해도 주변에 설명해 줄 수 있는 친구가 없으니 효과는 없고 오히려 역효과라 생각됨. 일부 아이들의 낙인감은 대단함. 좌절감을 많이 느끼고

잠을 자는 아이들이 많음.

D그룹(최하위반) : 수학성적 상위 90~100%에 이르는 수업 부진아 그룹. 작은 교실에서 10~12명 정도가 함께 수업함. 대부분 C그룹 과 공통점을 많이 갖지만 본 교실로부터 분리되어 특별한 공간에 있다는 것으로 학생들이 안정감을 느낌. 교사의 개별지도가 가능 하지만 그때뿐. 다음 시간에는 거의 기억 못함. C그룹 아이들에 비하여 공손한 아이들이 많음. 이동수업의 효과를 보면 성적향상 효과는 없고, 다만 분리되어 소수가 함께 공부한다는 정도의 심리 적 안정감은 있음. 더 연구를 해봐야 하겠지만 이는 10명 내외로 학생 수가 줄었을 때 나타날 수 있는 효과라고 봐야 할 것임. 따라 서 이는 이동수업의 효과가 아니라 학급당 학생 수 감축에 따른 효과라고 판단됨.

결론 : 최상위 그룹은 약간 효과, 나머지 그룹은 본전이거나 손해. 특히 하위반 이하 학생들에 대한 낙인찍기 효과 심각. 학업성취도 가 보통 이상인 학생들에게는 소모적 경쟁 유발. 결론적으로 수준 별 이동수업은 전체 학생들에게 골고루 도움을 주지 못하였음.

내가 내린 잠정적 결론은 위와 같다. 이 수업을 지속할수록 모든 아이들 보다는 특정 아이들에게 약간 효과적일뿐인데, 왜 정책은 수준별 이동수 업에 집착할까? 최상위 그룹 아이들이 다른 아이들의 방해 없이 별도의 공 간에서 공부할 수 있는 여건을 만들어 주기 위한 것? 이 수업 방식이 가진 선의의 목적인 아이들의 수준에 맞는 교육방법으로 개별화한 수업을 할 수 있다는 취지는 어느 새 사라지고, 우수한 아이들이 다른 아이들의 방해를 받지 않도록 분리된 공간에서 좀더 심화된 공부를 할 수 있도록 한다는 것은 명백히 지배 이데올로기 관철의 한 방편이고 그 결과는 문화재생산 효과로 귀결된다. 마치도 우수 학생들을 분리하여 특별하게 배려하는 일반 고등학교의 거점학교 정책, 학교 안 심화학급 정책과도 같다. 교육은 앞서가는 몇 아이들만을 볼 것이 아니라 배움의 장에 있는 아이들 모두를 귀하게 여겨야 한다.

아이들이 수학을 즐기지 못하는 이유

'아주 소수의 아이들은 열심히 공부하고, 다수는 억지로 공부하거나 타인의 공부를 방해하며, 나머지 아이들은 잠을 잔다.' 요즘 중학교 수학 시간 풍경이다.

잠을 자는 아이들을 적극적으로 깨우지 않는 교사들도 더러 있다. 다른 학생들의 공부를 방해하기보다 차라리 조용히 잠을 자 주는 것이 더 좋다고 생각하기 때문이다. 중학교 교실에서 수학 공부를 포기한 학생들은 쉽게 발견된다. 어른들이 그토록 중요하다는 수학을 아이들은 왜 일찍 포기하는지 그 이유가 궁금하다.

아이들이 수학을 즐기지 못하는 이유 중 으뜸은 부모에게 있다. 대개의 부모들은 아이가 어렸을 때 셈을 조금 잘 한다고 발달 단계에 맞지 않는 어려운 과제를 제시한다. 더해서 10 미만이 되는 수와 10을 넘어가는 수는 요구되는 셈법이 다르다.[102] '3+4=7'이라는 것을 아이가 알게 되었다고 해서 곧바로 '5+7'의 답은? 이렇게 묻는 것은 차원이 다르다. 어렸을 때는 셈을 할 때 손가락을 동원하는데, 더해서 10이 넘어가는 수는 열 손가락을 다 동원해도 알 길이 없다. 아이가 수학적 흥미를 느끼는 첫 행위는 직관적 관찰이다. 이것을 무시하고 바로 추상화한 기법을 요구하면 당연히 아이는 어려움을 느낀다.

아이가 수 계산이나 공간을 지각하는 능력 등을 잘 습득하길 바란다면

---

102) 독일의 아이들이 초등학교에 들어가기 전에는 글을 읽거나 기본적인 셈 공부를 하지 않는다. 초등학교 들어가서도 알파벳과 기본 셈을 익히는 데 일 년을 할애한다. 그들에게 공부는 행복으로 가는 길에 놓여 있는 즐거움의 과정이다.

그것이 효과적으로 일어나는 발달 단계를 이해해야 한다. 이것을 무시하고 부모에 의해 이런 비약이 자꾸 요구되면 아이는 실패를 거듭한다. 수학적 흥미를 돋우기 위해서는 사소하더라도 문제해결 과정에서 맛볼 수 있는 성취감이 중요한데, 모범답안을 지속적으로 요구하면 아이는 '수학이 즐겁지 않아'라고 생각하기 시작한다.

아이의 수학 공부를 다그치는 부모는 거의 예외 없이 '결과를 앞세우는 수학 공부'에 집착한다. 이런 과정에서 아이는 스스로 문제를 해결할 때 생기는 즐거움을 맛보지 못한 채 오로지 정답을 맞추어 가는 공부 기계로 전락한다. 결국 부모가 먼저 포기하고 아이는 사교육에 맡겨진다.

두 번째로는 선행학습을 앞세우는 과잉 사교육이다. 아이들과 수학 공부를 하다 보면 생각하는 과정을 너무 싫어하고, 정답만을 알려 달라는 경우가 많다. 정상적이지 못한 방법으로 문제의 답을 제시하는 경우도 많다. 답은 맞추지만 풀이 과정을 설명하지 못하는 아이들도 늘어가고 있다. 대개의 사교육은 아이의 발달 수준이나 흥미를 고려하지 않고 무분별하게 선행학습을 시킨다. 또한 시험에서 높은 성적을 받을 수 있도록 문제풀이 기법을 반복하여 훈련시킨다. 이로 인해 아이들은 원리와 개념을 고민해 보는 과정을 피하고 오로지 정답을 추구하는 쪽으로 바뀌어 간다.

오늘날 교실의 혼란도 선행학습을 앞세워 답 고르는 기술만을 익힌 아이들이 원리와 개념학습을 회피하는 데서 비롯된다. 사교육이 불가피한 것이라면 '보충학습'에 한정해야 한다. 사교육을 하지 않아도 되는 구조가 되면 좋겠지만 누구도 지금 당장 그것이 가능하다고 생각하지 않는다. 사교육은 뒤처지는 아이들에게 보충학습 위주로 지도함으로써 본연의 임무에 충실해야 한다. 장기적으로 보아 이런 방향이 모두에게 유익하다. 수학에서 새로운 부분을 공부할 때에는 학교에서 담당 선생님과 첫경험을 쌓도록 하는 것이 흥미를 유지하는 지름길이다.

세 번째로 방대한 학습 분량과 이를 기계적으로 적용하는 교사이다. 너무 많은 학습량이 아이로 하여금 수학을 즐기지 못하도록 방해한다. 성인들의 역할은 아이에게 수학지식을 전달하는 것이 아니다. 아이가 수학적 흥미를 잃지 않도록 지속적으로 호기심과 탐구의욕을 북돋아 주는 것이다. 수학 공부가 즐거워지면 공부는 아이 스스로 한다. 스스로 하는 공부가 오래 남는다.

교과서는 하나의 참고자료로 생각하라는 것이 교육과정에 나와 있는 지침이지만, 교사들이 교육과정을 재구성하거나 교과서의 일부를 누락시키고 지도하는 것은 아직은 모험이다. 수학과에 적용되는 '성취기준'은 이것을 오히려 방해하고 있다.[103] 여기에 한 개 학년을 여러 교사가 나누어 지도하게 되는 경우 공동으로 보조를 맞추어야 한다는 게 아직은 수학교사들 간의 불문율이다. 그것을 가로막는 것은 어느 교사에게 배웠든 상관없이 학년 전체 학생에게 같은 문제로 부과되는 시험이다.

필자는 열 명의 학습부진아를 따로 떼어 지도한 적이 있었는데, 이때 아이들에게 수학을 즐기고자 하는 욕구가 있음을 확인하였다. 이 아이들에게 시험 성적은 관심 밖이어서 시험에 대한 부담이 없었던 것이 여러 가지

---

103) '성취기준'은 학기가 시작되기 전에 수학의 매단원, 모든 학습 내용에 대하여 성취기준을 정하고 그것에 기초하여 평가하는 것이다. 표준화 논리에서 비롯된 이 방식은 교육과정의 재구성이나 수업사태에서 나타나는 역동성, 맥락성, 비예측성 등을 고려하지 않는다는 점에서 현대 수학교육의 흐름을 반영하고 있지 못하다.

방법을 적용해 볼 수 있는 기회를 주었다. 교육과정을 대폭 재구성하고 난이도를 낮추어 진도에 상관없이 아이들이 스스로 문제를 제기하고 해결해 가도록 안내하였더니 비록 큰 성과는 아니지만 공부에 짜증을 내는 아이들이 많이 줄어들었다.

교사에게 질문하는 것도 부담을 훨씬 덜 가졌고, 우수아이들이 잘하지 못하는 협력학습도 척척 해냈다. 부모로부터 관심을 덜 받은 아이, 학원에 다닐 형편이 되지 않는 아이, 교육과정으로부터 자유로운 아이가 수학을 즐길 수 있다는 이 역설은 어떻게 하면 아이들이 수학을 포기하지 않게 할 수 있는지에 대해 특별한 시사점을 준다.

수업방법의 과도한 신념화를 경계함

고민 없는 학교가 있을까? 일반학교에서는 수업방법이나 학생지도에 있어 어느 정도는 자율권을 가지고 있는 혁신학교를 부러워한다. 그럼 혁신학교 교사들은 고민거리가 없을까? 결론부터 말하면 혁신학교 교사들은 고민이 더 많다. 적어도 내가 만나 본 혁신학교 교사들은 그랬다. 혁신학교를 주도하는 교사들에게 고민거리는 크게 세 가지의 갈등으로 표현된다. 하나는 학교장의 혁신 마인드인데, 혁신학교를 연구시범학교와 같이 사고하며 가시적 성과에 중심을 두는 교장일 경우 모두가 피곤해진다. 둘은 혁신학교 운영 방법론에 대한 교사들의 의견 차이이다. 이 차이는 때로 갈라지는 길을 택함(전출, 전입으로 조정)으로써 해소되기도 한다. 세 번째 갈등은 교사들이 채택하는 수업방법의 차이와 그것으로 인한 신념의 차이로 인한 것이다. 여기서는 세 번째 갈등에 대해 좀더 이야기를 해볼까 한다.

인류가 집단생활을 시작하면서 가르치고 배우는 방식에 많은 변화가 있었다. 무엇을(교육내용), 어떻게(교육방법), 왜(교육철학) 가르치고 배우느냐 하는 문제는 가르치는 자의 핵심적인 고민거리였다. 대중적 학교교육이 들어서면서 이를 둘러싼 다양한 관점과 이론들이 생겨났다. 수십, 수백 가지의 가르치고 배우는 일에 대한 이론들이 있지만 크게 대별해 보면 이들 이론은 전통을 고수하려는 관점과 현실을 변화시키고자 하는 관점이 대립하는 역사로 이어져 왔다.

보수/진보, 기능론/갈등론, 전통주의/재개념주의, 행동주의/인지주의/

구성주의, 경험중심/학문중심, 목표중심/내용중심, 지식의 절대성/상대성 및 객관성/주관성 등 이 모든 것들이 나름대로 역사적 배경과 근거를 가지고 자신의 방법을 교육의 여러 수준에서 영향을 미치고자 끊임없이 노력해 왔다. 최근 수업혁신의 바람과 함께 어떤 수업방법을 적용할 것인가를 둘러싸고 담론이 형성되는 것은 바람직한 현상이다. 각자의 이론과 주장이 현장의 실천을 통하여 검증되고 수정되면서 아이들의 발달과 교사들의 성장에 기여할 수 있다는 것은 교육이 지향하는 바이기도 하다.

그런데 내가 방문했던 혁신학교들에서 거의 예외 없이 관찰되었던 현상이 있다. 교사들의 '수업방법에 대한 견해 차이'를 쉽게 극복하지 못하여 갈등으로 비화된 사례들이다. 이 과정에서 특정 교육방법에 대한 과도한 신념화가 있었고 이 경우 수업방법, 관찰방식, 수업평가회에서 특정 방법과 절차를 고집하는 바람에 수업에 대한 폭 넓은 사고를 가로막더라는 호소를 들었다. 흥미로운 것은 그 견해의 차이가 위에서 언급한 '전통적인 것/새로운 것' 간의 다툼이라기보다 특정 수업방법에 대한 고수냐, 아니면 변용 혹은 폭 넓은 적용이냐를 둘러싼 것이었다는 점이다.

교사 간 수업방법에 대한 견해의 차이와 토론은 그동안 우리 현장교육에서 발견할 수 없었던, 자발적 현상이라는 점에서 일단 반가운 일이다. 과거의 발견학습, 열린교육, 교실수업개선 등의 이름으로 행해진 수업방법에 대한 견해 차이는 주로 정책적 의도와 교사 실천 간의 괴리였을망정 바람직한 담론화는 아니었기 때문이다.

그러나 이론적, 실천적 토양이 성숙되지 못한 상태에서 이뤄지는 수업방법에 대한 견해 차이 토론은, 특정 방법에 대한 과도한 신념화로 말미암아, 그저 내가 하고 있는 방법이 옳다는 도그마에 빠지게 할 가능성이 크다. 심지어는 견해를 달리하는 교사들끼리 별도의 협의와 실천을 하는 학교도 있었다고 하니 이는 참으로 우려스러운 현상이다.

수업방법이 교육철학에 기초한다는 것은 상식이다. 그러나 특정 수업방법이 만고불변의 진리가 아니다. 좋은 수업방법은 교사들의 성장 및 발달과 연계돼야 한다. 교사 간의 협력과 갈등은 그 자체로 의미를 갖는 것이 아니라 교사들의 성장을 위한 에너지로 승화될 때만 가치가 있다. 어떤 경우이든 교사 간 수업 관점에 대한 견해의 차이는 없는 것보다 있는 것이 훨씬 좋다. 견해의 차이를 해소하고 극복하면서 질적 성장의 토대를 마련하기 때문이다. 다만, 수업방법은 사회적 배경이나 학교 및 학습자의 조건에 따라 끊임없이 변화, 발전하는 것이라고 할 때, 특정 수업방법을 지나치게 신념화하는 것은 경계할 일이다.

협력학습과 학습에서 협력

'협력학습' 또는 '학습에서 협력'은 비슷하지만 큰 차이가 있다. 협력학습 혹은 협동학습은 하나의 수업기법, 혹은 모형으로 발전돼 온 역사를 가지고 있다. 한편, 학습에서 협력한다 함은 특정의 모형이 아니라 일상적인 수업에서 학습자 간에 도움을 주고받는 실천 행위이다. 나는 기법 위주의 수업을 싫어하는 편이다. 이런저런 수업기법을 적용해 보긴 했으나 내가 무지몽매한 탓인지 아니면 뭔가 그 수업기법에서 말하는 매뉴얼에 덜 충실해서 그런 것인지 크게 효과를 보지 못하였다. 학습의 목표가 '협력하는 과정' 그 자체가 아니라면 기법과 매뉴얼을 중심으로 협력학습에 접근하는 것은 의미가 없다고 본다.

협력은 그 자체로 소중한 덕목이다. 특히 경쟁적으로 학습이 이루어질 수밖에 없는 우리교육 현실에서는 더욱 그러하다. 그러나 협력이라는 덕목이 하나의 모형으로 자리잡는 순간 그것은 이미 협력이 아닌 기능이 되고 만다. 그래서 나는 협력학습이라는 기법보다 수업에서 일어나는 일상적 협력을 중시하는 편이다. 어떤 절차와 규칙에 따라 협력하는 것이 아니라 그냥 일상적이며 자연스런 협력이 이루어질 수 있도록 분위기를 마련하고 유도한다.

사진은 체험학습에 나간 학생들이 보고서를 쓰는 모습이다. '내가 너의 등을 빌려 보고서를 쓸 때, 나 또한 내 친구에게 내 등을 빌려 주지'란 제목을 달아 보았다. 협력은 이와 같이 유기적이며 순환적인 상호작용을 동반하는 과정이다. 그것은 누군가 이미 개발해 놓은 모형에서 비롯되는 것이 아니며 학생들의 삶과 경험 속에서 자연스럽게 체화되는 것이다. 협력의 과정이 즐겁고, 유익하면 학생들은 스스로 협력하는 다양한 모습을 연출한다.

현장학습에서 보고서를 작성 중인 학생들

난 교실수업에서 학생들의 자세나 태도 등에 대하여 지적하지 않는 편이다. 지나치게 경직된 자세는 자연스러운 협력을 방해한다고 믿기 때문이다. 그 대신 학습을 위한 대화는 무제한 허용된다. 협력을 위해 뒤로 돌아 앉거나 잠시 자리를 이동하는 것은 교사의 허락 없이 이루어진다. 좋은 협력의 전제는 교사의 전문지식이나 협력을 위한 매뉴얼이 아니라 학생들이 열린 마음으로 서로 돕고, 도움을 청할 수 있는 분위기를 형성하는 것이다. 말하자면 협력은 교사의 지시에 따라 수행되는 절차 같은 것이 아니라 자신들의 필요와 주어진 조건에 따라 일상적으로, 자연스럽게 이루어지는 과정이다.

내 경험으로 보면 아이들은 형식, 모둠, 역할분담이 지탱하는 협력학습보다는 자연스럽게 자신들의 필요와 이해에 따라 움직일 때 더 몰입하였다. 교사의 지시와 규제에 따라 협력하는 아이들은 그 당시에는 협력의 모습을 보일지 모르지만 협력하는 마음을 내면화하지 못하여 다른 일상적 삶으로 전이하지 못한다.

사실, 수업에 조금 관심을 갖고 자료들을 찾아 본 교사라면 웬 '수업모형'이 이렇게 많은지 놀라게 될 것이다. 모형은 매뉴얼과 절차를 필요로 한다. 하나부터 열까지 꼭 짚어줘야 목표에 이를 수 있다고 보는 교사들의 과도한 신념이 수업을 자꾸 기능화해 간다. 정형화된 모형은 이미 검증됐다는 점, 사례가 있다는 점, 적용이 쉽다는 점 때문에 교사들이 선호하지만, 사실 따져 보면 특별한 모형에 의지하지 않고도 교실 일상을 창조해 가는 교사들이 훨씬 많다. 그들이 게을러서가 아니라 수업 자체가 역동적이고 예측 가능하지 않으며 교사의 경험과 교실 환경, 아이들과의 교감 속에서 이뤄지는 수업이 더 즐겁고 효과적이라는 것을 알기 때문이다.

나는 교실 상황을 감각적으로 반영하지 못하는 온갖 모형들, 그리고 그것들의 기계적 활용과 성과를 우선하는 형식적 관점들이 오히려 교사들을 탈 전문화의 길로 이끈다고 생각한다. 협력학습 절차 속에서는 협력하지만 실제 삶 속에서는 전혀 협력하지 못하는 경우를 많이 본다. 협력은 기법이 아니라 생활과 삶 속에서 우러나오는 일상 그 자체가 되어야 한다. 마땅히 수업도 그러해야 한다.

인간 행동의 변화를 야기하는 근원, 동기

'동기(motivation)'는 인간 행동의 변화를 야기하는 근원으로 알려져 있다. 공부의 측면에서 보면 동기는 학습하고 싶은 욕구를 유발하고 이의 지속을 결정하는 요인이기도 하다. 이런 까닭에 교육학에서는 학업의 성취를 예언해 주는 학습자의 특성 중에서 가장 영향력 있는 변인으로 보기도 한다. 즉, 학습할 내용에 대한 탐구 동기가 있느냐 없느냐, 혹은 동기가 얼마나 강하냐에 따라 학습목표 달성에 큰 영향을 미친다는 말이다.

동기에는 내적 동기와 외적 동기가 있다. 내적 동기는 학습 활동 자체에 대한 자발적 관심과 흥미가 있는 것이다. 외적 동기는 부모나 교사의 칭찬 혹은 경쟁심을 유발하여 학습 활동을 이끌어 내는 것이다. 대체로 내적 동기는 학습의 과정을 중시하고 외적 동기는 학습의 결과를 중시한다. 어떤 동기에 더 비중을 두느냐에 따라 학습하는 즐거움을 통해 그것의 지속성을 유지하는 학습자가 있는가 하면, 성취에 대한 보상에 관심을 가지고 다음 과제에 도전할 의욕을 갖는 학습자도 있다.

그러므로 동기의 유무, 동기의 강약에 따라 성취가 달라지는 것은 필연적이다. 특히 우리나라의 경우 아이들에게 강한 동기를 유발하기 위해 노력한다. 동기가 얼마나 강렬하냐에 따라 학습이 지속된다는 믿음, 그것에 따라 성취가 결정된다는 믿음 때문이다. 이런 믿음은 학습자에게 강한 자극을 주는 것으로 동기를 유발하려고 한다. 이 과정에서 강제성이 동원되기도 한다. 실패했을 때의 두려움을 예고하여 강한 동기를 갖도록 부추기는 경우도 있다. 성인들의 동기가 아이들에게 투사되기도 한다. 어떤 경우에는 욕망이 동기로 전환되기도 한다.

이 모든 학습 동기는 '시험에서의 상대적 우위'와 이를 통한 '사회적 성취'를 향한다. 좋은 일자리, 높은 급여, 더 많은 권한을 가진 역할에 대한 욕구가 동기의 근원을 이루고 있는 것이다. 이런 동기는 학습자끼리 경쟁하도록 부추긴다. 경쟁은 승리한 자와 패배한 자를 가른다. 이런 상태라면 건강한 시민성의 고양보다는 경쟁에서 이길 수 있는 능력을 키우는 데 집중할 수밖에 없다. 욕망을 이루기 위해 경쟁하는 것, 이 경쟁력을 키우기 위해 얼마나 강한 동기를 가지고 있느냐가 주목된다.

그런데, 잘못된 동기는 인간을 불행하게 만든다. 동기에서 중요한 것은 얼마나 강한 동기를 가지고 있느냐가 아니라 그 동기가 어떤 것이냐이다. 잘못된 동기는 강할수록 큰 문제를 야기할 가능성이 커진다. 외적 보상을 강조하는 것이나, 실패했을 때 닥칠 두려움을 조장하는 것은 종종 잘못된 동기로 이끄는 요인이다. 동기가 얼마나 강한가를 보기 이전에 그 동기가 어디를 향하느냐를 보는 것은 교사와 부모의 중요한 역할이다.

동기유발을 위해 동원되는 미디어

 교실수업에 컴퓨터, 인터넷, 스마트 단말기 등 첨단 기술 요소들을 도입할 때, 그 기준은 어떻게 정해져야 할까? 한국의 교사들은 대개 수업의 목표를 세우고 내용을 선정한 다음, 목표를 달성하기 위해 필요한 매체를 동원한다. 당위에 근거한 매체의 사용이라 볼 수 있다. 첨단 매체의 교실수업 적용에 대하여 줄리 에반스(2012)는 연구 데이터를 근거로 몇 가지를 지적한다.[104]

 첨단 매체를 교실수업에 도입하면 학습자 자신이 매체의 단순 사용에 집중하기보다 매체의 사용으로부터 무엇을 공부하고 느끼는가를 드러낸다는 것이다. 의외로 학생들은 사회기반학습(social-based learning)에 대한 관심이 높고, 전문가들의 자원을 포함하는 개인적 네트워크를 발전시키기를 원한다는 것이다. 아울러 어떤 틀에 얽매이지 않은(untethered) 도구를 추구하고, 전통적 규칙에 의하여 방해받지 않는(unencumbered) 풍부한 디지털 환경을 원한다는 것이다.

 이러한 연구에 따르면 교사가 단순 동기유발 자료 혹은 집중력을 높이기 위해 매체를 동원하는 방식은 학습자의 변화하는 마인드에 미치지 못하는 것일 수 있다. 교사는 몇 가지 사항을 고려해야 하는데 학습주제의 사회적 맥락, 그리고 진정으로 학습자가 원하는 것, 어떤 틀로 학습자를 규제하지 않는 것이다. 이것은 확실히 수업 기술보다는 수업 이해를 앞세우는 관점이다.

---

104) http://thejournal.com/articles/2012/02/01/digital-learning-what-kids-really-want.aspx

교사들은 학생들이 '수업에 집중하려는 마음'을 갖는 상태를 동기유발이라고 착각하기 쉽다. 그래서 학생들의 시선을 집중시킬 수 있는 매체를 찾고 수업에 적용하기 위해 애를 쓴다. 교실 컴퓨터가 오작동하거나 인터넷 연결이 되지 않을 때 수업을 망쳤다고 발을 구르는 경우도 있다. 매체의 활용에 과도한 비중을 두었을 때 필연적으로 나타나는 현상이다.

진정한 동기유발은 단순히 학생들의 시선을 집중시키는 것 이상이다. 학생들이 그날 공부해야 할 학습주제에 대하여 호기심과 탐구의욕을 가져야 한다. 그러므로 수업을 준비하는 교사는 학생들의 시선을 집중시키는 데 골몰할 것이 아니라 학생들의 마음을 붙들어야 한다. 기본적으로 미성숙한 아이들은 세상 모든 사물에 대하여 호기심이 충만하다. 이 호기심의 끈이 끊어지지 않도록 사려 깊게 학습내용을 조직하고 학습과정을 이끌어 내며, 시작부터 마칠 때까지 수업의 전 과정에서 학습자를 적극적으로 참여시키려는 교사의 의지와 실천이 좋은 동기유발의 전제 조건이다.

프로젝트 학습을 하는 이유

프로젝트 학습(Project Based Learning)을 하는 이유는 적용하는 교사의 관점에 따라 다양하다. 그러나 다양한 관점을 가로지르는 공통된 이유는 '아이들을 생각하게 하기 위해서'이다. '생각(사유)'은 지식을 단순하게 기억하기 위해서 하는 행위가 아니다. 지식을 내면화하고 이것이 학습자의 삶 속에 녹아 들게 하기 위해서 필요한 일련의 과정이다.[105]

프로젝트 학습은 간단히 말해, 학습의 계획과 진행 과정, 그리고 결과의 표현 및 평가 과정에서 학습자가 주도적으로 참여하는 학습의 한 형태이다. 학습을 계획하고 진행할 때, 결과를 표현하고 동료와 자기 자신을 평가할 때 진지한 사유가 동원된다. 이것이 바로 프로젝트 학습의 효과이다.

그러므로 프로젝트 학습을 진행할 때 몇 가지 기법을 적용하는 것에 매몰되지 않도록 해야 한다. 교사의 역할은 매뉴얼을 충실히 적용하는 것이 아니라 모든 과정에서 학습자들이 충분히 고민할 수 있도록 조력하는 것이다. 학습자의 주도성이 강화된다고 교사의 역할이 줄어드는 것은 아니다. 교사 역할의 축소가 아닌 역할의 변화, 그리고 이것을 능동적으로 받아들이는 자세가 학생들의 사유를 촉진한다.

프로젝트 학습을 주제로 강의에 나갔을 때, 대부분의 선생님들이 관심을 갖는 것은 프로젝트 학습의 자세한 절차라는 것을 확인할 수 있다. 어

---

105) 교컴에서 운영하는 프로젝트 학습 커뮤니티(http://onlineproject.org)에 방문하면 프로젝트 학습의 개념을 비롯하여 사례 및 참고자료를 볼 수 있다.

떻게 기능적으로 완성할 것인가를 고민하다 보니 '학습자의 사유 촉진'이라는 고유의 목적을 망각하고 학습을 절차적으로 조직한다. 교사가 프로젝트 학습을 잘못 사고하면, 의외로 성과주의와 형식주의에 쉽게 매몰될수 있다. 교사가 한 단위의 학습을 절차적으로 완료하는 것과 사유를 통한 학습자의 지식이 축적되는 것은 완전히 다른 문제다.[106]

사실 프로젝트 학습이 태동하고 발전해 온 역사는 '과제 혹은 임무의 완수'를 목표로 다양한 절차를 동원하는 방식으로 이루어졌다. 또한 일반적으로 쓰이는 프로젝트라는 용어가 '주어진 과제를 성공적으로 수행하기 위한 일련의 활동'으로 알려져 있다는 것에서도 영향을 받는다. 그래서 교사는 과정이 아닌 과제와 목표를 중심으로 진행하고 싶은 유혹을 받는 것이 사실이다.

교수학습의 장면에 어떤 기법을 매개로 들여온다면 그것은 가르치고 배우는 일을 측면에서 조력하는 매개일뿐, 그 자체가 목적이 될 수 없다. 프로젝트 학습에서 학습자의 사유를 촉진하기 위해서는 '과제를 성공적으로 수행'한다든지, '학습을 절차적으로 완성'하겠다는 욕심을 버려야한다. 그리고는 학생들과 더불어 생각의 무한한 바다에 빠져들라. 교사와 학생이 어우러져 고민을 나누고, 학생끼리 대화하도록 하여 학습에서 서사의 줄기를 잡게 하라. 학습자들은 학습의 계획과 진행, 결과의 표현 과정에서 지속적으로 동료와 대화를 나누어야 한다. 의사소통이 없는 프로젝트 학습은 기법과 절차 위주의 학습으로 전락시킨다.

내 경험으로 프로젝트 학습을 한 번 하고 나면 아이들은 물론이지만 교사가 성장한다. 성장의 핵심은 '기능적 절차의 완성을 습득'하는 것이 아니라 '사유의 능력'을 확장하고 심화해 가는 것이다. 사유하는 교사가 사유하는 학생을 기른다.

---

106) 절차는 완전히 무시해도 좋을 정도로 중요하지 않은 사항인가? 그렇지 않다. 프로젝트 학습을 의사소통과 사유의 과정으로 생각한다면, 여기서 절차는 프로젝트 학습의 성과를 더욱 빛나게 해주는 조건이 된다. 그러나 처음부터 절차를 따라 학습을 조직하면 그 절차도, 사유의 과정도 모두 놓치는 우를 범한다.

교사와 학생, 의사소통의 방식

최근 학습자의 배움을 중심에 놓는 수업방법이 확산되면서 교사의 개입을 가능한 최소화해야 한다고 주장하는 교사들이 늘고 있다. 내가 참여했던 수업평가회에서도 그런 지적을 하는 분들을 만나 보았다. 이 주장이 학습자의 자기주도적 학습 능력에 대한 믿음에 기초하여 교사가 인내를 가지고 기다려 주는 자세가 필요하다는 것이라면, 변화하는 교사의 역할에 비추어 마땅한 흐름이다.

처음부터 끝까지 교사의 설명을 통해서 지식을 전달하는 방식 혹은 교과서의 모든 내용을 빠짐없이 다루어야 수업을 완료했다는 사고방식을 가진 분들이 아직도 있긴 하다. 이 분들에게는 교사의 '개입'이나 '조절' 같은 어휘들이 낯설게 느껴질 것이다. '개입'은 삼자 입장에서 타인의 활동에 '간섭'한다는 느낌을 주기도 한다. 그러나 학습의 장면에서 교사가 행하는 개입은 단순한 간섭 이상이다. 교사는 학습내용과 학습자, 혹은 두 명 이상의 학습자 사이에 들어가 지식의 구성을 조력하거나, 원만한 협력이 일어나도록 교섭하고 중재할 수 있는데, 이런 행위들이 모두 교육적인 개입 활동이다.

그런데 교사의 개입을 최소화해야 한다는 것에 과잉 신념화하는 경우, 학습자들 내부에서 어떤 일이 일어나는지, 어떤 소외 혹은 반대로 특정 학습자의 주도가 지속되는지에 대하여 사려 깊게 주의를 기울이지 못하는 상황이 발생할 수 있다. 내가 참여했던 수업평가회에서 수업공개 교사가 학습자들에게 불필요한 개입을 했다면서 강도 높은 지적을 하는 경우를 보았다. 마치 교사가 얼마나 안내하며 아이들의 자주적 학습과정을 유지시켜 줄 것인가에 수업의 성패가 달려 있는 듯 말이다.

교사의 개입은 칼로 무 자르듯이 모든 수업에 적용할 수 있는 문제가 아니다. 학습자들의 자기주도성을 믿고 지켜봐 주는 것은 필요하다. 그러나 교사와 학생 간의 의사소통이 어떤 방식, 어떤 깊이로 이루어지는 것이 좋은가 하는 문제는 교실의 환경과 학습자의 조건, 그리고 학습의 주제에 따라 다르게 나타난다.

먼저, 교사는 수업의 전 과정을 통하여 학습자와 지속적으로 의사소통한다. 이러한 의사소통 과정은 침묵, 기다려주기, 응시, 눈빛 교환, 몸짓 언어를 포함한다. 교육적 의사소통은 무엇을 말할 것인가에 대한 '내용'과 어떻게 말할 것인가에 대한 '방식' 모두를 포함하기 때문이다. 교사 - 학생 의사소통과 관련하여 학습자가 느끼는 것은 당연히 '내가 얼마나 선생님과 의미 있는 의사소통'을 했는가에 관한 것이다. 그러므로 교사는 모든 학생들에 대하여 '선생님과 의미 있는 의사소통'을 하고 있다는 느낌을 주어야 한다. 설령 그것이 잘 구조화한 모둠학습일지라도 말이다.

잘 구조화한 모둠학습 장면에서조차 교사가 학생들과 의사소통을 유지해야 한다는 말은 무슨 의미일까? 이 경우 교사의 의사소통 방식은 '교사 대 모둠', '교사 대 전체', 그리고 '교사 대 모둠 내 개별 학생' 등 세 가지 방식으로 이루어진다. 모둠의 대표 학생만 상대한다든지, '모둠'이라는 추상화한 학습 단위를 향하여 의사소통을 하는 경우 학생 입장에서는 내용과 방식 모두에서 자신과 관계없는 것이라 여길 가능성이 많다.

물론 이것을 판단하는 것은 수업을 바라보는 교사의 '질적 시선' 속에서 가능하다. 수업이 어떻게 이루어지고, 어디서 배움이 일어나는가를 관찰하는 것도 중요하지만 단순히 배움이 일어난다는 현상 자체를 넘어서야 한다. 그것은 잘 구조화한 모둠학습이거나 잘 적용한 어떤 수업모형을 막론하고 견지해야 할 교사의 자세이다. 특히 전체적으로 매끄럽게 흘러가는 수업일수록 그 안에 있는 특정 학생의 과도한 주도성과 그 영향, 또 눈에 보이지 않으나 엄연히 존재하는 학습 소외를 볼 수 있어야 한다.

교사의 적절한 개입이 이루어지지 않은 채 지속적으로 모둠 내에서 소외를 당하는 아이의 경우를 보자. 그 방법(모둠학습)이 아니었다면 교사와 친근함을 유지할 수도 있었던 (혹은 그것을 바라는) 아이가 모둠이라는 인위적 장벽 때문에 교사와 멀어지는 경우는 꽤 많다. 이때는 잠시 교사가 그 학생과 1:1의 관계를 가지면서 학습주제나 모둠에 대한 적응도를 높여 해당 모둠으로 복귀시킬 수도 있고, 과제 형태에 변화를 주어 그 학생에게 자신감을 줄 수 있는 상황으로 만들 수도 있다.

교사가 주도하는 암기주입식 교육이 아이들의 개별 상황을 고려하지 않는다 해서 비판을 받는 것과 같이 '잘 구조화한 모둠학습' 역시 아이들의 개별 상황에 대한 사려 깊은 접근이 없다면 비판받아야 한다. 아울러 교사와 전체 학습 단위에 대한 의사소통 역시 소홀히 할 수 없는 부분이다. 모둠학습의 완성도가 높을수록 떨어지는 것이 모둠 간 연계 및 통합, 전체적 조화 같은 것들이다. 학습을 통한 사회화는 모둠 내에서만 이루어지지 않는다. 간혹 완성도가 높은 모둠학습이라 평가되는 것들이 실제 모둠 간에는 협력보다 경쟁을 통해서 진행되는 경우가 많다. 기법 위주의 협동학습 모델은 '모둠 내 협력, 모둠 간 경쟁'이라는 요소를 도입하여 학습의 긴장감을 준다. 아이들이 협력의 경험을 지속적으로 재구성하기 위해서는 교사의 세심한 주의와 안목이 요구된다.

흔히 유려하게 잘 진행된 수업을 보고 교사의 내공을 판단하는 경우가 있지만 한 단위의 수업을 매끄럽게 이끌어 내는 것, 완성도 높은 모둠학습을 유지시키는 것만으로 개별 학습자 모두에게 좋은 수업이 되는 것은 아니다. 거칠고, 산만해 보일지라도 아이들의 앎을 지속적으로 자극하는 교사의 모습이 있고, 지적 희열을 맛보고자 하는 아이들의 의욕이 넘치는 상태, 비록 지금 당장은 아니지만 학습주제에 대하여, 혹은 그 주제를 넘어서는 지적 호기심을 갖는 상황이 지속되는 것이 내가 생각하는 좋은 수업이다. 학습자의 자기주도성이 강화됨에 따라 교사의 역할이 축소되는 것이 아니라 '변화' 한다는 의식을 갖는 것이 중요하다.

놀이와 교육의 공간, 오두막

아침에 옆 단지 아파트를 산책하다가 어린이 놀이터에서 작은 '오두막'을 발견했다. 이리저리 둘러보며 생각에 잠겼다. 아파트 문화는 인간에게 편리함을 가져다 주었지만 이로 인해 많은 것을 잃어야 했다. 그 중 하나가 아이들의 놀이문화이다. 아파트는 인간 생활을 개별화했고, 아이들끼리 만남을 통한 사회화의 기회를 앗아갔다. 그 대신 아이들은 개별적으로 디지털 미디어와 교류한다. 정보사회의 새로운 풍경이다.

그런데 내가 발견한 오두막은 아이들의 놀이 공간이자 사회화 과정을 학습할 수 있는 배움터라는 생각이 들었다. 어렸을 때 다락이나 벽장 등을 생각해 보면 그 안에서 생겨나는 다양한 이야기들이 감성을 풍부하게 하였다. 제도화한 공간인 안방이나 마루, 사랑방보다도 어린 아이들에게는 다락방이나 벽장 등이 추억 속의 장소가 되었다. 왜냐하면 그곳에는 '아이들끼리의 내밀한 이야기'가 있기 때문이다.

비고츠키[107]는 고등 정신기능이 언어에 의해 매개된다고 보았다. 인간이 문화를 내면화하는 데 있어 그 매개 기제로 언어를 사용한다는 것이다. 즉 인간의 정신기능이 발달할 때 타인과의 관계에서 개인의 수준으로 변형되어 내면화하는데 이것을 중재하는 것이 언어라는 것이다. 그러자면 이 매개 기제인 언어가 구사될 수 있는 환경이 필요하다. 아이들은 교실과 같은 제도화한 공간에서는 활발하게 이야기를 펼치지 않는다.

놀이 공간으로써 오두막을 자세히 들여다보니, 어느 정도 은밀함을 보장하도록 외부 세계와 단절된 지붕과 벽이 있고, 아이들이 앉을 수 있는

긴 의자가 마련돼 있었다. '외부 세계와 단절되는 은밀함'은 아이들이 좋아하는 환경이다. 아이들은 왜 이런 환경을 좋아할까? 자기들만의 이야기가 가능하기 때문이다. 여기서 친구들과 나눈 대화들이 맥락을 형성하고 내 안으로 들어와 내면화하는 과정은 아이들의 발달 과정을 그대로 보여 준다.

개인의 경험과 삶에 대한 시간적 서사를 브루너는 내러티브라고 불렀다. 내러티브는 인간이 지식을 구성하고 삶을 풍요롭게 유지하는 데 중요한 요소이다. 비고츠키는 언어(이야기)의 개입으로 개체 발달의 질적인 변화가 일어난다고 보았다. 아이들이 성인이나 또래 집단에서 나누는 이야기가 그래서 중요하고, 그러한 이야기를 나눌 수 있는 환경을 제공하는 것 또한 중요하다. 내가 오늘 아침에 본 오두막에서 아이들이 얼마나 많은 이야기를 나누고, 관계와 맥락이 형성되고, 추억이 되며, 생각을 촉진하는지 확인할 길은 없었지만, 이런 공간을 제공한다고 마음먹은 이 아파트의 설계자를 칭찬하고 싶다.

아마도 이 공간을 설계한 사람은 아이들에게 외부 세계와 어느 정도 단절된 공간을 만들어 주고 그곳에서 추억을 쌓아 보라는 의도를 담았겠지만, 나는 이 공간에서 비고츠키의 사회문화발달 이론이나 브루너의 내러티브적 문화발달 이론이 현실에 녹아 들 수 있음을 보았다. 아이들의 놀이터에 설치한 작은 오두막은 언어를 통하여 아이들의 사회화와 지식의 내면화가 이루어지는 곳이다.

---

107) 비고츠키(Lev Semenovich Vygotsky, 1896~1934) 옛소련의 심리학자로 10년 정도의 짧은 연구 활동 기간 동안, 발달 심리학 분야를 시작으로 폭넓은 분야에서 수많은 실험적·이론적 업적을 남겼다. 38세의 젊은 나이에 결핵으로 사망하였다. '심리학계의 모차르트'라고 불리기도 한다.

수업을 향한 질적 시선

　잘 된 수업과 그렇지 못한 수업을 구분할 필요가 있는 것인지, 꼭 구분을 해야 하는 것인지에 대하여는 좀더 풍부한 논의가 필요하다. 교실 밖의 전문가가 정해 놓은 몇 가지의 기준과 지표를 바탕으로 교사의 수업을 관찰한 후 각 항목별로 1, 2, 3, 4, 5 점을 주고 이를 단순하게 합하여 몇 점 이상이면 우수 교사, 몇 점 이하이면 미흡교사로 판단하는 제도가 있다. 이 기준에 의하여 나온 점수에 따라 미흡교사로 평가된 교사는 재교육 프로그램을 이수해야 한다. 평가 결과가 2.5점 미만이면 단기연수, 2.0점 미만이면 장기연수를 이수하도록 돼 있다. 더할 것도 뺄 것도 없는 '교원능력개발평가' 이야기다.

　교원능력개발평가는 'CBTE'[108]적 관점을 신봉하는 사람들의 머리에서 나왔다. 이 관점에서는 교사의 자질을 영역별, 항목별로 세분화할 수 있고, 우수한 교사의 그것을 기준으로 정해 제시하면, 대부분의 교사들이 그 기준을 충족하기 위해 노력할 것이라고 본다. 그것이 곧 교사전문성 신장 과정이라는 것이다. 표준을 미리 정하면, 마치도 공장에서 제품을 생산하듯 모든 교실에서 같은 수업이 일어날 것이라 보는 이 단순함은 도대체 어디서 비롯된 것일까?

　따져 보기 어렵지 않다. 이 관점은 대량교육 체제가 생겨날 때 '투입한 만큼 산출해야 한다는 경영 논리'에서 비롯한다. 학교를 지어 주고 학생을 받아 주었으니 가장 적은 비용으로 최대의 효과를 보고 싶다는 '효율성의 논리'가 바로 그것이다. 이것이 가장 효과적으로 작동하는 체제의 '선발적 교육관'이다.

전체 중에서 소수를 선발하는 데 시험만큼 합리적인 것은 없고, 시험은 필연적으로 경쟁을 불러오며, 경쟁은 학습을 가져온다는 믿음이 그들에게 있다. 그러므로 교육에 의사결정 권한이 있는 자들에게는 피하기 힘든 유혹이다. 이들의 머릿속에는 정교하고 세련된 경쟁 시스템을 도입하여 어떻게 선발하지 못한 책임을 개인에게 전가할까 하는 생각이 들어있다.

그들은 내게 물을 것이다. "좋은 수업에 대한 기준이 없다면, 그 교사가 수업을 잘 하고 있는지, 그렇지 않은지 어떻게 판단합니까?" 나는 이 물음에 대하여 "아니, 당신은 그 교사가 수업을 잘 하고 있는지, 그렇지 않은지 왜 그렇게 궁금합니까?"라고 답변할 것이다. 수업이란 교실 안에서 교사와 학생 간에 가르치고 배우는 과정으로 어떤 기준을 향해 내달리는 무지한 행위가 아닌 역동적이고 예술적이며, 독특하고 신비로운 경험을 연속적으로 재구성하는 과정이다. 이럴 때만 지식은 학습자에게 내면화된다.

지적 호기심에 충만한 교사와 학생의 눈빛과 눈빛이 만나고 숨결과 숨결이 만나 섞이고 쌓이면서 화음을 만들어 가는 수업에 무슨 기준이 필요하고, 지표가 필요하단 말인가? 이것을 부정하는 누군가는 다시 물을 것이다. "아니, 당신 눈에는 그것이 보인단 말이요? 지적 호기심, 눈빛과 숨결, 화음, 내면화와 같은 측정할 수 없는 추상적 개념들이?"

---

108) CBTE(Competency Based Teacher Education, 능력중심교사교육) Oliva와 Henson은 미국의 교사교육에서 CBTE의 특징을 자질의 한정, 자기학습 페이스, 준거지향, 현장에 기초한 경험, 중재된 수업 등의 5가지 영역으로 나누어 제시하고 있다. CBTE 접근은 교사에게 요구되는 행동 특성을 제시하고 여기에 도달하면 전문성이 신장되었다고 보는 견해이다. 이런 관점에서 요구되는 교사의 능력은 외부 전문가들에 의하여 사전에 잘 구성한 교육과정을 효과적으로 실행하는 역량이다.

난 거듭 확인해 줄 것이다. "아니, 그럼 당신 눈에는 그것이 보이지 않는단 말이요? 아마도 당신에게는 미학적 감식안이 없거나, 질적인 시선이 애초부터 없었나 봅니다. 하긴, 이런 능력이 아무에게나 있는 것은 아니죠. 그것은 교사와 학생을 관리와 통제의 대상으로 생각하는 당신에게는 생기지 않을 교육을 향한 따뜻한 시선이지요."

집중이수제에 대한 집중적인 지적

2009개정 교육과정에서 도입한 집중이수제란 한마디로 '몰아서 공부하면 더 효과적'이라는 발상에 기초하고 있다. 구체적으로는 한 학기에 8개 과목 이상을 배울 수 없게 국어, 영어, 수학, 과학, 체육을 기본적으로 하고 사회, 역사, 기술·가정, 도덕, 음악, 미술, 한문과 같은 과목은 한 학기에 몰아서 배정하거나 한 해에 3년 과정을 모두 '처리'하는 방법이다.

한 학기당 이수하는 교과목 수를 줄여 학습 부담을 덜어 주고, 특정 과목을 짧은 기간에 몰입하여 공부하면 더 효과적이라는 것이 도입의 배경이다. 현장의 반대가 있었고, 문제점들이 노출되자 일부 개선하긴 하였으나 골간은 그대로 유지하고 있다. 교육학적으로 보나 교실수업의 관점에서 보나 집중이수제는 득보다 실이 많은 정책이다. 몇 가지에 대하여 지적을 해 보면,

첫째, 집중이수제는 학습자의 발달 단계를 완전히 무시하고 있는 제도이다. 예를 들어 중학교 1학년 때 집중이수하는 경우를 생각해 보자. 집중이수제가 아니라면 주 1시간씩 3년 동안 공부해야 할 교과를 주 3시간씩 일 년에 몰아서 이수한다. 청소년기의 발달은 그 편차가 매우 극심하다. 특히 사춘기의 절정에 다다른 중학교 1학년과 3학년의 발달 차이는 성인으로 치면 거의 5년 이상의 차이와도 같다. 그러므로 같은 내용을 1학년 때 배우느냐, 3학년 때 배우느냐는 학습효과가 엄청나게 다르게 나타난다.

둘째, 예술은 인간의 전 성장 과정에 걸쳐 영향을 미친다. 이것을 1년에

몰아서 한 해에는 그림을 그리고, 한 해에는 악기를 연주하거나 노래를 부르는 것으로 바람직한 성장을 꾀할 수 있을까? 예술은 처리해야 하는 과제가 아니라 인간의 정신과 몸에 붙어 미적 감각을 형성하는 과정이다. 그래서 현대교육에서는 예술교육의 지속성을 중시한다.

셋째, 인성을 가르치는 도덕 교과 또한 마찬가지이다. 특히 사춘기를 지나는 전 시기에 있어 인성을 강조해도 지나치지 않건만 특정 학년에 몰아서 이수하게 하는 발상은 이해하기 어렵다. 도덕이나 윤리를 '기능적인 것'으로 사고하는 몰이해적 발상이 그대로 드러난다.

넷째, 교사들의 수업 안정성을 해친다. 집중이수제 도입 이후에 교사들의 전보가 예측 가능하지 않게 되었고, 언제 어디로 전출이 될지, 수급 균형이 맞지 않을 때는 원거리로 전보를 가야 하는 불편함이 생겼다. 이런 불편함은 필연적으로 수업 안정성에 영향을 미친다.

소소한 이득도 있긴 하다. 아이들 입장에서 한 학기당 시험과목 수가 줄어드는 것도 있고, 블록 타임제 같은 수업방법의 도입도 가능해졌다는 일부 교사들의 의견도 있다. 그러나 이러한 작은 이득을 취하기 위해 학습자의 발달 과정을 무시한 제도를 계속 밀고 나가는 것은 위험천만한 일이다.

집중이수제를 도입한 사람들은 교과 공부를 통하여 지식을 구성, 축적하여 전 생애적 발달을 도모한다는 개념이 없다. 다만, 이들은 교과 공부는 어떤 시기이든 '몰아서 해치워야 할 것'으로 보고 있다. 효율성을 최고의 가치로 생각하는 사람들의 교육과정에 대한 전형적 몰이해이다. 이미 100년 전에 듀이는 '나의 교육신조(1897)'에서 교육을 경험의 지속적인 재구성으로 이해하자고 제안하면서 다음과 같이 지적하였다.

"교육이 삶이라면, 모든 삶은 처음부터 과학적인 측면, 예술과 교양의 측면, 그리고 의사소통의 측면을 모두 가지고 있다. 그러므로 어떤 학년에는 단순히 읽기와 쓰기가 적절한 학년이고, 다음 학년에는 읽기나 문학, 또는 과학을 도입하는 것은 옳지 않다." [109]

　그 당시에도 가르치고 배우는 일을 이수해야 할 절차로 여기는 사람들이 있었다. 이러한 기능적 관점은 효율성을 내세우며 오늘날까지 면면히 이어지고 있다. 더구나 우리나라와 같이 선발적 교육관이 강하게 관철되는 국가에서, 교육은 경험의 연속적 재구성 과정으로 인식되기보다 특정 시기에 해치우는 과제 정도로 치부된다.

　심지어 인성을 기르고자 하는 도덕교과마저도 몰아서 하면 효율적이라는 폭력적 발상은, 아이들의 발달에 대한 사려 깊은 고민이 전혀 없는 효율 지상주의자들의 책상머리에서 나온다. 이 같은 무모한 생각이, 교육의 위기를 해결하기보다 심화해 가는 쪽으로 작용할 것은 자명하다. 교육을 하자는 데 교육학적 고려보다 경제적 고려가 앞서 있다. 집중이수제는 폐지가 답이다. [110]

---

109) Martin S. Dworkin(1959).『존 듀이 교육론』.황정숙 역(2013).씨아이알 42~43p

110) 흥미로운 사실은 대통령의 한국사 중요성에 대한 발언 이후, 한국사가 대학수학능력시험에 필수 과목으로 정해졌는데 교육부는 이 같은 사항을 발표하면서 한국사는 집중이수제 과목으로 운영하지 말라고 했다는 것이다.

07 《평가

" 인간의 어떠한 능력도 잴 수 있다는 평가의 논리, 평가 결과를
얻기 위한 적절한 방법이 존재한다는 논리, 이것이 개별 국가를
넘어 지구촌 학생들을 서열화하는 기제이다. 누구도 여기서 자
유로울 수 없다. 도대체 인간의 능력을 측정 도구로 계량할 수
있다는 것은 누구의, 어느 입장에 선, 누구를 위한 논리였을까? "

인간의 능력을 수치로 치환할 수 있다는 논리

2015년부터 PISA[111]가 세계 학생들의 과학적 문해 능력을 테스트하는 것에 주안점을 둔다는 기사가 나왔다. 이 평가에 새롭게 추가하는 요소가 주목되는데, 그것은 학생들이 그들의 생애를 통하여 공부하고 인식한 것을 바탕으로 하는 '협력적 문제해결 능력'이다. 그동안 우리나라 학생들이 최상위권을 차지했던 지난 PISA 결과에 비추어, 새로운 평가부터는 높은 성취 결과를 보이기 힘들 것이라는 예측을 하는 사람들이 있다.

왜냐하면 우리나라 학생들에게 특히 약한 것이 협력적 문제해결 능력이기 때문이다. 그렇지만 필자는 평가 방식이 바뀌더라도 우리나라 아이들이 상위권을 벗어나는 일은 없을 것이라고 조심스럽게 예측한다.

이유는 모든 평가가 가진 한계 때문이다. 아무리 협력적 능력을 측정한다고 하더라도 평가 과정에서 결과를 얻어내기 위한 기술적, 합리적 장치들이 작동되는데, 이 문제 때문에 모든 종류의 시험에 적응성이 뛰어난 한국 아이들이 우수한 성취를 보일 것이라고 생각한다. 시험이라는 것은 그 특성상 인간이 내면에 축적해 온 모든 능력들을 밝혀내는 데는 한계가 있다. 특히 질적 능력인 경우에 더욱 그러하다. 그래서 어이없게도 투입을 과도하게 팽창시켜 가는 한국적 시험공부 방식이 국제적으로도 통하는 것인지 모른다.

평가의 기술이 아무리 정교하게 다듬어진다 하더라도 인간의 능력을

---

111) PISA(Programme for International Student Assessment; 국제학업성취도평가)는 1997년 OECD에 의해 시작된 프로그램이다. 읽기, 수학 및 과학 등 주요 과목을 대상으로 만 15세에 해당하는 학생들의 역량을 3년마다 평가하여 발표한다. (http://www.oecd.org/pisa/).

계량화해 가는 데에는 한계가 있을 수밖에 없다. 본래적 의미의 협력적 문제해결 능력에는 2인 1조 혹은 그 이상의 학생들이 참여하는 테스트 방식이나, 문제의 구조화 혹은 고도화, 평가 시간의 연장 등 기술적인 보강만으로는 잴 수 없는 인간의 추상적·내면적 능력이 포함되어 있다. 미래의 인간들에게 협력적 문제해결 능력이 필요하다는 당위의 강조와 그것을 평가해 보겠다는 것은 전혀 다른 차원의 문제이다. 협력 자체는 서툴지만, 협력 기반의 평가에서는 우수한 성취를 보일 수 있다는 가정은 한국 학생들의 학습 방식이 얼마나 극심하게 왜곡돼 있는지를 보여 준다.

PISA에서 한국 학생들이 최상위권의 성취를 보인 것과는 대조적으로 공부에 대한 흥미도와 자신감은 최하위권으로 밝혀졌다. 공부는 즐겁지 않은데 외부의 압력에 못 이겨 억지로 공부하다 보니 1등을 하게 됐다는 현실은 참으로 기가 막히다. 공부에 대한 흥미와 자신감의 결여뿐만 아니라 한국 학생들의 자살률 또한 세계 최고 수준이다. 소모적 학습의 과잉 투입이 학생들을 병들게 하며 급기야는 죽음에 이르게 하는 것이다. 이 모든 현상들의 원인에는 인간을 서열화할 수 있다는 평가의 논리가 도사리고 있다.

인간의 어떠한 능력도 잴 수 있다는 평가의 논리, 평가 결과를 얻기 위한 적절한 방법이 존재한다는 논리, 이것이 개별 국가를 넘어 지구촌 학생들을 서열화하는 기제이다. 누구도 여기서 자유로울 수 없었다. 도대체 인간의 능력을 측정 도구로 계량할 수 있다는 것은 누구의, 어느 입장에선, 누구를 위한 논리였을까? [112]

---

112) 이 글은 2012년 12월 30일 오마이뉴스에 게재된 필자의 기사를 재구성한 것이다.

공동출제의 함정

공동출제는 학급 간 성적 편차를 최소화하고 공정성을 기한다는 취지로 실시하는 중·고등학교의 정기고사 출제 기법 중의 하나이다. 이 방법은 한 학년에 두 명 이상의 교사가 수업을 하는 학교의 시험에서 전형적인 출제 방식이다. 진행 과정을 보면 수업에 들어가는 모든 교사들이 1차적으로 문제를 만든 뒤, 한자리에 모여서 토론과 협의를 거쳐 문항을 정선한 후 최종 문제를 확정한다. 그런데 이 방식이 학교 현장에 오랜 시간 관행처럼 굳어 있었던 까닭에 교육평가의 취지에 맞는 방식인가에 대한 합리적 의심이 배제되어 온 것도 사실이다.

우선, '교육에서 평가는 왜 하는가?'의 문제를 놓고 보자. 교육학에서 평가는 수업을 앞두고 학습자의 상태를 알아보기 위해서(진단평가), 교수·학습 과정을 개선할 목적으로(형성평가), 교육목표의 달성 정도를 알아보기 위해(총괄평가) 실시하는 것으로 돼 있다. 그 외에 학습자 스스로 지식이나 기능을 행하는 방식으로 수행평가를 실시한다. 다시 말해 교육평가는 학습자 행동의 변화를 관찰하여 평가자의 평가 규준에 비추어 해석하고, 이를 교수·학습 과정에 피드백하는 것을 목적으로 실시한다. 어떻든 평가의 목적은 학습자끼리, 혹은 학급끼리 비교하기 위한 것이 아니라 '교육과정을 개선하고 학습자를 지원하기 위해' 실시하는 것이다.

'학급 간 성적 편차'를 최소화해야 한다는 것은, 2인 이상의 교사가 같은 시기에, 동일한 내용을 가르친 후, 공동출제 방식으로 시험을 보았다면 학급 간 성적의 차이가 가급적 없어야 한다는 가정에 기초한다. 과거에는 학급 간 평균 성적을 그대로 단순 비교하여 순위를 매기기도 하였다. 교사들이 가르치는 방식에 따라, 시험 위주의 수업이냐 아니냐에 따라 학급의 성적 평균이 차이가 나기도 했는데, 이 경우 특정 교사가 가르친 학급의 성적이 낮게 나오면 질책이 뒤따르기도 했다. 현재는 학급 간 성적 평균을 그대로 비교하는 일은 없다. 그 대신 '학급 간 성적 편차의 최소화'라는 압박이 있다.

학급 간 성적 편차를 비교함으로써 얻어지는 실익은 무엇일까? 이 비교는 어느 교사가 가르치든지 간에 같은 내용이라면 비슷한 성적이 나온다는 것을 확인하는 절차 외에 유익한 이득이 없다. 또한 이것의 전제는 학년별 교과 성적의 평균인데, 각 학급의 교과 성적 평균은 학년 평균에 가까워야 한다는 논리다. 학급의 평균 성적을 결정하는 요인은 무엇일까? 최초 그 학급 구성원들의 성적 분포가 가장 큰 요인이고 그 외에 어떤 학생들이 전출입 하는지, 어떤 성적의 학생이 병결이나 무단결시를 하는지 등이다.[113] 물론 교사 요인도 조금 있지만, 크게 영향을 미치지 못한다. 그러므로 학급 간 편차를 최소화하라고 교과 담당 교사에게 압박을 주는 것은 사실상 의미가 없다.

그럼에도 불구하고 왜 학급 간 성적 편차의 최소화를 위한 공동출제 방안 같은 것들에 신경을 쓰고, 때로 성적 감사가 나오면 이것이 지적 사항이 된다고 하는 것일까? 단적으로 말하여 왜곡된 평가관 때문이다. 위에서 알아본 바와 같이 평가의 본래 취지는 교육과정을 개선하고 학습자 개인을 지원하기 위한 피드백을 얻어내는 것이다. 평가의 취지 그 어디에도 학습자끼리 비교를 해야 한다거나, 학급끼리 비교를 하기 위한 것은 없다.

이는 대량교육 상황에서 다수의 교사들이 같은 내용을 일시에 가르칠 때, 학생 누구도 교사 차이에 따른 불이익을 받지 않는다는 것을 학습자 혹은 학부모에게 보여 주고자 하는 것에서 비롯된다. 이는 배움의 주체인 학습자 개인에게 주어지는 유익함이 전혀 없는 '허위적 행사'이다. '대량교육', '다수의 교사', '같은 내용', '같은 시기'와 같은 전제들은 교육적으로 올바른 것도 아니고, 나아가 교육평가의 본질을 회복하기 위해서는 극복해야 할 문제들이다.

대량교육이 적정 규모의 교육으로 바뀌고, 다수의 교사가 같은 내용을 일시에 가르칠 필요가 없어지면, 즉 지금보다는 훨씬 소규모의 학급에서 아이들을 가르친 선생님이 다양한 방식으로 출제한 문제를 가지고 평가에 임한다면 - 사실은 이것이 교육평가 본래의 취지를 달성하기에 훨씬 좋은 방법이다 - 모두 해소될 문제들이다.

공동출제와 같은 기법은 학급 간 성적 편차의 최소화 수단으로 기능하면서 '평가가 공정하게 이뤄지고 있다'는 허위적 자기만족 외에 아무런 실익도 주지 못한다. 우리가 늘 경험하는 이러한 현상으로부터 교육평가가 심각하게 왜곡되고 있다고 느낄 만한 제도와 지침, 관행을 발견할 수 있다. 그것은 '선발적 교육관'에 따라 '경쟁을 유발'하는 것 외에 평가의 순기능을 전혀 피드백 받고 있지 못한 학습자의 불행이요, 평가의 장면에서 교사 역할의 실종으로 귀결된다.

평가의 목적은 비교가 아니다. [114] 비교를 통하여 학습자를 지원할 수 있

---

113) 중고등학교의 정기고사에서 학생이 질병으로 참여하지 못했을 경우(병결)에는 직전 시험 성적의 80%를, 무단결시인 경우에는 해당 과목 당해 시험 최하점의 차하점을 부여한다. 공결인 경우에는 직전 시험 성적의 100%를 부여한다.

는 것은 아무것도 없다. 비교하고자 하는 비교육적 욕구가 학급 간 성적 편차의 최소화, 이를 위한 공동출제 같은 소모적 실행을 불러온다. 이는 선발적 교육관에 더한 줄 세우기에서 비롯한 잘못된 관행일 뿐이다. 이를 넘어서려면 '교육과정의 개선과 학습자 지원을 위한 피드백'이라는 교육평가 본래의 취지를 살려 '발달적 교육관에 의한 교사별 절대평가'를 도입해야 한다.

---

114) 북유럽 교사들의 '평가는 하되, 비교하지 않는다' 는 말에는 그들의 평가관을 잘 드러내고 있다. 그들은 개별 학습자가 학습목표에 도달했는지의 여부를 따질 뿐, 집단에서 개인이 어느 위치에 있는지는 강조하지 않는다.

항공기를 멈추는 수능시험

"점심식사를 마친 수험생들은 이제 3교시 영어 시험을 치르고 있습니다. 지금은 듣기 평가가 진행 중인데요. 소리에 민감한 시험인만큼, 앞으로 30분 동안 항공기 운항이 통제됩니다. 교육 당국은 시험장 주변을 지나는 차량들이 경적을 울리거나 공사장 소음을 자제해 달라고 당부했습니다." [115]

항공기 운항을 멈출 만큼 큰 위력을 가진 시험은 줄여서 '수능'이라 불리는 '대학수학능력시험'이다. 수능시험을 보기 훨씬 전부터 언론은 시험일의 예상 날씨와 수험생들에게 주는 당부의 말을 보도한다. 매년 11월 둘째 주 목요일에 치러지는 수능시험의 진행과 결과를 둘러싸고 국민적 관심이 극대화된다. 수험생과 그 가족들은 물론이고 수험생을 지도했던 교사들은 시험이 진행되는 동안 긴장의 끈을 놓을 수가 없다.

이 시험을 주관하는 한국교육과정평가원, 방송강의와 수능문항을 연계하여 사교육을 줄인다는 EBS 역시 이날 하루는 초긴장 상태를 유지한다. 입시학원도 이에 질세라 앞 다투어 출제 문항과 난이도를 분석하고 예상 등급 커트라인을 내어 놓는다. 가채점 후, 또 성적표를 받아 들고 스스로 제 생명을 마감하는 수험생이 나온다. 한국 사람이 아니라면 도저히 이해하지 못할 대학수학능력시험을 둘러싸고 벌어지는 풍경이다.

외신들은 이 같은 풍경을 '동북아시아 특유의 기묘한 사회 현상'으로

---

115) YTN(2013년 11월17일 기사). 『수능3교시 시작 … 항공기 운항통제』.

전한다. 파이낸셜 타임즈는 한국의 수능시험으로 민간 항공기 이착륙이 미뤄지고, 증시 개장도 한 시간 늦췄다고 언급하며, 이 시험에서 성공 여부가 이후 경력과 결혼 전망까지 결정한다고 꼬집었다. 뉴욕 타임즈 해외판은 한국 학생들은 '잔인한' 대학시험을 보기 위해 초등학교 때부터 준비하고, 이런 경쟁이 한국 학생들의 높은 자살률과 관계 있다고 분석하였다. 이 신문은 학생들이 이 어리석은 시험을 통과하여 대학에 들어가면 독서와 글쓰기를 하지 않는다고 지적했다. [116]

대학수학능력시험은 1994년에 도입되어 20년째 계속 되고 있다. 이 시험은 대학 진학을 원하는 고등학교 졸업예정자 및 졸업한 자, 또는 검정고시 합격자를 비롯한 그에 상응하는 학력을 소지한 자 등을 대상으로 실시하는 시험이다. 수능 시험의 본래 취지는 대학에서 공부할 능력이 되는지를 알아보자는 것이다. 그러나 이 시험에 응시하는 수험생들의 주된 목적은 가능한 '높은 등급'을 받아 본인이 원하는 대학에 응시할 때 다른 수험생보다 유리한 조건에 서는 것이다. 수학능력을 알아본다는 취지가 무색하게 이 시험은 응시한 학생들이 성취한 순위에 따라 등급을 부여함으로써 한 줄 세우기를 하고 있다.

수능시험이 등급으로 줄 세우기를 함에 따라 이 시험을 주관하는 한국교육과정평가원은 '난이도 조절'에 촉각을 곤두세운다. 여기서 말하는 난이도란 무엇일까? 쉽게 말해 만점을 받는 최우수 학생들을 1% 정도로 나오게 하고, 각 영역별로는 성적 차이에 따른 변별이 용이하도록 문항의 난이도를 조절한다. 이렇게 해야 우수한 학생부터 순차적으로 일류대학에 갈 수 있다는 것이다. 문제가 너무 쉬우면 시험을 잘 보고도 1등급을 받지 못할 수 있으니 그것을 고려하여 아주 세밀하게 어느 한 성적 구간에 몰리지 않도록 난이도를 조절한다는 것이다.

그러므로 수능시험을 한 번 치르고 나면 난이도 조절에 실패했네, 어쩌네 하는 분석들이 나오는 것이다. 애초에 '절대평가 기반 자격시험'이었다면 아무런 문제도 되지 않을 난이도 조절, EBS 연계와 같은 사항들이 매년 이슈가 되고 있는 것이다. 이렇게 세밀하게 난이도를 조절하고 우수 학생을 배려하는 시험 방식을 유지해 온 결과, 세칭 일류대학에는 강남 등 특정 지역 출신 학생들과 특목고, 외고, 자사고 등 특별한 고등학교 출신 학생들이 대거 들어가게 되었다.

이러한 문제점을 인식하여 대통령이 새로 취임할 때마다 대학시험 개선책을 발표한다. 그러나 이 정부 들어서 발표된 대입제도 확정안은 기득권의 반발을 너무 의식한 나머지 간소화한다는 취지와 다르게 기존 수능시험의 골간을 유지한 채, 한국사만 필수과목으로 넣는 개악이 되고 말았다. 절대평가의 성격을 갖는 성취평가제[117]의 대입 반영은 현재 중학교 2학년 학생들이 대입시험을 보게 되는 2018년 입시까지 사용되지 않으며, 현재 중학교 1학년부터의 반영은 2015년에 결정한다고 한다. 결국 학교교육의 정상화를 기한다는 명분은 사라진 채 문제가 지속적으로 지적되었던 현행 수능체제의 골간을 유지하고, 한국사만 필수화시키는 것으로 확정했다.

---

116) 경향신문(2013년 11월 7일 기사). 『외신들 '수능 열병' 비판 … "잔인한 대학입시 때문에 학생·가족들의 삶 파괴"』.

117) 교과별로 학기초에 정해진 기준에 따라 학생이 도달하는 정도를 평가하여 등급(A, B, C, D, E)으로 성적을 매기는 방식이다. 계량화한 점수 표기로 성적을 부여하지 않기 때문에 절대평가의 일종이라 볼 수 있다.

학교교육의 정상화를 위해 대학입시 제도는 획기적으로 개선해야 한다. '수학능력시험'이라는 본래 취지에 맞게 대학에서 공부할 능력이 되는지를 보는 자격시험으로 하되, 절대평가로 하고 복잡한 지원체계와 전형방식을 간소화하여 수험생과 학부모가 대입 문제에 과도하게 몰입하여 일상이 왜곡되지 않도록 해야 한다. 또한 개선의 방향은 학교교육을 정상화하는 것, 소모적 경쟁을 줄이는 것, 사교육 팽창을 막는 것이어야 한다. 학교교육의 정상화라는 과제는 대학의 정상화에 지대한 영향을 받고 있다. 뉴욕 타임즈 해외판의 기사를 다시 한번 상기해 보자.

"한국의 학생들은 잔인한 대학시험을 보기 위해 초등학교 때부터 준비한다. 극단의 경쟁이 학생들의 자살률을 높인다. 이 어리석은 시험을 통과하여 대학에 들어가면 학생들은 독서와 글쓰기를 하지 않는다."

교육 파행을 부르는 일제고사

일제고사[118]에 반대하는 목소리가 전국에서 동시다발로 터져 나오는 가운데 EI[119] 기관지에 한국의 일제고사를 우려하는 기사가 실렸다. EI는 '학업성취도평가가 한국 교육에 장기적으로 미칠 부정적 영향에 심각한 우려를 표명한다'라는 성명서에서 "경쟁 위주의 교육과 일제고사에 반대하는 한국의 교사들과 학부모, 학생들을 지지한다."며 "과열 경쟁과 일제고사로 인해 교사와 학생들이 느끼는 압박감은 배움의 즐거움을 빼앗고 건전한 교육 풍토를 해친다."고 밝혔다.[120]

처음 도입 당시 표집 방식으로 진행하던 일제고사는 이명박 정부 들어 전체 학교를 대상으로 실시하고, 시험 결과를 공개하도록 하면서 부정행위 등 각종 파행사례가 속출하였다. 일제고사의 비교육성은 지난 대선 과정에서 박근혜 후보가 제시한 공약에서도 드러난다. 당시 박근혜 후보는 일제고사의 부작용을 들어 초등학교에서는 즉시 폐지하고 중학교에서는 교과목 수를 축소하여 시행하겠다고 공약하였다.

표준화한 형태의 시험(standardised testing)으로 학생들의 실력을 높였

---

118) 일제고사는 한국교육과정평가원에서 주관하는 전국 단위의 시험인 '교과학습 진단평가'와 '국가수준 학업성취도평가'의 다른 이름이다. 1986년 처음 정부 주도로 시작돼 표집 실시와 일제고사 형식을 반복하다 이명박 정부 때 다시 일제고사 형식으로 이뤄졌으며 박근혜 정부 들어 초등학교는 폐지됐고 중·고등학교는 교과목 수를 축소하여 운영하고 있다. 평가 결과는 우수·보통·기초·기초학력 미달 등 4가지로 분류돼 각 학교로 통지한다.

119) EI(Education International ; 국제교육연맹)는 세계 172개국 401개 회원단체가 가입한 국제 교육기구로 3,000만 명의 회원이 소속돼 있으며 우리나라에서는 한국교육단체총연합, 전국교직원노동조합, 한국교수연합 등이 가입해 있다.

120) 서울경제신문(2012년 6월 6일 기사).『일제고사 배움의 즐거움 빼앗아』.

다는 이야기는 아직 들어 보지 못했다. 본시 평가란, 가르친 사람이 가르친 아이들을 대상으로 스스로의 목표를 달성하고 있는가를 보는 행위이며, 평가의 결과가 다시 가르치는 행위를 개선하는 것으로 환류하는 것이다. 그것이 평가의 참된 의미다.

다른 학교, 다른 환경에서 배운 내용에 대하여 같은 문항으로 시험을 치른다는 것은 무지와 폭력에 가까운 일이다. 더구나 이를 예산 배분과 연계하는 것은 매우 비겁하다. 평가 결과에 따라 예산이 차등 배분되기 때문에 시도교육청에서, 단위학교에서 욕심 많은 관리자들은 무리할 수밖에 없고 그 결과 학생들은 이유도 모른 채 경쟁에 동원된다. 실제로 어떤 시도에서는 일제고사를 앞두고 학생들에게 보충수업을 시키고, 부정행위가 일어나는 등 파행적 사례가 속출하기도 하였다.

일제고사를 치러 기초학력 미달 학생이 한 명도 나오지 않는 학급에 현금 90만 원을 주겠다는 방침을 정한 충북의 한 고등학교는 일제고사를 한 달 앞둔 시점에서 수업 일정을 제쳐두고 일제고사 대비 모의고사를 3회나 치렀다.[121] 독서 활동을 해야 할 아침자습 시간에 일제고사 관련 교과의 문제풀이를 시킨 대전의 일부 중학교, 독서와 명상 시간을 없애고 국·영·수 문제집을 만들어 학생들에게 풀도록 한 부산의 모 중학교도 교육과정을 파행적으로 운영한 사례로 꼽는다.[122] 울산 지역의 한 교육청에서 단위학교로 내려보낸 '2013 일제고사 성적 올리기 방안'이라는 제목의 문서에 등장하는 '정답 찍기 요령'은 파행의 극치를 보여 준다.[123]

일제고사와 관련하여 왜 이런 파행이 계속되는 것일까? 다름 아닌 시도교육청 및 학교 평가 때문이다. 교장들이 가장 신경 쓰는 것이 바로 평가이다. 평가를 통해 장학사가 되고 교감, 교장에까지 올랐으니 평가의 혜택을 제대로 누리고 있으면서, 평가의 위력을 가장 잘 알고 있는 사람들이다. 평가를 향한 그들의 촉수는 감각적으로 발달해 있다. 그들이 무리를 하면서도 파행적 일제고사 대비를 하는 이유는 교육청 및 학교 평가 지표 안에 일제고사에 대비하여 얼마나 학력을 개선하였는지를 묻는 항목이 있기 때문이다. 이 항목이 교육청의 무리한 개입을 부추겨 단위학교의 교육 파행을 강요한다.

일제고사를 실시할 때는 학습부진 학생들을 지원하겠다는 취지를 내걸었지만 결국 학교 서열화를 확대 재생산하는 결과를 낳았다. 아울러 일제고사에서 높은 성적을 내기 위해 교육과정을 파행적으로 운영하고 0교시와 야간 자율학습이 부활하는 등 아이들에게 공부에 대한 압박감을 심어주었다. 또한 학교가 성적 조작에 개입하거나 부정행위를 용인하는 등 비교육적 사례들이 속출했다. 일제고사가 평가로서 기능을 상실하고 오로지 '줄 세우기'의 도구로 전락한 것이다.[124]

교육에서 평가는 절대적으로 필요하다. 시행된 교육과정의 문제점을 발견하고 개선하기 위한 평가, 아이들이 어느 정도 발달하고 있는지 점검하는 의미의 평가, 교사가 수업 개선을 위해 아이들에게 받는 평가 등은

---

121) 한겨레신문(2013년 6월 12일 기사).『상금내걸고 주말 강제 보충수업까지 … 일제고사 '올인' 일그러진 교육』.
122) 오마이뉴스(2013년 6월 17일 기사).『일제고사 대비해야 하니, 책 읽지마?』.
123) 뉴시스(2013년 6월 20일 기사).『"답지에 '절대로' 있으면 오답 가능성 커" … 교육청이 일제고사 파행 조장』.
124) 2008년 12월 일제고사의 부당성을 주장하며 반대 활동을 벌인 서울 지역의 초중학교 교사 7명에 대하여 당시 서울교육청은 이들을 모두 중징계 처분하였다. 이들은 2년 7개월 동안 교단에 돌아가지 못하다가 2011년 대법원으로부터 '해임처분취소결정'을 받아 모두 복직하였다.

모두 교육적 의미의 평가이다. 그런데 이 평가가 오로지 '선발'과 '줄 세우기'만을 위해 기능하는 경우, 평가가 가진 본래 의도가 훼손되는 것은 물론이요. 아이들의 발달을 촉진하기는커녕 퇴행으로 이끌 수 있다는 점을 알아야 한다.

나는 이 나라에서 교육적 의사결정 권한을 크게 가지고 있는 누군가가 분명 '선발적 교육관'을 신봉하고 있다고 확신한다. 따라서 시대에 조응하지 못하는 이런 관점을 가진 의사결정 권한이 있는 분들이 크게 반성하고 관점을 바꾸든지, 아니면 아예 그 직에서 물러나고 그 자리에 건강하고 합리적인 평가관을 가진 전문가들을 등용해야 한다. 이러한 시스템의 인적 재구조화가 없이 그저 때우기 처방이나 생색내기 정책으로는 교육 황폐화를 막을 수 없다.[125] 자타 공인의 실패한 교육정책으로 지목되고 있는 일제고사는 폐지가 답이다. 당장 폐지할 수 없다면 학교평가 및 예산 연계와 분리해야 하며, 최소한의 표집 방식으로 전환해야 한다.

---

125) 초등학교 일제고사가 폐지된 후 각 시도교육청은 기초학력지원시스템을 운영하기 위한 포털을 운영하고 있다.

학교평가 바로 보기

'페이퍼 동아리'라는 말이 나왔다. 페이퍼 컴퍼니라는 말은 들어 봤어도 페이퍼 동아리라는 말은 처음 듣는다. 페이퍼 동아리는 문서로만 운영되는 동아리 활동을 지칭한다. 학교평가 지표에 '동아리 수'가 들어가면서 단위학교에서 평가 점수를 잘 받기 위하여 실제로는 운영하지 않는 동아리를 운영하고 있는 것처럼 문서에 기록하고 있다고 한다. 학교평가 점수에 동아리 수가 들어가 있으면 그때부턴 동아리에서 어떤 활동을 하느냐보다 얼마나 많은 동아리를 운영하고 있느냐로 바뀌어 중요해진다. 심지어 어느 학교에는 교사당 두 개의 동아리가 배정되어 있다고 한다.

'클릭연수'라는 말이 나돌고 있다. 교사들의 연수 이수 시간을 학교평가 지표에 넣으니 오로지 시간을 채우기 위해 원격연수를 신청하여 건성으로 이수하는 세태를 자조하는 지칭이다. 만약 학교평가가 낮게 나오면 연수 이수 시간이 적은 교사에게 원망의 화살이 돌아가니, 당장 필요하지 않은 연수임에도 불구하고 면피용으로 '클릭'한다는 뜻도 포함돼 있다. 교사 자신의 성장 혹은 아이들의 발달과 무관한 연수를 오로지 책임을 면하기 위한 방편으로 이수한다는 것은 교사의 자존감을 크게 무너뜨리는 일이다.

일제고사 기초학력 미달학생 비율을 학교평가에 넣는 것을 넘어, 과거 3년 전과 비교하여 성적 향상도를 반영한다고 하니 모든 학교에서 난리가 났다. 정작 정규시험인 중간고사, 기말고사 때는 시험 보던 아이가 잠을 자든, 답안을 한 번호로 죽 내려쓰든 교사는 관여할 수 없는데(실제로 관여하기 힘들다. 내신성적에 반영되는 것이므로 공정성 시비가 있을 수 있음), 일제고사를 볼 때는 '성의를 다해 시험을 보도록' 지시하고, 한 번호로 내려 쓴 학생이 있는지 답안지를 검사하는 지경에 이르렀다. 학교평가에 영향을 주기 때문이다.

학교는 '어떤 활동이 학교평가에 반영이 되느냐, 그렇지 않느냐'를 둘러싸고 역량을 달리 투여하는 지경에 이르게 되었다. 아이들의 전인격적 발달을 위한 교육은 사라지고 오로지 학교평가 지표로 남길 수 있는 일에 집중해야 하는 기형적 세태가 학교를 위협하고 있다. 실제로 일 년에 한 번씩 지급되는 학교성과급은 모든 학교를 S, A, B 등급으로 나누어 평가하고 높은 등급부터 대략 9:6:3 꼴로 교사들에게 지급하게 돼 있다. 이러니 만약 한 학교에서 스스로 열심히 '성과적 활동'에 참여했다고 생각하는 교사가 다른 교사의 연수 이수 시간이 적어 A나 B등급을 받게 되면 동료를 원망하게 되는 비교육적 행태가 구조적으로 내재된 것이다.

모든 것을 형식화, 지표화, 계량화, 문서화하여 그 결과로 판단하고 비교하는 업무 진행 방식을 '성과주의'라 한다. 성과주의가 득세하면 하지 않은 일도 문서만 잘 갖추면 '실시한 일'로 둔갑하고, 열심히 한 일도 문서화에 소홀하면 공식적으로는 '하지 않은 일'이 된다. 성과주의가 만연한 학교에서는 책임을 면하는 방편으로, 필요하지 않은 일도 해야 하고, 필요한 일도 소홀하게 되는 모순에 빠진다. 한마디로 과정보다 결과를 중시하는 것, 노력보다 성공을 중시하는 것이 성과주의의 특징이다.

그런데 이 성과주의가 관료주의와 결합하면 무시할 수 없는 폭발력을 가진다. 막스 베버는 '작업 능률을 극대화할 수 있는 이상적인 조직'을 '관료주의 조직'이라 하였다.[126] 학교에서 관료주의는 정해진 법규에 따라 서열을 바탕으로 배치된 구성원들이 업무를 진행한다. 초중등교육법, 국가공무원법, 교육공무원법, 사립학교법, 공무원복무규정 등 관료제를 지탱하는 법률들은 촘촘하게 교사들이 해야 할 업무, 하지 않아야 할 일들을 규정한다. 이것이 늘 예측하기 힘들고, 역동적이며, 눈으로 잘 확인되지 않는 '가르치는 일'에 종사하는 교사에게 적용된다.

문제의 시작은 여기다. 학습이나 생활지도의 효과는 즉시 나타나지 않는다는 것이다. 가르침이란 섬세한 관찰과 끝없는 기다림의 반복이다. 발달 단계를 무시하고 밀어붙이면 지식의 구성은 왜곡된다. 교사의 정성이 가득 들어간 생활지도의 효과는 그 학교를 졸업한 뒤에, 심지어 성인이 되었을 때 나타날 수도 있다. 어쩌면 학습자에게 내면화되어 그 사람이 가치 있는 인생을 살도록 돕지만 밖으로 드러나지 않을 수도 있다. 이것이 내가 생각하는 교육의 본질이다.

가르친다는 것이 미리 계획한 교육과정을 바로 전달하는 것이라거나, 정리되고 적혀 있는 대로 정보를 전하는 것이라거나, 교사는 사무원 노릇만 하면 된다고 생각하는 것은 허상이다. 가르치는 일은 그보다 훨씬 더 폭넓고 더 생생한 것이다. 더 많은 고통과 갈등, 기쁨과 지적 활동, 불분명성과 모호함을 지니고 있다.[127] 그런데 이러한 교육학적 고려를 무시하고 교육이 일어나는 장면에 성과주의와 관료주의가 만연하게 되면 파행이

---

126) 막스 베버(Maximilian Carl Emil Weber,1864~1920)는 관료제의 7대 원칙으로 분업, 명령 체계, 공개 채용, 임명직 관료 채용, 경력별 고정급, 사용자와 직원의 구분, 제도에 의한 통제 등을 제시했다. 그는 조직이 합리성을 갖추려면 이러한 원칙이 필요하다고 보았다.
127) William Ayers(2010).『가르친다는 것』.홍한별 옮김(2012).양철북 33p

시작된다.

그러므로 나는 교육 파행과 황폐화의 주된 요인으로 성과주의와 관료주의를 꼽는 데 주저하지 않는다. 오늘 학교교육의 문제는 바로 이 문제를 어떻게 이해하고 극복할 것이냐에 달려 있다고 해도 과언이 아니다. 교육의 개선을 위해 평가는 필요하다. 그러나 평가의 목표, 내용, 방식이 잘못돼 있다면 원래 평가를 하지 않았을 때보다 훨씬 나쁜 결과를 초래할 수 있다. 현행 학교평가는 많은 부분이 잘못돼 있다. 정말 학교를 질적으로 개선하고자 한다면, 해당 학교 구성원들에 의해 마련된 자발적 평가 프로그램과 지표에 의해 교육의 과정과 성과를 스스로 평가하고 이후 학교운영에 반영하도록 해야 한다.

교사별 절대평가

혹시 이런 학창시절의 기억이 없는가? 같은 학년의 교과를 여러 선생님들께서 나눠 맡게 되는 경우가 많은데 중간고사, 기말고사 시기가 다가오면 "이번 시험 어떤 선생님이 출제하지? 그 선생님 문제 스타일은?" 이런 것을 고민하던 추억 말이다. 물론, 요즘은 공동출제다 뭐다 해서 범위를 분담하여 출제하기도 하고 출제 후에 토론을 통하여 공정성을 기울이기 위한 노력도 한다. 채점 역시 삼검까지 철저하게 하고 있다. 발생할 수 있는 시비를 사전에 차단하기 위해서이다. 평가의 성격 중에 공정성, 타당성 등에 비중을 둔 평가 진행 방법이라 할 수 있다.

그런데 좀더 다른 각도에서 평가 문제에 접근해 볼 수도 있다. 우선 '내가 배운 교사에게 평가를 받는다.'는 것은 너무 당연하다. 그렇게 되면 내가 경험하지 않은 다른 반 선생님의 평가 스타일에 대하여 고민할 필요가 없다. 대학에서는 가르친 교수가 출제하고 평가하는 것이 당연한 상식으로 받아들여지고 있는데 중고등학교에서는 그렇지 않다. 이것은 평가의 기능 중 '변별 및 서열화' 때문에 그렇다.

그래서 한 번에 두 가지 문제를 잡는 방법으로 '교사별 절대평가' 방법을 고민하게 된다. 배운 선생님에게 평가받되, 목표한 바를 얼마나 달성했는지, 어떻게 발달, 성장하고 있는지 평점을 받는 방식이다. 다른 사람과의 비교는 필요 없다. 모두 다 '우수평점'일 수도 있고, 많은 수가 '미흡평점'일 수도 있다. 99점을 맞아도 2등급으로 밀리거나 70점을 맞고도 1등급이 되는 상대평가의 모순을 해결할 수 있다.

현행의 상대평가 방식은 아이들의 발달 단계를 동일한 것으로 보고 있다. 즉, 같은 연령의 아동이 같은 내용을 일시에 배웠다면 모두가 같은 성취를 보여야 한다는 전제이다. 그런데 아이들의 성장은 빠르기도 하고 늦되기도 한 것이 보통이다. 이들을 같은 시간에 횡으로 잘라 같은 내용을 평가하고 그 결과에 따라 줄 세운다는 논리는 학습효과의 본질을 망각한 소치이다. 학습의 효과는 즉시 나타나는 것도 있고, 시험으로 측정할 수 있는 것도 있지만 때로 눈에 보이지 않거나, 늦게 나타는 경우도 있다. 시험과 같은 방식으로는 도저히 알아낼 수 없는 고등정신능력 같은 것도 있다.

　교육정책에 대한 의사결정 권한이 있는 분들은 평가 방법의 개선이 교육개혁에 있어 꼬인 실타래를 풀 수 있는 유력한 부분이라는 것을 이해해야 한다. 우리 교육 문제의 상당 부분이 평가 방법의 근본적 개선 없이는 풀리지 않는다는 것은 자명하다. 평가 결과로 줄을 세우는 과정에서 다른 소리가 나오지 않도록 '기계적 공정성'만 고민할 것이 아니라, 교육평가 본연의 목적을 회복하는 것이 시급하다. 발달적 교육관에 기초한 교사별 절대평가의 도입은 우리 교육의 고질적 문제들을 상당 부분 해결해 줄 유력한 대안이다.

수행평가의 의미

'수행평가(performance assessment)'의 본래 의미는 학습자 스스로 지식, 기능, 태도를 나타낼 수 있도록 보고서를 작성하거나 수행한 과제를 표현하는 것을 평가하는 방식이다. 이때 표현 방식은 보고서를 비롯하여 산출물의 제작 또는 직접 행동으로 표현하는 것을 포함한다. 나는 이것을 재해석하여 수행평가란 '모든 아이들이 자신이 가진 능력을 발휘할 수 있는 기회를 제공하는 평가'로 생각한다. 어떤 의미에서 수행평가는 그동안 내가 주장해 왔던 '교사별 절대평가'의 기능을 담고 있다. 그래서 활용하기에 따라 특별한 교육적 효과를 기대할 수 있다.

아이들에게는 이렇게 쉽게 설명해 주기도 한다. 수행평가는 지필평가에서 백점을 맞았다고 해서 최종 결과가 꼭 백점이 될 수 없는 평가이다. 반대로 지필평가에서 최하위 성적이 나왔으나 수행평가에서 제시하는 과제를 성실하게 이행했다면 적어도 20점은 기대할 수 있는 평가라고 설명한다.

물론 아이들은 학습 속도에 차이가 있기 때문에 과제를 다양하게 제시한다. 공부 잘하는 아이가 한 시간에 해결할 수 있는 분량과 기초학력이 부족한 아이가 한 시간에 해결할 수 있는 분량은 다르다. 그렇기 때문에 아이들의 동의를 얻어 적정한 분량을 개별적으로 제시하고 결과보다 과정을, 성공보다 노력을 칭찬하겠다고 하면 각자의 위치에서 최선을 다한다.

이런 방식의 장점은 학습소외를 최소화하고, 아이들에게 자신감을 부여하는 것, 부분적이나마 교사별 절대평가를 포함시킬 수 있다는 것이다. 그러나 이 방법을 적용하기 위해서는 교사의 준비가 필요하고 아이들 전체에 대하여 민감하게 관찰하고, 개별적 피드백을 준비해야 한다. 아울러 공정하지 않다는 느낌을 주지 않도록 합리성을 갖춰야 한다는 점이다. 물론, 그 어떤 방법을 써도 미동도 하지 않는 아이들이 있다. 한 학급에 많으면 너더댓 명 정도 이런 아이들이 관찰된다. 이들은 학습부진의 문제 외에도 여러 가지의 심리적·가정적·문화적인 문제를 안고 있다. 교과담당교사나 담임교사의 협력만으로 개선을 기대하기 힘든 경우이다. 구조적인 소외의 문제를 가지고 있는 아이들에게는 교사의 범위를 넘어서는 또 다른 고민이 필요하다.[128]

같은 학년이라고 해서 같은 방식으로 수행평가를 할 필요는 없다. 배점만 합의되면 그 범위 안에서 교사, 교실, 학생의 특성에 따라 다양한 방법을 도입할 수 있다. 서술형 평가만 반영하는 경우, 결국 지필평가에서 우수한 학생들에게 유리한 방식이 된다. 이 경우 노력하고 있으나 성과가 드러나지 않는 학생을 보상해 줄 방법이 없다.

평가가 가진 본래의 목적에 충실하려면 '과정에 충실한 학생을 드러나게 하는' 교수·학습 방식이 필요하고, 단순히 교수·학습 방식만으로 충족되지 않기 때문에 평가를 결합시켜서 관행과 문화를 바꾸어 나가야 한다.

---

128) 북유럽 국가에서는 검사를 통하여 학습부진 학생들이 심리적 문제인지, 가정적 문제인지, 발달의 문제인지를 분석하여 학교에 상주하는 사회복지사, 상담교사, 특수교사가 함께 참여하는 프로그램을 가동하여 먼저 학습부진의 원인을 제거한 다음 과목담당교사와 함께 보충학습을 한다.

교육을 왜곡하는 시도교육청 평가

교육부가 지난 8월 발표한 시도교육청 학교폭력 부문 평가에서 1위를 차지한 대구교육청이 지난해 학교폭력 심의 건수나 가해·피해 학생은 가장 많았던 것으로 확인됐다. 반대로 학교폭력이 가장 적었던 제주교육청은 7위로 평가받았다. 학교폭력 실태와 평가결과가 사실상 뒤바뀐 셈이다.[129]

2013년 시도교육청 평가 현황을 보면 대구는 학생 역량 강화, 교원 및 단위학교 역량 강화, 인성 및 학생 복지 증진, 학교폭력 예방 및 근절 노력 등 거의 모든 영역에서 우수 교육청으로 선정됐다. 그런데 대구에서는 2011년 겨울 학교폭력에 시달리다 투신한 중학생 권 모 군을 시작으로 2012년까지 총 11명의 학생들이 스스로 생을 마감하는 비극적인 사건이 발생했다. 또한 대구 지역의 학생 1만 명당 학교폭력 심의 건수는 45.5건으로 전국에서 가장 많았다. 이 같은 수치는 시·도별 평균 심의 건수(30.4건)보다 50%나 많은 것이다. 아울러 대구는 가해 학생이 78.1명(평균 56.7명)으로 16개 시·도 중 3위, 피해 학생은 74.5명(평균 50.7명)으로 1위였다.[130]

학생역량, 학생복지, 학교폭력 예방 등 학생과 관련한 모든 분야에서 우수 교육청으로 선정되었으나 학교폭력이 가장 많은 곳이라는 모순은 어디에서 발생한 것일까? 단적으로 말하여 시도교육청 평가 방식이 교육부

---

129) 경향신문(2013년 10월 4일 기사). 『꼴찌가 일등으로 둔갑 … 학교폭력 '엉터리 평가'』.
130) 2013년 10월 3일 학교폭력 현황 분석 결과(정의당 정진후 의원)

가 추진하는 정책에 잘 부합하는 교육청에 높은 점수가 돌아가도록 설계
됐기 때문이다.

교사들이 자발적으로 학생지도 프로그램을 개발하고 교사연수를 통하
여 적용하고 있는 경기도의 경우는 시도교육청 평가에서 매년 최하위를
면하지 못하고 있는 사실이 이를 반증한다. 이런 사실은 교육부가 시행하
는 평가 방식이나 지표가 객관적 사실을 드러내는 데 심각한 문제가 있다
는 것을 의미한다.

대구시교육청은 다른 곳에 비하여 유독 학력신장을 강조하는 것으로
알려져 있다. 일선학교에서는 반강제적 보충수업과 야간자율학습으로 시
교육청의 학력신장 시책에 호응하고 있다. 학생들에게 숨쉴 틈을 주지 않
는 이러한 경쟁교육에서 아이들을 극단적 선택으로 내몰고 있지는 않은
지? 반성할 일이다. 그러나 대구에서는 학생들이 왜 절망하는지 근본적
물음을 던지기보다 학교에서 투신을 하지 못하도록 교실 창문을 잠그는
쪽을 택하였다. 이럴 때 학생들이 받아야 할 압박감은 쉬이 상상할 수 있
다.

물론 대구시교육청도 할 말이 있다. 매년 시행하는 시도교육청 평가 결
과에 따라 교육부에서 배분하는 예산이 차등 지급된다는 사실 말이다. 평
가와 예산을 연계하는 방침은 평가의 취지를 살리지 못하고 소모적 경쟁
을 야기한다. 대구의 사례에서 보듯, 평가 결과에 따라 예산을 차등 배분
하면 교육청 간에 불필요한 경쟁이 일어나게 된다.

결국 이것은 학교를 압박하고 교사를 거쳐 마침내 학생을 향한 압박이
된다는 사실이다. 교육부의 이러한 평가 방식도 문제지만 왜곡된 평가 방

식을 가장 충실하게 이행함으로써 학교를 더욱 힘들게 하고 있는 대구시 교육청의 책임도 크다. 평가가 현실을 개선하는 데 기여하지 못할 때, 나타나는 것은 평가를 위한 동원과 형식이다.

앞에서 밝힌 바 있지만 교육평가는 필요하다. 시도교육청이라 해서 예외는 아니다. 그러나 그 평가는 시도교육청의 교육개선을 지원하는 방향으로 이뤄져야 한다. 시도마다 환경이 다르고, 재정 자립도를 비롯한 교육여건이 다르다는 점을 인정해야 한다. 공통된 지표로 모든 교육청을 평가하여 순위를 매기는 방식은 소모적 경쟁만을 유발할 뿐, 교육적 유익함이 전혀 없다.

시도교육청 평가는 각 시도별로 마련한 별도의 평가지표에 의해 이뤄지는 것이 바람직하다. 평가가 각 지역에 어떤 지원이 필요한지, 지역별 목표의 달성을 위해 개선해야 할 사항은 무엇인지, 또 다른 지역으로 알릴 만한 좋은 사례가 있는지에 중점을 두고 진행해 나가야 한다.

우수교육청을 선정하여 차등 지급하는 예산 연계 방침은 폐지하고, 해당 교육청에 평가 결과 지원을 필요로 하는 만큼 배부하면 된다. 이런 방법으로 시도교육청 간 과열 경쟁을 완화할 때만 각 지역별로 특색을 반영하는 교육정책들이 실시되는 가운데 교육자치의 본 모습들을 찾아 나갈 것이다.

비리를 부르는 장학사 시험

충청남도교육청 장학사 시험 비리 사건으로 급기야 충남교육감이 피의자 신분으로 경찰에 소환되었다.[131] 제24기 충남도교육청 장학사 시험 문제 유출 사건과 관련하여 이미 도교육청 소속 장학사 3명과 교사 1명이 구속된 직후 일어난 일이다.

교사에서 전문직이 되는 과정인 장학사 시험을 둘러싸고 왜 이런 일들이 발생하는 것일까? 그 전문직이란 도대체 무슨 일을 하는 자리이며, 전문직이 되려는 동기는 무엇일까? 어떻게 하면 교육 전문직 인사비리를 근본적으로 예방할 수 있을까? 이런 물음에 답하는 것이 이번 충남도교육청 장학사 시험 비리 사건을 이해하는 열쇠가 될 수 있다.

교사에게 있어 승진은 교감을 거쳐 교장이 됨을 의미한다. 교사에서 바로 교감이 될 수도 있지만 시간이 오래 걸리고, 전문직을 거치지 않으면 교감에서 교장이 되는 시간 또한 오래 걸리기 때문에 교감이 되는 중간 다리로 전문직을 선호한다. 그런데 전문직을 하겠다는 교사는 많고 필요로 하는 정원은 적으니, 경쟁이 치열해질 수밖에 없다. 이 사이에 부정과 비리가 끼어든다.

우리가 통칭 '장학사'라 부르는 교육전문직의 역할은 크게 두 가지이다. 하나는 장학사, 다른 하나는 교육연구사이다. 간단히 말해 장학사는 '장학 업무'를, 교육연구사는 '교육연구 업무'를 수행한다. 장학 업무의 범위는 단위학교의 교육과정 운영 지원, 학교 및 수업장학, 연구시범학교 관리, 교원인사 및 재교육, 학생정원 관리, 교원징계의결 요구 신청 등 그

폭이 매우 넓다.

그러나 일선 교사들은 장학사들이 학교와 교사를 감독하고 행정업무를 생산, 전달, 수합하는 역할을 주로 수행한다고 생각한다. 교육연구사라 해서 정책연구나 수업개선에 대한 연구를 진행하고 이를 공표하는 일은 극히 드물다. 현실에서 교육전문직은 교사가 교감을 하기 위한 중간 매개역이다. 이들 전문직에게는 교사들처럼 일정한 퇴근 시간, 방학을 통한 휴식과 재충전의 기간이 주어지지 않는다. 이런 점을 알면서도 승진을 꿈꾸는 교사들은 전문직이 되려고 안간힘을 쓴다. 승진에 대한 욕구는 교사가 전문직이 되려는 강력한 동기로 작용한다.

만약 정년 때까지 전문직에만 머무르게 한다면 이토록 경쟁률이 높은 시험을 거쳐 교사에서 전문직이 될 이유가 없다. 전문직에서 역할을 수행하는 사람들은 전문직이 되는 그 순간부터 현장으로 복귀하는, 즉 교감이 될 때까지의 기간을 셈한다. 시도의 상황에 따라 다르지만 보통 5~6년 간 전문직을 거쳐 현장으로 복귀하는 것이 일반적이다.

이들은 이 과정을 전문직에서 교감으로 '전직'했다고 표현한다. 특별한 경우가 아니라면 교감을 거쳐야 교장이 될 수 있으므로 교감이 되었다는 것은 비로소 교장에 한 번 도전해 볼 수 있다는 것을 의미한다. 그런데 그 길이 워낙 좁고 경쟁이 치열하다 보니 오래 전부터 준비를 할 수밖에 없다.

교사가 일단 승진하기로 마음을 먹으면 수업보다는 행정 업무를, 질보다는 양을, 과정보다는 결과에 비중을 두어야 한다. 승진을 하기로 마음먹

---

131) 연합뉴스(2013년 2월 15일 기사). 『'장학사 시험비리' 충남교육감 소환조사(종합2보)』.

은 교사가 담당하는 학생들의 수업은 소홀해질 가능성이 커진다. 이들에게 있어 능력이란 수업 능력이 아니라 업무 능력이기 때문이다. 보통 교감이 되기 위해서는 교직 경력, 부장교사 보임 연한, 연구 실적, 근무평정에서 최상위에 속해야 한다.

부장교사는 대개 교장이 임명하고, 연구 실적은 보통 장학사가 심사하며 근무평정은 교장에게 권한이 있으니 승진을 꿈꾸는 교사가 누구의 눈에 들기 위해 노력해야 하는지 쉽게 답이 나온다. 한 학교당 대개 서너 명의 승진 희망자가 이 범위 안에 들기 위해 엄청난 노력을 기울인다. 전문직 시험을 준비하는 교사에 비해 시험을 통과하는 교사의 수는 적다. 이 틈을 비집고 족보라고 불리는 시험에 대한 정보가 교환되며, 이번 충청남도의 경우처럼 시험을 둘러싼 부정과 비리가 발생한다.

이번에 인사 비리에 해당된 사람들, 지시한 사람들, 이로 인해 수혜를 입은 사람들에 대하여는 철저하게 조사하고 그에 상응한 처벌을 해야 한다. 다른 시도에 있을지 모를 인사 비리에 대하여도 감사가 필요하다. 그런데 이 부분은 비리 해당자를 처벌한다고 해서 말끔하게 해결되지 않는다. 현행 교육관계법 및 승진제도 때문이다. 교장에게 과도한 권한이 주어져 있는 초중등교육법과 교장이 되는 과정을 명시하고 있는 규칙이나 복무규정 등, 시대에 맞지 않는 제도를 개선하는 것이 우선이다.

지금은 교장 연수를 이수하고 교장자격을 취득한 교원만 교장으로 임용한다. 한번 임용되면 임기는 4년이고 중임이 허용되므로 별 문제가 없다면 8년 간 교장의 역할을 수행한다. 한 번 교장이 되면 정년 때까지 교장에게 주어지는 특혜와 권한을 다 누리고 싶은 유혹에 빠진다. 바로 이러한 점들이 일부 교사들의 과도한 승진 욕구를 부추긴다.

　대학에서는 총장직을 수행하다가 임기가 끝나면 바로 강의교수로 복귀하는 것이 전혀 이상할 일이 아니다. 보직 개념으로 업무를 행하기 때문이다. 초·중·고등학교에서도 '교장보직제'를 적극적으로 검토할 필요가 있다. '내부형 교장공모제'를 시행하는 학교에서 교사, 학생, 학부모의 만족도가 높게 나오는 이유를 새겨볼 필요가 있다. 보직 개념의 교장들은 임기가 끝나면 다시 수업을 하는 교사로 복귀한다. 그러므로 사심 없이 본연의 직분에 충실할 수 있다. 교장의 과도한 권한을 축소하여 보직 개념을 정착시키는 일, 승진제도의 과감한 개선, 내부형 공모제의 확대 등이 현재 문제들을 해결할 수 있는 대안들이다. [132]

---

132) 이 글은 2013년 5월 15일 오마이뉴스에 게재된 필자의 기사를 재구성한 것이다.

대학 강의와 상대평가

요즘 많은 대학에서 학생들을 평가할 때 상대평가 방식을 쓰고 있다. 필자가 출강하고 있는 대학에서도 학생들의 학점을 매길 때 상대평가 방식을 적용한다. 교직과목은 전공과목에 비하여 A학점을 줄 수 있는 대상이 많은 편이지만, 그래도 매학기 성적처리 기간이 되면 학생들에게 학점을 부여하는 문제로 신경이 쓰인다.

상대평가란 쉽게 말하여 모두가 교육목표에 도달했다고 해서 A학점을 받을 수 없는 방식이다. 그 중에도 좀더 우수한 학생을 골라 50%까지는 A학점을, 90%까지는 B학점을, 90%를 벗어난 학생들은 불가피하게 C학점을 부여한다. 이 비율은 교직과목에 해당하는 이야기고 전공과목에서는 상위 학점의 비율이 더 줄어든다.

성적을 입력하고 난 후, 이의신청을 받아 보면, 평가에서 요구하는 내용을 성실하게 이행했는데 왜 자신이 생각하는 학점보다 낮게 나왔느냐는 볼멘소리가 가끔 있다. 이 경우 답변을 하기가 상당히 난감하다. 특히 해당 학생의 수업 참여나 시험 성적이 절대적 기준으로 보아 나무랄 것이 없을 때는 더욱 할 말이 없어진다.

"성실하게 수업에 참여하고, 시험 답안도 잘 작성하였으나 집단 내에서 상대적으로 더 우수한 학생이 있어 불가피하게 그 학점을 부여했다." 하고 말할 수 있을 뿐이다. 이렇게 답변을 하면서도 옹색하다는 생각을 떨치기 힘들다. 상대평가 방식을 적용한 탓이다.

교육학에서는 교육평가의 유형으로 절대평가와 상대평가를 비교한다. 이 비교에 의하면 절대평가(준거지향평가, criterion-referenced evaluation)는 학습자의 현재 성취 수준이나 목표의 도달 정도를 알아보기 위해 실시하는 평가이다. 절대평가는 학습자가 무엇을 알고 무엇을 모르는지에 대한 정보를 제공받을 수 있으며, 학습자끼리 비교하지 않으므로 선발이나 변별보다는 지적 성취에 중점을 두고 평가를 실시할 수 있다. 단점으로는 개인차가 드러나지 않는다는 점, 준거를 설정하기가 쉽지 않다는 점이 있다. 각종 국가자격시험이나 운전면허시험에 적용된다.

상대평가(규준지향평가, norm-referenced evaluation)는 평가의 결과 학습자가 자신이 속한 집단에서 어느 위치에 있는가를 밝혀내는 평가이다. 장점으로는 개인의 상대적 위치를 파악하여 선발하는 데 유리하다는 것, 경쟁을 통하여 외적 학습동기를 유발할 수 있다는 점 등이 있다. 단점으로는 교육목표를 경시하는 경향이 있다는 점, 서열화 및 줄 세우기 등 교육적으로 부적절하다는 점, 불필요한 경쟁심을 유발한다는 점 등을 꼽는다. 각종 고시, 고등학교 내신 등급제, 수능 시험에서 이 방식을 적용하고 있다.

쉽게 말해 집단 내에서 소수의 인원만 선발해야 할 때 상대평가를 도입한다. 상대평가에서 중요한 것은 공정성이다. 평가 대상이 왜 붙었고 떨어졌는지 납득해야 하기 때문이다. 결국 시비를 줄이기 위한 평가 기법을 도입한다.

정답 시비가 발생하지 않도록 명확한 지식을 묻는 문항을 출제해야 하고, 여러 개 중에 하나를 고르는 선택형 문제, 단답형 문제를 동원한다. 결과적으로 학습자의 풍부한 이해와 문제해결력을 묻기보다 암기력을 물을 수밖에 없다. 평가의 취지가 왜곡되고 경쟁을 유발한다. 상대평가가 비교육적인 이유가 여기에 있다.

대학은 자주성을 가진 교수와 수강자들이 학문 공동체를 이루는 공간이다. 깊은 사유와 토론을 통하여 진리를 탐구하고 이의 결과로 고등정신 능력을 함양하는 곳이다. 그럴 때만 대학생은 비판적 지성으로 성장할 수 있다. 요즘 대학생들은 토론과 글쓰기에 매우 서툴다. 대학생이 될 때까지 정답을 맞히는 평가에 익숙해져 있기 때문이다.

변별력과 시비의 차단을 염두에 두고 시험 문제를 출제할 때 어려운 객관식 문제를 섞는다는 동료 교수의 말을 들으면 정말 이래도 되는 것인가 하는 생각이 든다. 질적 속성을 가질 수밖에 없는 발표와 토론에도 점수가 매겨지고, 계량화하기 힘든 에세이 작성 과제에도 우열이 구분된다. 이 같은 모순은 오늘날 대학교육이 비판적 지성을 기르는 장으로 기능하기보다, 취업을 앞두고 있는 젊은이들에게 단순 지식을 전수하는 곳으로 변모하고 있음을 드러낸다.

한편 교수들도 매학기 수강자들로부터 강의평가를 받는다. 수강자들은 모든 수강 과목에 대해 열 개 정도의 평가지표에 따른 척도 평가로 등급을 매긴다. 시간강사의 경우 강의평가가 70점 이하이면 다음 학기 강의를 배정받을 수 없고, 다시 70점 이하가 연속되면 그 대학으로부터 영구 퇴출된다. 각 대학이 대체로 비슷한 기준을 적용하는 것으로 알고 있다.

이 경우 강의로 생계를 유지하는 시간강사들은 강의평가에서 고득점을 받기 위한 노력을 할 수밖에 없다. 학문적 결기를 포기하고 평가지표에 맞추는 기능적 강의로 변해 간다. 결국 선발적 교육관에 입각한 상대평가라는 괴물은 학생과 교수 모두를 기능적 학문의 장으로 내몬다. 대학이 본연의 모습을 회복하고, 자유로운 진리탐구의 장으로 기능하기 위한 조치 중하나는 상대평가를 다시 절대평가로 전환하는 것이다.

08 《 혁신

66 혁신교육에 적용되는 교육방법들을 낱낱의 분절된 개념으로 이해하기보다 그것을 관통하는 교육철학을 세울 때, 혁신교육 과정에서 우려되는 두 가지 측면, 즉 수업방법의 혁신에 매몰되는 것, 정치경제적 논리에 휘말리는 것을 근원적으로 극복해 갈 수 있다. 99

혁신의 전제, 교육과정에 관심 갖기

교육과정은 교육의 장에서 무엇을 어떻게 가르칠 것인가에 대한 것을 계획하고 실행하는 분야이다. 무엇은 한마디로 '지식'이다. 지식이라 하면 '인류가 쌓아 놓은 문화유산의 결정체'라고 생각하는 사람이 있을 것이고, 세상에 절대적인 것은 아무것도 없으니 학습자 개인의 관심에 따라 구성되는 '경험의 총체'라고 말하는 사람도 있을 터이다.

지식을 인식 주체의 외부에 독립적으로 존재하는 것으로 볼 것이냐, 각 개인마다 주변과 상호작용을 하면서 구성되는 상대적인 것으로 볼 것이냐를 두고 지식관이 갈린다. 만약 지식의 절대적 가치를 신봉하는 경우라면 지식이 학습자에게 훼손 없이 잘 전달되는 것이 중요하다고 할 것이고, 지식이 가진 상대적 속성을 고려하면 학생들이 스스로 지식을 경험해 나가는 쪽에 비중을 둘 것이다. 그러므로 교육과정은 무엇을 가르칠 것이냐의 문제이면서 동시에 어떻게 가르칠 것이냐의 문제를 다룬다.

대체로 근대화를 이룬 국가에서는 교육과정이 교과나 학습자의 경험을 통하여 구현된다. 단순하게 말하여 교과를 중심으로 구현하면 교과중심 교육과정이라 하고, 학습자의 경험을 중심에 놓으면 경험중심 교육과정이라 한다. 전자는 브루너[133]가 '지식의 구조'라는 이론 틀을 통하여 체계화시켰고, 후자는 듀이[134]의 교육철학에서 비롯되었다.

지식의 구조를 교과 속에 체계화시켜 이를 주된 텍스트로 학생들을 지도하는 경우를 '지적 전통주의'라고 불렀는데 일본과 우리나라에서 이러한 이론이 학력신장 교육의 근거로 작용하였다. 아울러 듀이가 강조했던 학습자의 흥미와 사회적 상호작용을 강조했던 흐름은 미국에서는 생활적 응교육, 일본에서는 여유교육, 우리나라에서는 열린교육으로 시행된 바 있다.[135]

일반적으로 가르치고자 하는 내용을 교과서 속에 배열해 놓은 것으로 교육과정을 생각하지만, 교육과정을 바라보는 시각은 학자들에 따라 다양하다. 많은 정의 방식에도 불구하고, 교육과정의 핵심은 학습자에게 무엇을 어떻게 가르칠 것인가에 대한 고민과 의사결정이다. 얼마 전까지만 하더라도 일반 시민들은 교육과정을 어떻게 구성하고 개발하며, 학생들이 배울 지식의 내용들이 어떻게 선정되는가에 대하여 큰 관심이 없었다. 지적 전통주의 입장에서는 그 '무엇'이 이미 오랜 인간의 역사 속에서, 인간의 인식 주체 바깥에 독립적으로 존재한다고 믿었다. 그러므로 선조들이 경험한 정수를 어떻게 잘 뽑아 전달하느냐가 중요했다. 따라서 시민들은 교육 전문가와 나라의 의사결정 권한을 가진 사람들이 사심 없이 아이들에게 가르칠 내용을 선정할 것이라 믿었다.

그런데 근대화 과정에서 이런 믿음이 흔들리기 시작한 것이다. 가르쳐야 할 어떤 내용을, 아동의 어떤 발달 단계에 배치한다고 할 때, 어떤 기준으로, 또 누구의 입장에서 지식을 선정할 것인가 하는 것이 매우 중요한 문제가 된 것이다. '잘 성장한 이상적 인간'을 상정하고 그것을 각 분야별로 풀어서 단계별로 체계화해야 한다고 했던 사람들이 있었고,[136] 선조들의 지식도 중요하지만 지식이란 학습자의 경험 속에서 연속적으로 재구성되는 것이라고 주장한 사람들도 있었다. 아울러 국가가 교육을 관리하는 과정에서 교육과정을 통하여 아동들에게 국가관과 통치 이데올로기를 심어 주려는 것이 교육의 본질에 비추어 온당하지 못하다는 문제제기들이 나왔다. 이와 같은 문제의식을 바탕으로 1960년대 후반에 미국에서 '교육과정을 다시 생각하자'는 논쟁이 시작된다.

교육과정을 다시 생각하자는 흐름은 '교육과정의 재개념화 운동'으로

---

133) 브루너(Jerome Seymour Bruner, 1915~) '지식의 구조'를 바탕으로 한 나선형 교육과정, 발견학습 등을 전파하면서 교육학 분야와 교육계에 지대한 영향을 미친 사람이다. 브루너의 이론을 타일러의 '목표중심 교육과정'과 대비시켜 '학문(내용)중심 교육과정'으로 분류하기도 한다. 브루너는 자신의 학문적 여정을 정리할 시기에 그의 관심을 '문화발달 및 내러티브' 쪽으로 옮긴다.

134) 듀이(John Dewey, 1859~1952) 미국의 철학자, 심리학자, 교육운동가이다. 1894~1904년 시카고 대학에 실험학교를 설치하여 자신의 철학을 적용하는 교육의 장으로 삼았다. 듀이는 경험을 아동이 접하는 낱낱의 생활사태가 아닌 사회적 상호작용을 통하여 연속적으로 재구성되는 과정으로 보았으며, 삶 속에 녹아든 민주적 시민성을 강조하였다. 저서로 아동과 교육과정(1902), 민주주의와 교육(1916), 경험으로서의 예술(1934), 경험과 교육(1938) 등이 있다.

135) 듀이는 당시 미국의 진보교육(새교육)이 교과보다 아동의 흥미를 중심하는 경향을 비판하였다. 같은 맥락에서 우리나라에 도입됐던 열린교육에도 경험의 본질에 다가서기보다 교육의 절차와 방법에 비중을 두고 진행되었다는 지적이 가능하다. 결국 미국에서 그랬던 것처럼 열린교육이 아동의 학력을 저하시키고 교실붕괴를 가속화한다는 비판을 받게 되었고 그 결과, 시행된 지 5년도 안 되어 '교실수업개선'이라는 용어로 바뀌면서 폐기되기에 이른다. 이 같은 배경은 현재 진행되고 있는 혁신교육 과정에도 많은 시사점을 주고 있다.

136) 이상적인 성인을 교육의 목표로 삼은 것은 미국에서 처음 교육과정학을 시작했다고 알려진 보비트(John Franklin Bobbitt, 1876~1956)였다. 그는 과학적 절차에 따라 1) 이상적인 성인(ideal adult)의 생활을 몇 가지의 주요한 활동으로 나누고, 2) 이것을 학생이 성취할 수 있는 구체적 행동으로 분리하여, 3) 이 구체적 행동이 교육의 목표가 되어야 한다고 주장하였다.

자리를 잡았다. 교육과정 재개념화의 물꼬를 튼 미국의 교육학자 슈왑 (1969)은 당시 교육과정 선정 과정이 소수의 전문가들에게 집중되었음을 비판하면서 '실제적(practical) 방법'이 필요하다고 말했다.[137] 여기서 실제적이란 말은 이론과 실제가 통합되지 못하고, 교육과정의 개발은 전문가들에 의해, 이의 실행은 교사들에 의해 진행되면서 아이들의 삶과 경험을 반영하지 못했던 당시 상황을 비판한 말이다. 즉 여기서 '실제'란 그 교육과정으로 가르치는 사람의 의견이 교육과정 개발에 반영되는 것을 뜻한다.

방법적 측면에서는 교사들이 교육과정 선정 작업에 참여하는 것을 말한다. 이러한 교육과정의 재개념화 운동은 실존적 입장을 중시했던 파이나[138]를 비롯하여 구조적 접근을 강조했던 애플, 해방적 입장을 견지한 프레이리, 미학적 교육과정 이론의 토대를 완성한 아이즈너를 거치며 하나의 흐름을 형성하였다. 이러한 교육과정의 재개념화 이론은 세계 각국의 교육개혁 운동 과정에서 이론적 바탕이 되었다. 우리나라에서도 전교조가 내세운 참교육, 최근 진행되는 혁신교육의 과정에 다양한 방식으로 녹아 들고 있다.

한편 우리나라에서 교사를 비롯하여 일반 시민들이 교육과정에 관심을 갖게 된 것은 7차 교육과정 시행 이후이다. 그 이전까지는 교육과정 분야가 일부 학자들과 교육과정 편성 담당자의 관심사였을 뿐, 일반 시민의 흥미 거리가 아니었다. 교육과정이라는 어휘를 대중적으로 사용하게 된 것은 7차 교육과정에 대한 교사들의 저항, 이명박 정부에서 있었던 교육과정의 빈번한 개정, 전에 없던 빈번한 언론보도 등에 힘입은 바 크다.

교사들은 자신들이 가르쳐야 할 내용이기 때문에 교육과정 개발 과정에 참여하지만, 일반 시민들의 경우에는 '선정된 지식이 나의 자녀에게 어떤 영향을 줄 것인가'에 대하여 관심을 가져야 한다. 교육과정 내용에 따라 내 자녀가 세상을 보는 틀이 형성된다. 그러므로 그렇게 선정된 지식의 내용이 누구의 편에서, 누구의 입장을 대변하며, 누구의 이익에 기여할 것인지 살펴봐야 한다. 완벽하게 가치중립적인 지식을 가정한다면, 그리고 그것을 선정하고 가르치는 사람들의 순수한 중립성을 믿는다면 그들에 의해 결정된 '교육과정'은 의심할 여지없이 내 아이에게 가장 좋은 지식의 정수이겠지만, 여러 이해가 얽히는 현대사회에서 이것을 믿는 사람은 없다.

내 자녀를 학교가 아닌 곳에서 전혀 다른 내용으로 교육을 시킬 것이라면 문제는 조금 달라지겠지만(이 경우에도 어떤 지식을 자녀에게 선정해줄 것이냐를 선택하는 문제는 여전히 남는다), 학교교육의 체제가 존속되는 한, 그리고 나라마다 교육과정으로 학생들이 배워야 할 경험의 총체를 결정하는 한, 그 지식들은 반드시 누군가의 이해와 요구를 반영한다. "교육과정은 그 분야 전문가들이 결정하는 것"이라고 맡겨 둘 일이 아니라는 것이다. 그러므로 쏟아져 나오는 수많은 교육정책들, 수시로 변하는 교육과정에 대하여 시민들은 특별한 관심을 갖고 자기 목소리를 내야 한다.

---

137) 슈왑(Joseph Schwab, 1909~1988) 1960년대 말 미국의 교육과정학 분야에서 재개념주의의 단초를 연 학자로 꼽힌다. 슈왑은 타분야의 학자들이 교육과정 정책에 개입하던 당시 상황을 두고 '교육과정학은 죽어 가고 있다'라는 유명한 말을 남김으로써 이후 파이나, 애플, 아이즈너와 같은 교육과정 재개념주의 학자들의 연구를 촉발하였다.

138) 파이나(William F. Pinar)는 자아성찰을 통한 교육과정 재개념화의 방법으로 ① 자신의 경험을 있었던 그대로 표현하는 방법의 단계, ② 그 경험 속에서 자신의 행동과 사고를 결정하는 데 작용했던 가정이나 논리가 무엇이었는지 비판적으로 살펴보는 단계, ③ 다른 사람의 교육 경험을 자서전적으로 분석할 것을 제시하였다. 그는 이러한 성찰 과정에서 교육이 갖는 기본적인 구조와 과정을 인식할 수 있다고 보았다.

정치로부터 독립된 교육

교육이 정치로부터 독립된다 함은 정치와 교육이 별개로 존재해야 함을 의미하는 것이 아니다. 오히려 정치적일 수밖에 없는 교육의 모든 장면에서 교육에 붙어 있는 정치적 속성과 이데올로기를 밝혀내어 구조와 개인의 실존 문제를 파악하는 것은 매우 중요하다. 사실 근대적 교육제도를 갖춘 나라치고 교육이 정치의 간섭을 받지 않은 곳이 드물었다. 다만, 그 폭과 깊이가 다를 뿐이었다. 해방 후 우리교육의 모델이 되었던 미국교육사를 살펴보면 이 같은 사실이 잘 드러난다. 미국에서는 특히 교육과정 분야에서 정치적 이해를 반영시켜 왔다.

앞에서 거론한 바 있는, 교육과정학 이론의 재개념주의자로 분류되는 슈왑이 1960년대 말에 "교육과정학 분야는 죽어가고 있다."는 유명한 말을 남겼다.[139] 그 배경으로 여섯 가지의 징후를 들었는데 그 중 첫 번째가 어떤 학문 분야 내의 문제와 이를 해결하는 작업이 그 분야의 전공자에게서 타분야 전공자에게로 넘어가는 현상이라는 것이었다. 슈왑의 이 말은 사실 브루너를 향한 것이었다.

우리가 교육학자로 알고 있는 브루너는 심리학자였다. 브루너가 전면에 등장하게 된 계기는 1957년 옛소련의 스푸트닉 위성 발사로 인한 미국 내의 위기감이었다. 소련의 위성 발사에 따라 1958년 NASA(미항공우주국)가 설립됐고, 1959년에 우즈홀이라는 곳에 34명의 학자들이 모여 미국교육의 개혁방안을 모색하는 회의를 하였는데 이를 주도한 이가 브루너였다.[140]

특별히 교육과정학을 전공한 학자가 없었음을 언급하는 이유는 당시 우즈홀 회의를 정리하여 펴낸 책이 바로 그 유명한 브루너의 '교육의 과정'이었기 때문이다. 이때부터 브루너는 '학문중심 교육과정'을 제시한 교육학자이자, 교육과정학자로 호명되기 시작하는데 이미 이때는 하버드 대학에서 심리학 교수로 20년 동안 재직 중이었다. 소련에 밀리고 있다는 미국의 위기감 속에서는 당시의 교육학자들에 대한 불신이 깔려 있었기 때문에 심리학자를 불러내어 국가적 과제를 맡긴 것이라 볼 수 있다.

브루너의 등장으로 누가 배척당했을까? '듀이'였다. 듀이는 '아동의 흥미를 바탕으로 한 사회적 상호작용 과정에서 경험의 연속적 재구성'을 강조하였는데 이러한 '학습자 중심 교육'의 흐름 속에서 미국 아동들의 학력을 저하시켜 소련측에 우주 개발의 선제권을 빼앗겼다는 비난이 나온 것이다. 듀이는 미국뿐만 아니라, 전세계의 교육에 폭넓은 영향을 끼친 학자이다. 일본의 여유교육(유토리교육)[141], 우리나라의 열린교육을 비롯하여 최근 혁신교육에도 상당한 영향을 주고 있다. 아동의 흥미와 경험, 사회적 상호작용의 강조 등 듀이의 학력관은 학력 저하 논란이 나올 때마다 그 주범으로 지목되었다.

브루너 이후 미국교육은 지적 전통주의를 기초로 교과의 중요성을 강조하는[142] 흐름을 형성하는데, 슈왑은 이것을 퇴행으로 규정하고 "교육과

---

139) 박승배(2007). 『교육과정의 이해』. 학지사 147p

140) 이 회의에 참석한 34명 중 심리학자가 10명으로 가장 많았고 수학자 6명, 생물학자 5명, 물리학자 4명 등의 순이었다. 안타깝게도 34명 중 교육학자는 단 3명만 초청을 받았고, 교육과정학을 전공한 이는 한 명도 없었다(박승배, 같은 책, 147쪽).

141) 여유교육(유토리교육)은 일본에서 기존의 주입식 학습내용을 축소한 교육 모델이다. 학습내용을 축소하면서 학력 저하의 원인으로 지목되었으며 이에 따라 학습량을 증가시킨 학력신장 교육으로 선회하였다.

정학이 죽어 가고 있다"는 충격적 발언을 하게 된 것이다. 그 이후로 슈왑의 의견에 동조하는 사람들이 꽤 나왔다. 파이나, 애플, 아이즈너 등이다. 이들은 타일러의 실용적·경제적 논리, 브루너의 지식의 구조를 강조하는 학문 중심 논리를 동시에 극복하고자 하였다.

교육과정 개발을 넘어 교육과정 이해라는 말이 생긴 것도 이때부터다. 물론 그 이후에도 미국교육은 정치적 영향력 아래 있었다. 대체로 공화당이 집권할 때에는 지적 보수주의자들이 득세하였으며, 민주당이 집권할 때에는 진보주의자들의 주장을 좀더 반영하였다. 일본의 경우도 크게 다르지 않아서 정치적 영향력에 따라 학력중심 교육과 여유교육이 적용되거나 퇴조하였다.

우리 사정은 어떨까? 교육학을 한 사람들이 자기 전공 분야에서 맞춤한 대우를 받으며 합당한 기여를 하고 있는지 궁금하다. 특이하게도 우리나라는 교육에 관한한 모두 전문가를 자처한다. 나라의 교육에 대한 중대한 의사결정에는 반드시 교육본질 외의 다른 논리들이 끼여든다. 대표적으로 경제논리와 정치논리이다. 특히 교육과정과 대학입시제도가 정치·경제 논리에 따라 변화를 거듭하였다.

우리의 교육과 관련하여 슈왑의 발언이 눈길을 끄는 이유는, 교육과정 분야의 많은 에너지가 이론적인 것에서 실제적인 것으로 옮겨갈 때 교육의 질적 개선에 공헌할 수 있다고 한 말 때문이다. 앞서 강조했듯이 여기서 '실제적(practical)'이라는 말은 교육과정 탐구나 개발이 그 교육과정에 의해 영향을 받은 바로 그 사람들이 주체가 된 가운데 이루어져야 한다는 것이다. [143] 마치도 우리 교육과정이나 대학입시의 변화가 이를 직접 실행하는 일선 교사들의 의견을 배제한 채 진행하는 것과 비슷하다.

최근 발표한 대입제도 개선안 역시 교육이 정치의 그늘에 있다는 것을 여실히 보여주고 있다. 2013년 8월에 발표한 '대입전형 간소화 및 대입제도 발전방안(시안)'에 의하면 현재 중학교 3학년생들이 응시하게 될 2017학년도 대학수학능력시험부터 한국사가 사회탐구 영역에서 분리돼 수능 필수과목이 된다고 한다. 이명박 정부의 작품이었던 영어 수준별 시험이나, 국가영어능력시험(NEAT)의 활용은 백지화되었다.[144]

이 시안에서 주목하는 것은 '한국사 수능 필수화 방안'이다. 한국사의 중요성을 모르는 사람이 어디 있을까? 그러나 그 중요성을 강조하기 위해 수능시험에 필수과목으로 넣는다는 것은 기능적 사고의 극치이자 교육이 정치적 영향을 심하게 받고 있다는 증거이다. 대통령의 말 한 마디에 불과 몇 개월 되지 않아 이것을 반영한 것은 교육의 독립성을 의심스럽게 한다. 막판까지 청와대의 눈치를 보았다는 이야기는 또 무엇인가?[145] 또 한국사를 수능 필수화하면서 한국사만큼은 집중이수제로 운영하지 말라고 했다.

집중이수제로 공부하면 "학습자의 학습 부담을 줄여 주며, 지식을 분산시키지 않고 정해진 시기에 집중적, 효율적으로 공부할 수 있어서 좋다"라고 하던 것이 바로 얼마 전의 일이다. 그 결과 중학교의 경우 학교마다 차이는 있지만 지금 국어, 영어, 수학, 과학, 체육을 제외한 모든 교과에 집

---

142) 정확하게 말하면 '주지교과'의 강조였으며, 주지교과 중에서도 수학과 과학에 비중을 두었다.

143) 박승배(2007). 같은 책 50p

144) 뉴시스(2013년 8월 28일 기사). 『[大入개편]NEAT 수능 연계 철회 … 563억 날리나』.

145) 한겨레신문(2013년 8월 27일 기사). 『"한국사, 내신 평가로도 충분한데 …"』.

중이수제를 적용하고 있다. 교육과정과 교사 수급에 혼선이 온 것은 물론이요, 아이들의 발달 단계를 고려하지 않은 기계적 적용으로 많은 우려를 낳고 있다. 그런데도 현장의 반대를 무릅쓰고 "좋은 것이니 해 봐라." 하고 시행한 것이 집중이수제다.

한국사는 집중이수제로 하면 안 되고 사회, 음악, 미술, 도덕, 한문, 기술가정 등은 집중이수제로 해도 된다는 합리적 이유는 무엇인가? 이유는 딱 한 가지이다. '대통령의 말씀' 때문이다. 한국사를 대학 입시에 필수로 지정했던 적이 또 있다. 바로 유신과 함께 박정희 대통령이 '한국적 민주주의'를 강조하면서 그리 되었다. 그러므로 대통령의 말에 따라 교육과정과 대입제도가 좌지우지되는 현재의 상황을 보고 당시 상황을 오버랩하는 것은 큰 무리가 아니다.

이렇게 교육이 경제와 정치의 하위 개념으로 종속되어 정권이 바뀔 때마다 교육과정은 만신창이가 되고 정책의 혼선이 거듭되면 피해를 보는 것은 교육의 최종 주체인 '가르치고 배우는 자' 즉, 교사와 학생이다. 그래서 우리가 지금 해야 할 일은 교육의 본질을 어떻게 회복할 것인가를 염두에 두고 현재 교육에 붙어 있는 정치·경제적 논리를 분석하여 그 속성을 밝혀내는 일이다.

필연적으로 교육에 관여하는 정치는 어느 한편의 이득을 향한다. 대체로 기득권 세력이다. 이렇게 되면 교육의 공공성이 훼손되는 것은 물론이요, 사익 추구의 도구가 되어 자라나는 아이들로부터 꿈을 앗아 간다. 그러므로 정치로부터 독립된 교육을 상상하는 것은 우리 아이들에게 차별 없는 기회를 제공하자는 것과 같다.

혁신교육과 교육철학

2009년 경기도에서 진보 교육감이 탄생함에 따라 아이들을 본격적인 배움의 주체로 놓자는 '혁신교육'이 시작되었다. 물론 그 이전에도 개별 학교 차원의 실천들이 있었지만 혁신교육을 공식적으로 전면화한 것은 2009년 경기도에서 추진한 '혁신학교'의 운영부터였다.[146] 그 이후 혁신교육은 서울, 강원, 전남, 전북, 광주 등 전국의 진보 교육감 당선 지역으로 퍼져 현재 일반화를 모색하는 단계에 이르렀다. 계획대로 추진할 경우 2014년에 이르면 우리나라 전체 학교의 약 12%를 혁신학교가 차지하게 된다.[147]

혁신교육은 기존 교육에 대한 실천적 반성으로부터 나왔다. 파행적 입시경쟁, 과잉 사교육, 교육격차의 심화, 교육 시장화 등은 한국에서 공교육의 위기를 불러오는 주범으로 지목되곤 했다. 또한 아이들의 전인적 발달을 위한 전제 조건인 학교환경의 개선, 학교 민주주의 실현, 교사의 전문성 신장, 주입식 암기교육의 극복, 학생인권의 보장 등이 학교 차원의 혁신 과제들로 떠올랐다.

---

146) 혁신학교는 진보교육감이 당선된 지역에서 추진한 학교 개선의 한 형태로, 학급당 학생 수를 25명 이하로 낮추어 수업의 질을 제고하고 학교운영과 교육과정 운영에서 자율성을 가지며, 교사들이 수업에 전념할 수 있는 분위기를 조성하기 위해 행정 인력을 지원하는 자율학교이다. 시도에 따라 다르나, 대략 4년 간의 기간을 두고 연간 3천만원(전남)에서 1억4천만원(서울)의 예산을 배정한다. 시도별로 경기혁신학교, 서울형혁신학교, 강원행복더하기학교, 빛고을혁신학교, 무지개학교, 전북혁신학교 등 다양한 이름으로 불리고 있다.

147) 서울의 경우 곽노현 교육감 재직 시에 혁신학교를 지정 운영했으나, 문용린 교육감이 보궐선거에서 당선된 이후 신규 지정을 대폭 줄였으며 기존에 운영됐던 혁신학교에 대한 평가를 실시하여 혁신학교 담당자들의 반발을 사고 있다.

그동안 전교조를 비롯한 교직단체, 각종 교과모임, 자발적 교사공동체 등이 학교개선을 위한 노력을 기울여 왔으나 경쟁교육의 악순환은 점점 심화되어 간다. 그동안 한국은 고도성장을 거듭하여 OECD 주요국의 지위를 확보하였으나 유독 교육 분야는 전 영역에 걸쳐 OECD 평균에 미치지 못하는 후진성을 지속한다. 선진국 기준에 훨씬 못 미치는 교육관계법 체계, 교육부에서 단위학교까지 이어지는 획일적 관료주의, 교사의 자주성과 전문성의 침해, 여전히 학생들을 통제와 관리의 대상으로 생각하는 보수적 풍토 등은 더 이상 교육의 혁신을 미룰 수 없도록 압박하였다.

마이클 풀란과 앤디 하그리브스(2005)는 학교개선을 가로막는 여섯 가지 장애로 교직업무의 과중, 관계절연의 팽배, 집단주의의 만연, 능력개발의 미흡, 교사역할의 제한, 해결방안의 부재를 들었다.[148] 교사들은 무엇보다도 수업에 전념할 수 있는 조건을 만들기 위해 학교 개선을 희망했다. 이에 따라 혁신학교 초기에는 교사가 수업에 전념할 수 있도록 업무를 재조정하고, 교사 간 협력을 촉진하기 위한 프로그램 가동, 집단사고를 통한 계획과 실천 등을 권장하였다.

혁신교육 및 혁신학교[149]의 이론적 배경으로 그동안 연구된 문헌들을 조사한 결과 각기 강조점이 다르긴 했으나 큰 틀에서는 공통점이 있었다. 먼저 강충열 등(2013)은 학교혁신의 바탕이 되는 이론으로 평형이론과 갈등이론을 비교하여 제시하고 이를 통합적으로 조망할 것을 주문하였다.[150] 서용선(2012)은 '복잡성 이론'이 듀이의 교육철학과 만나는 지점에서 혁신교육의 논의가 풍성하게 이루어질 수 있다고 보았다.[151] 김성천(2011)은 혁신학교의 이론적 배경으로 스톨의 학교 5유형, OECD 미래학교의 6가지 시나리오, 배움의 공동체 이론을 제시하였다.[152] 이광호 등 (2012)은 혁신학교에서 추구하고 있는 수업혁신 이론으로 루소의 이론, 듀이 등의 학습자중심수업, 배움의 공동체 수업을 제시하였다.[153]

성열관·이순철(2011)은 혁신학교를 '배움과 돌봄의 책임교육 공동체'로 정의하였다. 배움(learning)은 학생들이 획일적 경쟁 교육에서 벗어나 학습의 의미와 성장의 기쁨을 맛보는 과정이며, 돌봄(caring)은 교사와 학생 사이에 형성되는 배려와 존중의 관계를 통하여 학생의 전면적 발달을 도모하기 위한 조건으로서의 보살핌이라는 것이다.[154]

경기도교육청은 혁신교육의 지향점으로 '창의지성교육'을 내걸었다. 창의지성교육은 '지성교육이라는 방법을 통해서 창의성을 달성하는 것'

148) Michael Fullan, Andy Hargeaves(2006).『학교를 개선하는 교사』.최의창 옮김(2006). 무지개사 7–25p
149) 교육혁신, 혁신교육, 학교혁신, 혁신학교 등은 그 개념과 뉘앙스가 다르다. 교육혁신은 교육 전반에 대한 혁신을 지칭하는 것으로 넓은 범위의 혁신을 이른다. 한편 혁신교육은 2009년 이후 혁신학교를 중심으로 적용된 교육의 제 형태를 말한다. 같은 맥락에서 학교혁신은 모든 학교를 대상으로 하는 개념인데 반해, 혁신학교는 법령에 따라 시도교육감이 지정한 학교를 말한다.
150) 강충열 외(2013).『학교혁신의 이론과 실제』.지학사 40p
151) 서용선(2012).『혁신교육 존 듀이에게 묻다』.살림터 15p ; 복잡성 철학은 자기 조직화와 상향식 창발, 근거리 관계, 유연한 네트워크, 모호한 경계 등을 핵심 개념으로 한다. 저자들은 이러한 개념들이 '창조적 집단지성'의 작동을 가능하게 한다고 보았다. 복잡성 철학과 교육혁신의 이론적 관련성에 대하여는 서용선 등(2013)의 책 '혁신교육 미래를 말한다'의 17–34쪽을 참고하기 바란다.
152) 김성천(2011).『혁신학교란 무엇인가』.맘에드림 71–83p ; 김성천은 스톨(2002)의 학교 5유형을 순항형, 침몰형, 방황형, 고군분투형, 혁신지향형으로 분류하여 소개하였다. 미래학교의 6가지 시나리오(OECD, 2001)를 진행 순서대로 보면, 1) 관료주의 학교체제 유지, 2) 시장 지향적 학교 모델, 3) 핵심적인 사회 센터, 4) 학습조직 강화, 5) 학습자 네트워크 및 네트워크 사회로 인한 학교체제 붕괴, 6) 교사 부족으로 인한 학교 해체 등이다.
153) (사)함께여는교육연구소(2012).『혁신학교 성과분석 및 확산 방안 연구』.경기도교육청 19p
154) 성열관·이순철(2011).『학교교육의 희망과 미래 혁신학교』.살림터

을 의미한다. 여기에서 말하는 '지성교육'이란 "인류사회의 다양한 지적 전통, 문화적 소양, 경험과 실천을 바탕으로 비판적(반성적, 성찰적)인 사고력(critical thinking)을 키우는 교육방법론"이라고 정의할 수 있다.[155] 비고츠키의 발달 이론을 혁신교육의 바탕으로 제시한 초등교육과정연구모임(2011)에서는 혁신학교의 철학으로 어린이의 전면적 발달, 민주주의 구현, 교육 공공성의 확립을 꼽았다.[156]

혁신학교의 초기 단계에서는 주로 수업혁신을 통해 학교의 혁신을 모색하였다. 이에 따라 사토마나부의 '배움의 공동체' 모델을 적용한 학교가 많았다.[157] 아이들이 배움으로부터 도주하는 현상이 벌어지고 있는 교실 상황에서 이들이 참여하고 협력하며, 표현하는 배움을 중심에 놓는 수업 방식은 교실수업에 지쳐 있는 한국 교사들에게 매력적으로 다가섰다. 배움의 공동체 모델에서는 교육의 공공성, 민주주의, 탁월성을 철학의 근간으로 내세우고 있다. 또한 전교사가 자신의 수업을 공개하고 수업평가회를 기초로 민주적 동료성을 구축하는 등 교사들의 협력과 집단 활동을 강조한다. 현재 배움의 공동체를 적용하고 있는 학교는 전국에 분포돼 있다.

배움의 공동체 외에도 노동의 가치, 표현적 배움, 아동의 흥미 중심, 자연적 방법, 탐구수업의 중요성을 강조하는 프레네[158] 교육철학이나 구조의 모순을 혁신함으로써 개인의 해방을 추구하는 애플이나 프레이리[159]의 교육관도 드러난다. 주변인과의 협력적 배움을 통해 언어를 매개로 지식을 내면화하여 고등정신기능을 습득해 간다는 비고츠키 문화발달심리학, 해체와 재구성을 중시하는 포스트모더니즘[160] 등 최근 혁신교육을 직간접으로 지탱하는 교육이론들은 상당히 다양하다.

혁신교육을 추진하는 과정에서 활동가들이 말하는 내용에는 공통점이 두 가지가 있다. 그 하나는 지적 전통주의와 효율성에 기초한 경제논리를 극복하고자 하는 의지로 이는 교육본질을 회복하고자 하는 긍정적 방향이다. 다른 하나는 지나치게 방법과 절차에 비중을 두는 혁신교육의 추진 과정에 대한 우려이다.

배움의 공동체 모델을 적용해 본 어떤 교사의 경우 몇 개의 키워드로 자신이 적용하는 수업방법을 명확하게 정리해 낸다. 협력적 배움, 활동적 배움, 표현적 배움, 교사들의 수업평가회, 도전 과제를 제시하는 점프, 협력

155) 강충열 외(2013). 『학교혁신의 이론과 실제』. 지학사 40p
156) 초등교육과정연구모임(2011). 『행복한 혁신학교 만들기』. 살림터 14p
157) 佐藤学(사토마나부, 1951~) 일본의 실천적 교육학자로 『배움의 공동체』 모델을 창안하였다. 우리나라에서도 1년에 한 번씩 배움의 공동체 세미나가 개최되고 있다. 주요 저서로 『교육개혁을 디자인한다』(1999), 『수업이 바뀌면 학교가 바뀐다』(2000), 『배움으로부터 도주하는 아이들』(2000), 『교사들의 도전』(2003), 『학교의 도전』(2006) 등이 있다.
158) 프레네(Celestin Freinet, 1896~1966) 프랑스의 혁신 교육학자이며 프레네 교육학의 창시자이다. 2차 세계대전 중 프레네는 교육학에 관한 그의 핵심적인 저작들을 집필하였다. 그가 제안한 주요 개념들은 작업(노동, 일)의 교육학, 협력적인 작업, 탐구중심학습, 자연적인 방법, 흥미에 근거한 학습 등이다.
159) 프레이리(Paulo Freire, 1921~1997) 브라질의 교육학자이다. 교육은 글을 가르치는 것이 아니라 그들이 처한 현실을 바로 보는 눈을 뜨게 해주는 것이라고 강조하였다. 또한 교육은 지식을 기억하고 쌓아두는 방식(은행저축식 교육)이 아닌 교사와 학습자 간에 끊임없는 문제제기를 통해(문제제기식 교육) 사물을 바로 인식하고 생각을 만들어 가는 과정이 되어야 한다고 주장하였다.
160) 포스트모더니즘에서는 인간의 인식과 지식은 인간이 지닌 경험에 기초하여 세계를 해석하고, 이해하고, 탐구한 결과이므로 인간의 가치판단이 들어 있는 상대적인 것으로 본다. 또한 인간의 특성은 주어지는 것이 아니라 형성되는 것으로 이해하며, 이에 따라 인간을 능동적이고 주체적인 존재로 사고한다. 인간의 특성을 형성하는 것으로 볼 때 그가 속한 사회 구조와의 관계를 추적하는 것은 포스트모더니즘의 당연한 과제이다. 교육적으로는 학습자의 능력과 흥미에 부합하는 활동 선택, 의미 있고 풍부한 학습 환경의 제공, 개별화 학습 및 다양성과 차이를 인정하는 대화를 강조하였다. 아울러 회의, 의심, 부정을 기초로 하는 해체적 글쓰기, 열린 교과서의 사용, 통합교과의 적용에 비중을 둔다.

을 위한 책상 배치 등이 수업의 방법이고 이를 지탱하는 철학은 동료성, 공공성, 민주성이라고 한다. 그런데 이것은 사토마나부의 독창적 철학이라기보다 (그 자신도 인정하듯) 이미 100년 전 듀이가 시카고 대학에 실험 학교를 열면서 대부분 적용했던 민주적 원리들이다.

배움의 공동체가 가진 탁월한 이식성은 비교적 명료한 적용 방법에 있다. 이것이 축복이자 독이 되고 있다. 듀이가 흥미와 관심에 매몰되는 학습방법과 절차에 비중을 두는 민주주의 실천을 경계하고 늘 비판하였던 것과 마찬가지로 배움의 공동체는 '방법'으로부터 벗어나야 한다. 일부 한국 교사들에게서 나타나는 이 수업방법에 대한 '과잉 신념화' 역시 바람직하지 못한 현상이다.

아울러 프레네 교육 지지자인 경우 아동의 흥미, 자연적 방법, 탐구수업, 노작교육의 중요성을 거론한다. 프레네가 듀이보다는 조금 늦게 교육적 소신을 펼쳤다는 것을 상기하면, 듀이의 철학이 자연스럽게 프레네 교육에 스며들어 간 것은 당연한 일이다. 초기 프레네 교육의 동기를 보면 혁명을 완수하기 위한 과정으로 교육을 사고했다는 점(물론, 나중에 브르주아적 개인주의에 빠진다고 비판을 받았지만)이 있지만 전반적으로 듀이 철학을 적용하고 있다는 점은 의심할 여지가 없다.

특히 권위적 학교에서는 자율과 책임, 협력의 능력을 갖춘 능동적인 시민을 길러내기 힘들다는 문제의식은 듀이가 '삶의 방식으로서의 민주주의'를 말한 것의 연장선 위에 놓인다. 학교의 모든 구성원들이 평등한 권리로 참여하는 집회에서 공동의 삶을 민주적으로 운영하는 법을 배우는 과정이 듀이의 민주적 시민성의 핵심 과제와 일치한다.

비고츠키는 종종 피아제[161]와 비교된다. 피아제는 개인적 지식 구성에 비중을 두었고 비고츠키는 지식 구성의 사회성을 강조한 것처럼 알려져 있지만 초기 비고츠키는 피아제의 영향을 받았다고 해야 옳다. 다만, 그의 사회문화발달 이론을 완성해 가는 여정에서 지식이 언어라는 경로를 거쳐 고등정신기능으로 내면화해 감을 보다 상세히 밝혔다. 그 점에서 비고츠키는 피아제를 넘어섰다.

옛소련의 심리학자였던 비고츠키는 38세라는 젊은 나이에 요절하는데, 폐쇄적인 소련 사회에서 서방 학자들의 이론을 접하기란 쉽지 않았다.[162] 비고츠키의 서적들이 당시 소련에서 판매 금지된 이유로 서방학자들의 이론을 연구, 적용했다는 말이 있는 것으로 보아 조심스럽게 듀이의 사회, 문화에 대한 문제의식을 연구했을 것으로 추측한다.

사실 우리가 비고츠키를 알게 된 것은 서방의 학자들이 비고츠키를 '사회적 구성주의자'로 분류하면서이다. 많은 교사들이 피아제를 개인적 구성주의자로, 비고츠키를 사회적 구성주의자로 도식화하지만, 정작 비고츠키는 이른 나이로 생을 마감했기 때문에 그는 구성주의라는 말을 들어보지도 못했고, 쓰지도 않았다. 비고츠키 연구자들은 그를 구성주의로 도

---

161) 피아제(Jean Piaget, 1896~1980) 스위스의 발달심리학자이다. 어린이의 학습에 대한 연구인 인지발달이론과 자신의 인식론적 관점인 '발생적 인식론'으로 잘 알려져 있다. 그는 평형화를 개인이 스스로 자신의 인지구조를 형성하고 재구성하는 인지발달의 핵심기능으로 보았으며 평형화는 기본적으로 동화와 조절, 두 기능의 통합과정으로 보았다. 아울러 피아제는 발달 단계를 감각과 운동기술을 이용해 주변 세계를 경험하며 대상의 영속성을 습득하는 감각운동기(출생 직후~2세), 자아중심성을 바탕으로 운동 기능을 습득하는 전조작기(2~7세), 초보적인 연역적 사고와 보존 개념을 습득하는 구체적 조작기(7~12세), 추상적 사고가 발달하는 형식적 조작기(11세 이후)로 개념화하였다.

162) 듀이(John Dewey)는 1859년에 태어나 1952년에 사망했다. 비고츠키(Lev Semenovich Vygotsky)는 듀이가 시카고 실험학교를 열고 2년이 경과했을 때인 1896년에 태어나 『경험으로서의 예술』을 발간한 1934년에 사망하였다.

식화하는 것에 저항감을 드러낸다.

그래서 사회문화 발달이론으로 부르자는 말, 사회문화역사 발달이론으로 명명하자는 의견들이 있다. 그 어떤 경우로 보더라도 아동과 사회와의 상호작용 과정에서 언어를 매개로 지식을 내면화하는 과정이 고등정신기능을 축적, 구성해 가는 과정이라고 볼 때 이는 듀이가 제시하는 '아동과 사회와의 관계'의 연장이거나 (언어를 매개로 한) 구체화라 추측해 볼 수 있다.

비고츠키 이론에 영향을 미친 것으로 마르크스 심리학, 피아제의 발생적 인식론, 자넷의 사회심리학, 소련의 신경생리학 정도를 꼽는데 자넷이 "인간 정신은 계통발생적으로 진화한다.", "정신기능은 사회적 산물"이라고 한 점에 비추어 [163] 진화론적 관점과 정신과 사회의 연결 관점을 강하게 견지했던 듀이 관점과 통한다. 다만, 지식을 다루는 인식론에 있어서 두 사람의 견해 차이를 발견한다.

듀이는 지식의 주관적 상대성에 비중을 두었던 반면, 비고츠키는 지식을 '객관적 실재'로 보았으며 진리에 대한 인식 가능성을 전제하였다. 이 글에서는 비고츠키와 듀이의 연관성을 '조심스럽게 추측'하고 있지만 여전히 어려운 부분이다. 당시 둘은 체제가 다른 국가에 살았고, 비고츠키가 젊은 나이로 일찍 생을 마감했으며, 옛소련의 학문적 폐쇄성으로 인해 비고츠키가 서방에 알려지는 데 시간이 걸렸다는 점 등으로 인해 관련성에 대한 규명이 쉽지 않다.

'나의 교육신조(1897)'에서 듀이가 소비에트 사회주의를 맹렬하게 비판하고 있다는 점은 눈여겨 볼 필요가 있다. 어느 편이든 듀이는 교육이 국가적 이데올로기 전수의 방편으로 쓰이는 것을 경계했던 것이고, 이것은 자연인인 학습자의 삶 속에 뿌리내리는 민주적 시민성을 위해 좋지 않다고 생각했다.[164] 한편, 비고츠키는 마르크스 심리학의 영향을 많이 받았다. 옛소련에서 당시 교육의 목표는 변증법적 유물론에 기초한 혁명적 인간형의 완수였으므로 교육은 이러한 인간형을 길러내기 위해 조직되었다. 비고츠키는 스탈린 정권에 의해 그의 저작이 판매금지에 처해질 정도로 서방 학문의 흐름에 관심을 가졌던 것으로 알려져 있다.

한편 교사의 개별적 노력에 의한 수업의 혁신이나 학교 차원의 실천적 개선만으로 교육혁신을 이루기 어렵다고 생각한 교사들은 구조 및 시스템의 개선에 주목하였다. 애플은 학교교육을 통한 문화의 재생산이 지속적인 불평등을 야기한다고 보았다. 따라서 그의 관심은 불평등 상황을 드러내고 해소하는 것에 있었다. 한편 교사 개인의 실존과 성찰을 강조하는 흐름도 생겨났는데, 파이나의 자서전적 방법, 쇤[165]의 반성적 성찰 등이 있다.

이러한 흐름은 교사들이 자신의 수업 경험을 있는 그대로 적어 그 속에 녹아 있는 본질을 파악하고자 하는 '반성저널', '성찰노트' 등의 방법론으로 시도하였다. 또는 자신의 교육경험을 교단일기 형태로 적고 이를 공유하면서 자신과 타인의 경험 속에 녹아 있는 교육사태의 실존적 의미를

---

163) 이애란(2007).『비고츠키주의자의 언어적 자기규제론과 도덕교육』.한국학술정보 21p
164) 물론 탈학교론자들은 학교교육의 성립과정에서 듀이의 기여를 지적하며 오늘날 황폐화 된 학교교육의 책임을 듀이에게 묻는다. 이들은 국가의 규제와 학교의 규제가 다를 바 가 없다고 보았다. 곧 학교는 국가 이데올로기를 지속적으로 재생산하는 하부 기관이라 는 것이다.
165) 쇤(Donald Alan Schön, 1930~1997) 행위 중의 성찰이라는 실천적 인식론을 통해 경험 에 근거한 지식에 토대를 두고 복잡하고 난해한 문제를 풀어갈 것을 제안하였다. 반성 적 실천은 교사들의 개별 사고와 집단적 사고를 촉진하여 실제의 개선으로 나아간다.

파악하려 하는 교사공동체 운동에 반영되었다. 아이즈너가 견지했던 미학적 관심사는 행동목표를 비판하면서 개인의 참 발달에 집중하는 것이었다. 교육혁신 과정에서 적용하고 있는 '수업비평'[166]은 아이즈너의 질적 관찰, 해석, 기술에 이론적 기반을 두고 있다.

결국 혁신교육의 과정에서 주요한 방법적, 이론적 기반으로 적용된 배움의 공동체, 프레네 교육 및 수업비평, 반성적 실천 등은 듀이 철학의 연장선에서 놓여 있다. 아울러 비고츠키 발달 이론과 듀이 철학은, 발달이 사회적 맥락과 연동된다는 관점, 협력적 문제해결 과정, 인식 주체를 중심으로 한 사회적 상호작용 등에서 많은 유사성을 발견할 수 있다.[167] 오래 전 미국과 소련에서 활동했던 두 거장의 철학이 21세기 한국의 혁신교육 과정에서 대안으로 동시에 주목받고 있다는 점은 상당히 흥미롭다. 듀이와 비고츠키의 이론적 맥락의 연관성과 우리 교육에 주는 시사점에 대한 천착이 요구되는 대목이다.

혁신교육의 과정에서 우리 교육사를 통해 세 번째로 듀이 철학이 등장하고 있는 배경을 알아보았다. 적용하는 교육방법들을 낱낱의 개념으로 이해하기보다 그것을 관통하는 교육철학을 이해할 때 혁신교육 과정에서 우려하는 두 가지의 측면, 수업방법의 혁신에 매몰되는 것, 정치·경제적 논리에 휘말리는 것을 근원의 문제로부터 극복해 갈 수 있으리라 생각한다.

---

166) 타인의 수업을 관찰한 후 느낌을 나누는 것은 '수업평가회', 전문가가 수업을 관찰한 후 조언을 행하면 '수업컨설팅', 수업관찰 소감을 텍스트로 작성하여 공개하는 것은 '수업비평'이다.

167) 듀이가 비고츠키의 발달 이론 형성에 어떻게 영향을 주었는지는 알 수 없으나 아동관, 사회관 등을 종합적으로 조망할 때 발견되는 유사성으로 추측할 뿐이다. 듀이와 비고츠키는 지식관에 있어 차이를 드러냈는데 이는 각기 자신이 속한 사회체제의 영향을 받은 것이다. 그러나 지식이 구성되는 방식에서는 많은 부분 유사성을 보인다. 이 부분은 좀 더 구체적인 연구가 필요하다.

한국의 혁신교육에서 듀이의 부활을 상상함

우리나라에 듀이를 본격적으로 소개한 것은 이홍우[168]이지만, 해방 직후 미군정기 시기에 미국 유학길에서 돌아온 오천석[169]에 의해 듀이의 교육관을 접목할 기회를 갖게 된다. 오천석은 프로젝트 학습방법을 제안한 킬패트릭[170]의 제자였고, 듀이의 강의도 들었을 만큼 당시로서는 드물게 진보적 관점을 가진 미국 유학파였다. 일제강점기 식민교육의 잔재를 극복하는 것이 중요한 과제였던 시기에 진보교육을 도입한 것은 대단히 진취적인 시도였다.

이후 교수요목기를 거쳐 1차 교육과정기, 2차 교육과정기의 초입까지 생활중심, 경험중심 교육과정의 토대가 닦이고 있었다. 이후 유신과 함께 단행한 3차 교육과정기에는 다시 학문중심 교육과정으로 선회했다가

---

168) 이홍우는 『민주주의와 교육(1916)』을 번역(1987)하여 듀이의 이론을 소개하였다. 듀이는 민주주의와 교육에 자신의 철학 전반이 포괄적으로 제시돼 있다고 밝혔다. 그만큼 이 책에는 교육의 본질, 내용, 방법 등에 대한 듀이의 생각이 잘 드러나 있다. 이 책에는 듀이 철학을 비판하는 이홍우의 주석이 함께 실려 있다.

169) 오천석(1901~1987)은 일제강점기에 미국에 유학하여 콜럼비아 대학에서(1931) 교육학으로 철학박사 학위를 받았다. 광복과 함께 귀국하여 미군정청 문교부 부장을 맡아 한국 교육을 재정립하는 일에 힘을 쏟았다. 특히 교육계 원로들로 구성된 교육위원회를 조직하여 홍익인간의 교육목적 설정, 6·3·3·4제의 기간학제 제정, 국립서울대학교 창설 등을 주도하였고, 민주주의와 아동 존중 사상을 근간으로 하는 '새교육운동'을 추진하였다. 1960년 제2공화국 민주당 정권 때 문교부장관을 역임하였다. 『민주주의 교육의 건설』, 『민족중흥과 교육』, 『발전한국의 교육이념』, 『스승』 등의 저서가 있다.

170) 킬 패트릭(William H. Kilpatrick, 1871~1965) 1918년 '진보주의 교육협회(P.E.A)'를 조직하여 주도적인 역할을 했고, 진보주의 교육협회의 기관지인 '민주주의 전선의 편집인으로 활동했다. 마사대학 시절에 헤겔의 관념철학에 기울였다가 듀이의 지도를 받아 경험주의 철학으로 전향하고 진보주의 교육에 관심을 가졌다. 교육사상의 핵심적 개념은 생활, 문화, 인격, 지성의 네 가지를 들 수 있다. 이것은 유목적적 활동을 통한 인격을 위한 교육이라고도 말할 수 있는데 그가 제안한 프로젝트 학습방법은 유목적적 활동의 구체적인 방법이었다.

1990년대 열린교육 시기에 잠깐 듀이의 교육철학을 적용하였으며, 2009년부터 시작된 혁신교육 시기에 다시 듀이의 교육관을 적용하고 있다.

지금은 듀이 외에도 듀이 철학의 동아시아 버전인 사토마나부의 배움의 공동체, 비고츠키 발달 이론, 북유럽 교육 등이 다양한 변용의 형태로 실험되고 있다. 현재 듀이의 교육철학이 제대로 적용되고 있는지를 알아보려면, 지난 두 번의 시기에서 왜 듀이 방식을 지속하지 못했는지를 살펴볼 필요가 있다. 나는 그 이유를 두 가지로 보는데, 하나는 교육 외적 요인, 다른 하나는 듀이 이론에 대한 천착보다 절차와 방법에 의존했던 기능적 적용 방식 때문이었다고 생각한다.

첫 번째 좌절의 경험은 유신으로부터 비롯했다. 유신과 함께 시작된 3차 교육과정기는 브루너의 학문중심 교육과정을 받아들였다. 나라를 막론하고 권위적 정권은 지적 전통주의를 고수하는 경향을 보인다.[171] 미국도 공화당 - 민주당 집권 시기에 교육과정 흐름이 보수 - 진보를 넘나들며 연동되었다. 교육적 고려를 토대로 한다면, 미국이나 한국이나 극복해야할 관점은 교육의 과학화와 효율적 경영논리를 들여온 타일러의 논리였다. 그러나 듀이는 학력저하 논란이 나올 때마다 '진보교육 = 듀이'라는 등식으로 학력저하의 주범으로 지목되었다. 듀이 철학의 오류 때문이 아니라 정치적 이유가 작용했다는 것이다. 참으로 뼈아픈 대목이다.

두 번째의 좌절은 5년 동안 비교적 단명했던 열린교육 시기였다. 물론이때도 열린교육을 적용함에 있어 철학보다는 방법론에, 내용보다는 환경에 치중한다는 비판을 받았다. 실제 실행 과정에서 열린 교실 등 환경에 치중한 모습을 보인 것도 사실이었다. 이러한 기능적 적용에 정치적 요인이 더해졌다. 당시 김대중 정부에서 열린교육을 주도한 이는 이해찬이었는데, 90년대 후반 들어 생겨난 교실붕괴의 원인으로 열린교육이 지목된 것은 어쩌면 당연한 수순이었다.

현장교사들도 한껏 자유로워진 학생들과 민주적으로 소통해 본 경험이 일천하여 피로감을 호소했다. 결국 열린교육은 정치적 차원, 기능적 적용, 현장교사들의 저항으로 도입한 지 채 5년도 안 돼 막을 내린다. 당시 열린교육에 대한 소심증이 얼마나 심했던지 하루아침에 열린교육이라는 용어를 쓰지 말고 '교실수업개선'으로 바꾸어 쓰라고 공문이 내려올 정도였다.

이제 현재 혁신학교를 중심으로 진행되는 세 번째 시도를 보자. 두 번의 좌절에서 교훈을 얻지 못하면 현재 진행하는 혁신교육도 교육 바깥의 의도에 따라 좌절될 수 있다. 지적 전통주의자, 정치적으로 보수주의자들은 학습자에게 권한이 이동되는 것을 달가워하지 않는다. 민주적 가치가 확대되는 것이 이들에게는 유리하지 않기 때문이다. 이들에게 학생들은 여전히 훈육의 대상이고, 교사는 인류의 문화유산을 훼손 없이 전수해야 할 지식의 전달자이다.

경제적으로는 최소 투입과 최대 효율을 주문할 것이다. 서울에서의 혁신학교 평가, 경기에서 무상급식 예산 전액 삭감 등은 교육적 고려보다는 정치적·경제적 의도를 관철하기 위한 시도의 일환이다. 이들이 선호하는 방식은 '지적 전통주의와 경영논리'를 묶어 교육의 생산성을 높이는 방식

---

171) 브루너(Jerome Seymour Bruner, 1915~)의 '교육의 과정'을 기초로 미국에서 학문중심 교육과정이 시행된 것은 1960년이다. 한국에서 학문중심 교육과정을 받아들인 것은 3차 교육과정기인 1973년이다. 이미 이 시기에 미국에서는 교육과정 재개념주의자들이 활발하게 활동하고 있었다.

이다. 왜냐하면, 이 방법이 '저렴한 비용으로 교사와 학생을 통제'하는 데 유리하기 때문이다. 혁신학교나 무상급식을 둘러싸고 교육 본연의 이유가 아닌 정치적으로 갈등하는 이유가 바로 여기에 있다.

과연 듀이의 교육관은 최근 혁신교육의 확산으로 다시 부활할 수 있을까? 우려와 희망이 동시에 교차한다. 우려는 위에서 지적한 정치, 경제 논리와 싸우는 과정이 그리 간단치 않다는 것이다. 교사들이 수업방법을 과도하게 신념화하거나, 적용 과정에서 절차와 방법에 지나치게 의존하는 방식도 우려스러운 점이다. 또한 듀이가 강조한 '경험의 연속적 재구성'이라는 핵심적 과제를 학습의 장에서만 적용하려 하는 것도 듀이 철학을 협소하게 제한하고 있다.

경험의 연속적 재구성은 민주적 시민성의 성장과 함께 늘 붙어 다니는 개념이다. 학습을 지식의 축적 과정으로만 이해하는 것을 넘어 사회화의 한 과정으로 인식하고 적용할 때 민주적 시민성 개념의 확산을 기대할 수 있다. 아울러 이 과정에서 학교 민주주의, 학생 자치 등 절차적 민주성의 확보를 통한 의사소통의 활성화와 함께 시민성의 문화가 교사와 학생들의 삶 속에 녹아들도록 하는 통합적 방향의 유지가 필요하다.

혁신학교를 중심으로 학교혁신을 이루어 내고 이를 일반화하는 경로도 중요하지만 일반학교에서도 혁신의 사례들이 생겨날 수 있도록 촉진하고 발굴, 지원하는 것이 중요하다. 교사들을 인터뷰한 결과 그들은 혁신학교의 양적 확대보다 질적 강화를 기대하고 있었다. 성과를 보여주기 위한 조급성이 혁신교육의 취지를 훼손할 수 있다는 말이다. 모든 학교마다 독특한 문화와 교육적 맥락이 있다.

같은 지역의 비슷한 학생들로 구성된 학교라고 해서 옆 학교 혁신사례를 그대로 적용할 수는 없다. 외부의 영향도 중요하지만 내부의 필요가 혁신의 과정에서는 중요한 동기가 된다. 내부의 필요를 인식하고 실천하기에 '교사 학습공동체' 만큼 좋은 것이 없다. '공부하는 교사'가 '공부하는 학생'을 키운다. 필자의 경험으로 보아 학교 내에 교사들의 학습공동체가 가동되는 경우와 그렇지 않은 경우는 학교의 민주적 운영이나 수업혁신 활동 등에 큰 차이가 있었다.

희망적인 것은 과거 두 번에 걸친 진보교육의 실험이 주로 위에서 아래로 진행된 것이었다면 최근 혁신교육은 아래에서 위로 진행되는 특징으로 인해 교사들의 자발성의 질 자체가 현저하게 다르다는 점이다.

혁신교육의 성공은 '교사들의 자발적 참여'를 이끌어 내고, 그들이 의사결정 과정에 참여하도록 하는 것을 통해 혁신의 과정에서 주체로 세우는 것에 달려 있다. 아울러 교사 입장에서는 교육혁신의 방법과 절차에 매몰되어 전체를 관통하는 철학을 이해하지 못하고 스스로 기능화 하는 것을 경계해야 한다. 이때 필요한 것이 깨어 있는 시민들의 따뜻한 시선이다.

모든 학교의 혁신을 위하여

경기도 소재 55개 초·중·고등학교가 혁신학교로 새로 지정된다는 소식이다.[172] 이로써 지난 2009년 시작된 경기도 혁신학교는 시작 5년 만에 총 282개교로 늘어나게 된다. 이는 경기도 전체 학교의 14%에 해당한다. 아울러 2009년 9월에 1차로 지정됐던 혁신학교는 세 곳을 제외하고는 모두 재지정됐다고 한다. 재지정을 받지 못한 세 곳의 학교도 1년간의 유예 기간을 거쳐 다시 한 번 기회를 준다고 한다. 사실상 운영되었던 대부분의 혁신학교에서 소기의 목적을 달성한 셈이다.

하나의 정책을 시행한지 5년 만에 전체 학교 중 14%에 달하는 곳에 실제적 변화를 주었다는 것, 이는 가벼이 볼 일이 아니다. 그것도 일방적인 관주도가 아니라 현장의 자발적 참여와 함께 이루어졌다는 데 큰 의미가 있다. 신규 지정을 신청한 학교가 144곳이나 되었지만 이들 학교들 중 55곳만 추가 지정했다는 것을 보아도 현장의 요구가 대단히 크다는 것을 알 수 있다. 학교 사회에서 연구시범학교 지정과정이 '강제적 권유'로 이루어지는 것과 비교하여, 혁신학교 지정은 당사자들이 자발적으로 요구하고 있는 것이다. 5년간의 혁신교육을 경험을 해 본 지금, 무엇을 극복하고 어떤 전망을 세워야 할지 필자가 만나본 혁신학교 구성원들의 이야기를 바탕으로 생각해 보기로 하겠다.

혁신학교 경험 이후 감지되는 변화 중에 가장 중요한 것은 학생과 학부모들의 학교교육에 대한 만족감이 증가했다는 것이다. 엊그제 한 혁신학교 학부모로부터 전화를 받았는데, 그는 혁신학교 심사 및 재지정 상황에서 자녀가 다니는 학교가 재지정을 못 받을까봐 크게 우려하고 있었다. 재지정에서 최종 탈락했는지는 확인하지 못했으나 유예 기간을 거쳐 기회를 준다고 하니 다행스런 일이다. 학부모 입장에서 혁신학교 재지정을 간절히 원하고 있다는 것에서 이 정책이 가진 파급력이 학생들을 거쳐 학부모에까지 미치고 있음을 엿보게 한다.

혁신학교 도입 이전에는 기대할 수 없었던 것들, 예컨대 학교 구성원간의 민주적 의사소통의 확대, 수업방법의 혁신, 교육과정 재구성 노력, 학생 중심의 체험 활동의 확대, 학부모 및 지역사회의 참여가 확대되었거나 그럴 가능성을 보이고 있다는 점은 부인할 수 없는 혁신학교 운영의 성과이다. 무엇보다 교장의 전횡에 의하여 학교가 운영되던 관행에서 무엇이든 '협의 과정'을 거치는 학교가 늘었다는 것은 매우 중요한 시사점을 던지고 있다. 다시 말해 혁신학교로 지정하지 않아도 교장의 권한과 역할의 조정, 그리고 교사들과의 의사소통만 활성화된다면 혁신학교 못지않은 변화를 이끌어 낼 수 있다는 점이다.

학생 및 학부모의 만족감은 해당 학교 교사들의 자발성과 크게 관련돼 있다. 이는 혁신학교의 지정과 운영이 누구의 의사에 기초해야 하는가를 보여준다. 학교장이 나서서 '연구시범학교'와 비슷한 느낌으로 혁신학교 지정을 받아, 역시 시범학교와 비슷한 성과와 형식을 요구하는 경우 교사들의 자발적 참여를 이끌어 내기 힘들다. 이런 학교의 교사들은 교육의 질적 변화와 외적 성과에 대한 압박이 이중으로 작용하여 매우 힘겨워 하였다. 5년간의 혁신학교 운영 경험에 대한 평가 및 전망과 관련하여 세 가지

---

172) 연합뉴스(2013년 12월 8일 기사). 『경기도 혁신학교 55곳 추가지정 … 282개교로 늘어』.

사항을 강조하고 싶다. 첫 번째로 혁신학교 운영에 치열하게 매달렸던 구성원들, 특히 교사들의 마음을 사려 깊게 읽어야 한다는 것이다. 지금까지 혁신학교를 이끌어 왔던 대다수의 교사들이 과다한 업무로 소진되어 가고 있다. 시스템의 변화는 중요하지만 그 안에 있는 개별적 구성원들의 실존적 중요성은 과소평가할 일이 아니다. 필자가 만나본 대다수의 혁신학교 활동가 교사들은 단순히 혁신학교 업무 뿐 아니라 본인의 교육관을 세워가는 과정, 동료와의 이견을 확인하고 갈등을 조정하는 과정에서 큰 어려움을 겪었다. 혁신학교는 잘 짜인 절차와 방법만으로 성공할 수 없다. 그렇다고 해서 '교육철학에 대한 연수'와 같은 것을 제공함으로써 교사들의 관점을 세울 수 있으리라 상상하지 않았으면 좋겠다. 무엇보다 한 인간으로서 삶과 사유가 가능한 학교 공간, 문화, 여백이 주어져야 한다. 이것이 절차와 방법에 집중했던 지난 5년의 경험에서 배워야 할 질적 가치이다. 교사가 깊은 사유를 바탕으로 성장하지 못한다면 혁신학교의 성장도 멈춘다.

두 번째는 교육혁신을 '혁신학교 중심으로' 사고하지 않는 것이다. 혁신학교를 중요 거점으로 하여 교육혁신을 도모한다는 사고는 혁신학교를 확대함으로써 교육혁신에 다가설 수 있다는 기계적 관점을 부른다. 지금 일반 고등학교의 처참한 광경을 보고 있다면, 대다수의 일반 초중고등학교에 대한 활성화 전망을 고민해야 한다. 일반학교에서도 가능한 혁신의 플랜과 전망을 세우지 못하면 결국 혁신학교와 일반학교의 차이가 더 도드라질 가능성이 있다. 혁신학교가 교육혁신의 최종 목표는 아니다. 교육혁신을 하는 이유는 무엇인가? 모든 학교에서 아이들의 전인적 발달을 도

모할 수 있는 환경과 조건을 형성하기 위해서이다. 그러므로 일반학교에서도 혁신의 물결이 넘실대도록 여러 제도적 장치나, 교육청 단위의 지원과 조력, 문화의 변화가 뒤따라야 한다.

끝으로, 하나의 '수업방법을 과도하게 신념화'하지 말라는 점이다. 한 학교가 하나의 수업방법을 획일적으로 적용해야 할 이유는 없다. 이것은 교육적 근거도 없고, 아이들의 발달을 위해서도 바람직하지 않다. 학생들의 형편과 처지에 맞는 수업방법의 다변화는 교사 개인의 사유와 연찬을 통해 극복해야 할 문제이기도 하지만, 수업 전문가들의 성찰을 요구하는 대목이기도 하다. 모든 수업방법은 '적용할 수 있는 하나의 가능성' 정도의 위상이 적당하다.

다시 정리하여, 우리는 혁신학교 5년의 경험에서 '구성원들의 질적 성장을 어떻게 조력하고 문화를 형성할 것인가?', '대다수 일반학교에 어떻게 교육혁신에 대한 전망을 세울 것인가?', '수업방법의 과도한 신념화에서 어떻게 놓여날 것인가?' 하는 성찰을 요구받고 있다. 이런 고민과 성찰이라면 혁신학교를 넘어 모든 학교의 질적 성장을 기대할 수 있을 것이다.

09 《《 제안

＂ 누군가는 이러한 교육 불가능의 상태를 근원적으로 재구조화 하는 방법을 상상하며, 혹자는 그래도 교육에서 희망을 발견하 자고 호소하지만, 분명한 것은 우리의 사고와 무관하게 이 모든 상황이 지금도 숨 가쁘게 흘러간다는 것이다. 잘못된 교육일망 정 완전히 멈춘 상태에서 개선을 시도하는 건 불가능하다. 이는 교육을 개선하는 과정이 생각만큼 단순하지 않다는 것을 시사 한다. ＂

민주시민 되기

수사로 가득하고 모호하며 알아듣기 힘든 정치인의 말을 들어 보자. 왜 정치인들은 "나는 그 문제에 대하여 국민의 입장에서 우려의 가능성을 배제할 수 없으며…" 와 같은 복잡한 화법을 쓸까? 다양하게 해석될 수 있는 여지를 남기려는 의도이다. 언제든 불리할 때 책임을 회피할 수 있기 때문이다. 이런 엉터리 같은 화법을 잘 구사하면 비로소 정치인으로서 소양을 갖추었다고 말한다. 경박하지 않고 진중하다는 것이다. 만약 정치인들에게 수사와 모호함을 빼고 생각나는 그대로 말하게 한다면, 그래서 그들의 욕망을 그대로 드러나게 한다면 참으로 천박하겠지만 듣는 사람은 판단이 쉬워질지도 모르겠다.

정치인의 현란한 수사 너머에 있는 '정작 하고 싶은 말'을 통찰할 수 있는 귀가 필요하다. 깨어 있는 시민이 되기 위해 공부해야 하는 이유이다. 공부가 부족하면 정치인이 하는 말을 그대로 믿거나, 아니면 그것을 다듬어 주는 언론의 말을 그대로 믿는다. 그것을 기초로 자신의 정치적 판단을 내리면 왜곡된 의사 반영이 된다. 시민들이 깨어 있는 것을 두려워하는 자들이 있다. 공부한 시민들이 제대로 판단을 내릴까 봐 걱정을 하는 것이다. 그래서 그들은 가능한 왜곡된 지식을 받아들였으면 하고, 그도 안 되면 객관적 사실 자체를 왜곡하여 전달하려 한다. 이들은 국민을 교화와 계몽의 대상으로 생각한다.

나를 대상화하려는 세력을 똑바로 보기 위해서는 공부해야 한다. 정치인들이 구사하는 수사법이나 모호한 제스처를 따라가는 저널리즘 너머에 있는 실체를 보기 위한 노력이 곧 공부다. 그 사람이 어떻게 살아왔는지, 누구의 지지를 받고 있는지, 가진 자의 이익을 대변하는지, 소외된 자를 진심으로 걱정하는지, 그의 주변에 어떤 사람들이 있는지, 이것을 잘 살펴야 한다. 그 정리된 생각을 바탕으로 교육정책이 결정되는 과정에 참여하는 것이 중요하다.

난마처럼 얽혀 있는 우리 교육 문제는 어느 것 하나도 만만치 않고 어느 것 하나도 단기간에 해결될 기미를 보이지 않는다. 입시경쟁교육, 교육관계법 및 제도, 열악한 교육환경, 기득권을 강화하는 학벌사회, 사교육 팽창, 교육독점, 교육소외, 교육자치 역행, 역사왜곡, 학생자치 실종, 교권추락, 학교폭력, 관료주의, 성과주의 등 우리 교육에는 사회의 온갖 모순들이 응축돼 있다.

너무 '자본의 요구에 따른 교육'을 충실히 이행하다 보니 이 모양이 되었다. 교육이 가치를 실현하는 공공재가 아니라 누군가의 이익에 복무하는 수단이 될 때, 불행의 씨앗이 싹튼다. 강인한 체력과 값비싼 장비, 든든한 배경이 있는 자는 이 정글 속에서 살아 남고 그렇지 못한 자는 도태되는 적자생존의 장이 된다. 때어날 때부터 좋은 배경이 있는 자와 그렇지 못한 자를 한 링 위에 올려 게임을 하라고 부추기는 것을 공정이라 하는,

지금 우리 학교, 우리 사회가 딱 그 모습이다. 그러므로 노력해 봐야 희망이 보이지 않는다는 깊은 절망과 좌절감이 우리 아이들을 멍들게 하고, 제 친구를 따돌리고 폭력에 가담하며 더러는 소중한 생을 마감하는 비참한 결과를 만들어 낸다.

사람을 구하는 과정을 시험에 의존하는 것은 일견 공정해 보이기도 한다. 그러나 이 방법은 많은 사람들을 과도한 경쟁에 휘말리게 하며, 이 과정에서 많은 소모적 노력과 비용이 발생한다. 특히 시험에 통과한 소수의 사람들에게만 특혜를 주는 선발적 교육관은 그렇지 못한 다수를 좌절하게 만든다. 또한 좌절의 원인을 개인에게 전가함으로써 잘못된 제도와 관행을 온존, 강화해 간다. 정책 결정의 과정에서 시민이 소외될수록 이 같은 현상은 심화된다.

이러한 소외를 극복해 가는 것이 곧 시민성을 회복하는 과정이다. 학교 교육에서는 타인을 배려하고, 서로 합의한 절차에 따라 의사를 결정하는 '사회화 과정'을 교육한다. 과거에 비하여 학교가 학생들의 사회화 교육의 장으로 기능하지 못한다는 지적도 있다.[173] 선발적 교육관과 민주적 시민성의 공존이 힘든 탓이다. 교육격차와 교육소외를 유발하는 지금과 같은 학벌주의와 입시 시스템을 그대로 두고 민주적 시민성을 말하기가 옹색한 이유이기도 하다. 결국 시민성을 키우고 가꾸어 간다는 것은 교육의

---

173) 산업혁명 이후 읽고 쓸 줄 아는 순응된 노동력을 공급하기 위한 목적으로 근대적 학교 시스템이 성립되는 과정을 들어 학교의 기능에 기대를 하지 않는 흐름도 있다. 학교가 어떤 형태로 개선이 되더라도 학교를 통한 계층구분의 심화, 개성과 잠재력의 말살 등으로 교육 본위의 목적을 달성하기 힘들다는 이들은 소위 '탈학교' 방식의 교육공동체를 꿈꾼다. 이한(1998)은 '학교를 넘어서'에서 탈학교 상상의 이유와 대안을 제시하고 있다.

문제이기도 하지만, 사회제도의 변화와 맞물려 개선될 때만 의미를 갖는다.

선거는, 모든 국민들이 민주주의를 공부하는 가장 좋은 마당이다. 별 볼일 없는 국민들이 하기 힘든 말도 할 수 있고, 평상시에는 할 수 없었던 요구도 할 수 있고, 자기 생각을 펼칠 수 있는 아주 좋은 때이다. 불편했던 것, 개선되기를 소망하는 것, 미래의 비전으로 삼고 싶은 내용들을 여기저기서 다양한 방법으로 이야기할 수 있다.

누군가는 당장의 불편을 해소해 달라고 요구할 것이요, 누구는 거시적 안목에서 담론을 제시할 수 있다. 시민들이 자기들의 처지에서 개선되기를 희망하는 사항들을 말하고, 또 어떤 이들은 다양한 참여의 장에서 장기 교육비전을 세우는 일에 동참할 수 있다. 정치인들에게 이러한 비전과 역량을 기대하기 힘들 때 우리가 취할 수 있는 좋은 방법이다.

선거가 특정 시기에 시민들의 의사를 분출하는 방법이라고 한다면, 생활 속에서 민주적 시민성을 뿌리내리는 것은 일상적으로 해야 할 과제이다. 생활 속 민주주의 실현이 성숙될 때 선거에도 바르게 참여할 수 있을 뿐만 아니라 결국 선거를 통해 자신의 의사를 발현해 나갈 수 있다. 이렇듯 민주적 시민성은 제도적 절차에 참여하는 것과, 삶의 과정에서 생활 방식으로 녹아 들어 조화를 이룰 때 바람직하게 성장할 수 있다.

국가교육위원회를 제안함

2010년 필자가 북유럽 교육탐방에 나섰을 때 공감하며 들었던 이야기 중의 하나는 다른 문화, 인종, 계층, 성별, 장애/비장애를 구분하지 않고 한 공간에서 이루어지는 교육 시스템에 대한 것이었다. 심지어 각기 다른 연령대의 아이들을 하나의 학급 단위로 편성하여(none graded system) 다른 사람과의 관계 맺기와 협력학습, 갈등 해결 등의 사회적 학습을 추구하는 모습은 참으로 인상적이었다. 이 같은 정책은 평등과 복지, 그리고 미래 핵심역량을 동시에 구현할 수 있는 종합학교(comprehensive school) 아이디어에서 나왔다. 당시로서는 혁명적인 이러한 생각을 실천에 옮길 수 있었던 동력은 무엇일까?

핀란드 교육개혁의 상징적 인물이었던 에르끼아호는 20년이 넘는 기간 동안 교육개혁의 중심이 흔들리지 않고 유지되도록 국민적 합의와 참여를 이끌어내는 데 성공하였다. 그동안 정권이 여러 번 바뀌었음에도 교육개혁의 흐름이 유지된 이유는 정치논리나 경제논리가 아닌 교육 본위의 철학과 방향으로 교육개혁을 지속시킨 때문이다. 그 결과 핀란드는 세계가 부러워하는 교육혁신의 살아 있는 모델이 되었다.

우린 이 사례에서 무엇을 배워야 할 것인가? 이명박 정부는 대통령 임기 5년 동안 교육과정을 세 번이나 크게 바꾸었고, 크고 작은 교육정책을 최소한의 검증도 없이 시행하여 현장의 혼란을 부추겼다. 경쟁교육은 훨씬 격화되어 꽃 같은 생명을 버리는 아이들이 늘어났다. 교육격차, 교육소외 등 교육복지를 필요로 하는 교육 사각지대가 늘어나고 있음에도 불구하고 선별복지니 뭐니 하며 외면하고 있다.

박근혜 정부 역시 대통령 선거 과정에서 공약했던 고교 무상교육, 반값 등록금, 무상보육 실시 등의 정책은 취임한 지 1년도 되지 않아 폐기하거나 후퇴시키려 하고 있다. 이 모든 과정들은 교육을 바라보는 본질적 관점과 무관하게 정치·경제적 필요와 관심에 의해 흔들리고 있다.

이러한 구습을 제도적으로 막고 교육정책을 굳건하게 입안하고 추진할 장치로 '국가교육위원회'는 좋은 대안이 될 수 있다.[174] 국가교육위원회는 존경과 신망을 받는 사회 각계각층의 인사들과 전문가로 구성되는 의사 결정 단위이다. 여기서는 적어도 20년 앞을 내다보는 '대한민국 장기 교육비전'을 만들어 내고 중장기 교육개혁 정책을 구상해야 한다. 지금의 교육부는 '교육지원부'로 전환하여 시도교육청과 학교 위에 군림하고 징계 협박이나 하는 곳이 아니라, 현장의 어려움을 살피고 지원하는 역할을 담당해야 한다.

국가교육위원회의 설치에 대한 제안은 이미 정치권, 교직단체 및 시민단체 등에서 꾸준히 있어 왔다. 설치 및 운영 방법에 대한 의견은 다양하지만 한 가지 일치하는 것은, 정권의 필요에 따라 교육정책이 수시로 뒤바뀌어 백년지대계의 교육의 안정성과 지속성을 담보할 수 없으니, 이것을 보장하기 위한 정치로부터 독립된 기구가 필요하다는 것이다.[175]

다만, 우려스러운 것은 그동안 국가인권위원회, 방송통신위원회 등의 경험에서 보듯이 어떤 조직도 국민적 합의 위에 굳건히 기초하기 않고는 최고 권력자의 요구와 필요에 따라 운영될 가능성이 상존한다는 것이다. 또 한편으로는 진영 논리에 빠져 자신들의 이해를 반영하는 기구로 규정하고 법률안의 마련과 위원회 구성에서부터 파행의 가능성이 나타날 수도 있다는 것이다. 그만큼 교육을 둘러싼 이해관계가 첨예하게 얽혀 있기 때문이다.

그러나 세계 교육사에서 찾아볼 수 없는 교육파행을 거듭하고 있는 우리 교육현실을 방치할 수는 없다. 또 교육의 황폐화와 파행의 원인을 상당 부분 정치에서 제공하고 있다는 점도 독립적 교육기구의 설치를 재촉하고 있다. 이 문제에 대한 국민적 관심을 촉발하고 참여를 이뤄내기 위해서는 좌든 우든 진영의 논리가 아니라 교육본질에 입각한 새로운 상상이 필요하다. 그 상상이 이것을 충당해 내는 동력이 될 것이다.

---

174) '정권과 독립한 국가교육위원회 설치'는 2012년 5월 '교육개혁 100인 위원회'가 무기명 투표 형식으로 골라 뽑은 11개의 대선공약 가운데 하나이기도 하다.

175) 김용일(2012)은 경기도교육청에서 주관한 '국가교육위원회 제도 설계를 위한 공청회'에서 연구 발표를 통해 합의제행정기관인 국가교육위원회가 중앙행정기관인 교과부의 사무 일부, 즉 교육정책 관련 사무 전반을 독립시켜 수행할 수 있는 것으로 보았다. 이런 제도 설계의 법률적 근거로는 정부조직법 제5조의 '합의제행정기관 설치'를 들었다. 이렇게 하여 국가교육위원회는 교육정책의 수립·평가, 그리고 교과부가 수립한 정책을 심의·의결하는 등 교육정책을 담당하는 최고 행정기관의 위상을 갖게 된다는 것이다.

교육 공공성의 회복

교육을 모든 시민이 공평하게 누려야 할 공공재로 보는 것이 교육 공공성 개념의 출발이다. 선진화된 복지국가일수록 국가 부담 비율을 늘려 개인의 신분에 따라 교육 수혜의 차이가 생기는 것을 막고자 노력한다. 대체로 북유럽 국가들이 국가 부담을 위주로 교육정책을 펼친 결과 교육 공공성을 잘 실현하고 있다.

교육을 공공재로 보는 것이 아니라 사적 이득을 실현하는 도구로 보면, 많은 부분에서 국가 부담을 줄이고 개인의 재력에 따라 교육비를 지출하도록 시스템을 짠다. 대체로 미국이나 일본, 우리나라 등 경쟁적 자본주의가 발달한 나라에서 볼 수 있는 현상이다. 이런 나라들에서는 개별적으로 들이는 교육비에 따라 교육 수혜의 차이가 크게 나타난다. 이에 따라 교육 양극화가 심각한 사회 불안 요인으로 떠오른다.

우리나라는 OECD 국가 중 GDP 대비 가장 높은 비율의 교육비를 지출하고 있으나 이것의 3분의 1은 사부담 교육비로 충당되어 교육의 공공성을 심각하게 위협하고 있다. 사교육비는 집안의 형편과 능력에 따라 학생들마다 다르게 지출됨으로써 교육격차를 심화시키는 주범이다. 사교육비를 많이 쓰게 되면 교육에도 시장원리가 작동한다. 한 해 20조 원을 사교육비로 지출하는 우리나라에는 세계 최대의 사교육 시장이 형성돼 있다. 거대 사교육 시장의 창궐은 공교육을 무력화시키고 있다.

사교육비의 부담 때문에 자녀의 출산을 기피한 결과 세계 최저의 출산율을 기록하고 있다. 과잉 선행학습으로 아이들의 전인적 발달이 위협받고 있으며, 무한경쟁으로 많은 아이들이 심각한 좌절을 경험하고 있다. 사정이 이러한데도 어떻게든 자녀의 성취를 통해서 투입한 만큼의 효과를 보겠다는 부모들의 그릇된 욕망이 독버섯처럼 자라나고 있다. 정치인들은 자꾸 특별한 학교를 만들어 부모들의 그릇된 욕망을 부추긴다.

교육 안에 사적 욕망이 창궐하면 학력 간 임금 격차, 학벌사회 및 이의 대물림, 문화재생산, 교육독점 및 교육격차, 극한경쟁, 과잉학습 등 악순환을 부른다. 소모적 경쟁교육에서 비롯된 학교폭력 문제, 소중한 생명을 스스로 포기하는 학생자살 문제 등은 교육계의 큰 문제가 되고 있다. 이렇듯 경쟁교육과 교육의 사회화로 인하여 학생들의 전인적 발달이 멈추었거나 기형적 발달이 가속화되고 있다는 징후는 학교와 교실, 가정, 사회에서 어느 때보다 빈번히 나타나고 있다.

누군가는 이러한 교육 불가능의 상태를 근원적으로 재구조화하는 방법을 상상하며, 혹자는 그래도 교육에서 희망을 발견하자고 호소하지만, 분명한 것은 우리의 사고와 무관하게 이 모든 상황은 지금도 숨 가쁘게 흘러간다는 것이다. 잘못된 교육일망정 완전히 멈춘 상태에서 개선을 시도하는 것은 불가능하다. 이는 교육을 개선하는 과정이 생각만큼 단순하지 않다는 것을 시사한다.[176]

결국 우리의 관심은 어떻게 하면 학생들의 형편에 따라 지출되는 사교육비의 상당 부분을 공적 영역으로 흡수할 것인가로 모아진다. 교육복지는 몇몇 가난한 학생들을 지원하는 소극적 개념을 넘어 교육의 공공성을

---

176) 内田樹 (우치다 타츠루, 1950~)는 교육을 개혁한다는 것은 학교에 대한 신뢰, 교사들의 지적, 정서적 자질에 대한 신뢰를 유지하면서 동시에 학교를 신뢰하기에 부족한 점, 교사들의 문제점을 음미하는 것이라고 지적하면서 이는 마치, 자동차를 고속으로 몰면서 동시에 고장 난 부분을 수리하는 것과 같은 일이라고 말한다.

국가가 책임진다는 차원에서 이뤄져야 한다. 국가·사회 문제의 모든 근원적 해결점이 교육의 공공성 회복에 있음을 시민들이 함께 확인하는 것이 중요하다. 대통령이나 교육감 후보가 무엇을 하겠다고 약속하고 국민은 그것을 보고 누군가를 선택하는 소극적인 참여만으로는 부족하다. 앞으로는 국민의 참여 정도가 정책의 성공 여부를 판가름할 것이다. 국민의 참여를 이끌어 내는 동기유발 기제로 '교육 공공성의 회복' 만큼 당위성을 갖는 것이 없다.

OECD 대상 국가 중 학업성취도 평가 결과가 최상위권이라는 것이 눈을 멀게 하고 있다. 그것이 바로 독약이 되고 있음을 알아야 한다. 그 이면의 학습효율화 지수 꼴찌, 행복지수 꼴찌, 청소년 자살률 1위 등을 함께 보아야 한다. 교육 공공성의 회복은 교사들을 개혁의 대상이 아니라 주체로 이끌어 내어 동참을 이끌어 내기에도 좋은 이슈이다. 뿐만 아니라 학부모들을 깨우고 참여시키기에도 좋다. 무엇보다 언젠가는 가야 할 방향이며, 나락에 빠진 우리 교육을 구원할 가장 중요한 과제이다.

교육격차 해소 및 교육복지의 실현

학생들의 능력이 그 환경과 조건에 따라 차별적으로 발현될 수밖에 없다는 것은 참으로 안타까운 일이다. 더 안타까운 일은 그 학생 스스로의 노력만으로 상황을 극복하기 어려운 구조라는 것이다. "너만 열심히 하면 얼마든지 성공할 수 있어." 하는 말이 공허한 이유이다. 대부분의 아이들이 꿈조차 자유롭게 가질 수 없는 나라는 얼마나 불행한 나라인가?

교육격차를 야기하는 것 중의 하나로 사교육의 팽창이 있다. 학교교육만으로 해결이 안 되니 사교육에 기댄다는 말은 설득력이 떨어진다. 우리나라는 학습 과잉의 상태이다. 그것도 유익한 효과보다는 경쟁에서 이기기 위한 기능적 학습, 내면화하지 못하는 도구적 학습 , 욕망 실현의 기제로 작용하는 동기가 불순한 학습이 만연한 상태이다. 이러한 과잉 학습 욕구로 격차가 발생하고 이 사이에 좌절감이 끼여들어 소외를 양산한다.

아울러 교육격차를 야기한 요인으로 최근 대폭 확대된 잘못된 고등학교 정책이 있다. 자사고를 비롯한 학교 다양화 정책은 이미 실패로 드러났거나 격차만 심화시키는 기능을 하고 있다. 개인 간 격차도 문제이지만 지역별 격차도 심각하다. 대도시 안에서만 보더라도 기초 자치단체가 학교에 예산을 지원하면서 나타나는 격차가 심각하다. 이는 마땅히 광역 단위에서 보편적 복지의 개념으로 분배하여야 한다.

모든 정책은 그 시대의 정신을 반영해야 한다. 지금 교육 분야의 시대정신은 '복지의 실현'이다. 교육복지의 실현과 교육공공성 회복은 상호 밀접한 관계를 갖는다. 어떤 이들은 어려운 사람을 정확하게 골라 선별적으로 혜택을 주자는 주장을 편다. 이러한 사고는 시대정신에 맞지 않을 뿐더러 '어려운 사람을 정확하게 고르는 과정'에서 오히려 그들을 구분하고 좌절감에 빠뜨리는 나쁜 복지가 된다.

향후 20년 교육비전을 세우는 과정에서 교육격차를 해소하고 보편적 복지를 실현하기 위하여 국가가 할 수 있는 방법을 생각해 보면, 현행 중학교까지 부분 실시하고 있는 의무교육을 고등학교까지 완전한 무상 의무교육으로 확대하는 것, 무상급식의 정착, 고교선택제 폐지, 본래 목적을 상실하고 격차를 심화시키는 외고 폐지, 특목고의 정상운영, 실패가 확인된 자사고 폐지 등이 있다.

방법론보다 중요한 것은 정책 입안자들의 교육을 바라보는 철학과 방향이다. 방향과 철학이 공감대를 얻을 때 첨예하게 이해와 요구가 대립되는 교육의 장에서 국민을 설득하고 동의를 얻어낼 수 있다.

교육여건의 획기적 개선

핀란드와 한국에는 공통점과 차이점이 있다. 공통점은 2000년 이후 국제학업성취도평가에서 최상위권을 유지하고 있다는 것이다. 그 외에 모든 것은 차이점이다. 공부 방법, 공부 시간, 평가 방법, 학교 시설, 교육과정, 교육철학 등 많은 부분에서 핀란드와 한국은 양극단에 서 있다. 3년 전 북유럽 교육탐방 길에 올랐을 때 느낀 것은 교사와 학생들만 열심히 한다고 교육력이 높아지는 것은 아니라는 점이다. 결정적인 것은 교육에 대한 국가의 사심 없는 지원이다.

교육여건 개선의 으뜸은 교사 일인당, 학급당 학생 수를 지금보다 획기적 수준으로 낮추는 것이다.[177] 2010년 북유럽 탐방 길에서 놀란 것이 있다. 10명 남짓의 아이들이 수업을 하는 데 두 명의 교사가 배치되어 있는 것을 본 것이다. 통제나 관리보다는 배움과 돌봄이 가능한 구조이다. 또한 모든 아이들의 목표 성취를 돕는 가장 좋은 방법이다.

단기간에 우리가 이러한 형태를 따라갈 수는 없겠지만 일차적으로 교사당, 학급당 학생 수를 낮춰가야 가능한 일이다. 이것을 하기 위해서는 교원의 법정정원을 폐지할 것이 아니라 대폭 강화하는 것은 물론, 준수하지 않는 경우 법적 책임을 물어야 한다.

다음은 미래핵심 역량을 키우는 데 적합하도록 교육환경을 획기적으로

---

177) 2013 OECD 교육지표에 따르면 우리나라 교사 1인당 학생 수는 초등학교 19.6명, 중학교 18.8명, 고등학교 15.8명으로 OECD 평균보다 각각 4.2명, 5.5명, 1.9명 많은 것으로 나타났으며 학급당 학생 수는 초등학교 26.3명, 중학교 34.0명으로 OECD 평균보다 각각 5.1명, 10.7명 많은 것으로 나타났다.

개선해야 한다. 이것은 구호로만 되는 일이 아니다. 법적·제도적 기준과 장치를 마련하는 것이 국가가 먼저 할 일이다. 지금의 사각형 교실, 딱딱한 책걸상, 일자형 복도, 흙먼지 날리는 운동장, 낡아빠진 실험실에서 아이들의 창의성을 기대한다는 것은 오만한 욕심이다.

기존 학교는 개보수를 통해 환경을 개선하고 신설학교의 경우 새로 마련되는 미래학교 기준에 의해 설립해야 한다. 그것은 '미래형 생태학교'의 모습이어야 한다. 학교가 아이들을 일정 시간 맡아 관리하는 소극적 기능을 넘어서 아이들의 삶과 사회화가 이루어지는 생태적 공간이 되어야 한다는 것이다.

교육여건을 개선한다는 것은 아이들에게 어떤 의미인가? 학교가 괴로움의 공간이 아니라 공부와 쉼, 놀이의 공간으로 아이들의 행복도를 끌어올리는 데 기여해야 한다는 것이다. 일주일마다 아이들 스스로 기획한 공연으로 즐거움을 더하는 핀란드의 야르벤빠 고등학교는 집중과 분산, 협력과 공존을 동시에 이룰 수 있는 학교 설계로 세계 교육자들의 찬사를 받은 바 있다. 각 건물의 색을 달리하여 주제별로 특색을 살린 스웨덴의 푸트룸 종합학교에서는 아이들이 가정과 비슷한 환경에서 학교를 즐긴다.

혹자는 교육여건을 획기적으로 개선하기 위한 엄청난 재원을 어떻게 마련할 것인가라고 반문할지 모르겠다. 두 가지의 방식이 있다. 우리와 핀란드가 투여하는 교육예산은 똑같이 7%를 상회한다. 다른 점이 있다면 핀란드는 국가가 모두 부담하고 한국은 이 중 3%에 가까운 것이 사교육비이다. 대략 일 년에 20조원을 사교육비로 쓴다. 이 같은 사실은 개선의 출발점이 어디인지를 암시한다. 피해갈 수 없는 일, '사교육비를 공교육비로 전환'하는 것이 하나의 방법이다. 우리의 상상력을 요구하는 부분이다.

나머지 한 가지는 소모적 예산을 획기적으로 줄여, 이를 교육예산으로 돌리는 것이다. 지난 정부에서 쏟아 부은 전시성 사업을 생각해 보자. 예를 들어 4대강 사업에 22조 원 이상을 썼다. 그것을 교육예산으로 돌려썼더라면 하는 아쉬움이 있다. 국가에서 교육에 투자하는 모습을 보이면서 국민들에게 동참을 호소하는 것은 설득력이 있다. 교육 인프라의 획기적 개선은 공교육의 질을 확실하게 담보할 수 있는 유력한 방법이다.

문화예술 정책과 교육

'문화강국', '한류 수출' 등 그동안 정부의 문화정책은 산업으로서 문화예술에 비중을 둔 것이었다. 국민들의 삶 속속들이 경제논리가 스며들지 않은 곳이 없을 정도로 문화예술 영역에서조차 실용성과 효율을 강조하고 있는 것이다.

문화예술을 국민을 먹여 살릴 '신성장동력' 쯤으로 사고하는 정책가가 있다면 문화예술에 대한 깊이 있는 사유와 이해가 부족한 분이다. 부가가치 창출의 도구로 문화예술을 사고하게 되면 결국 경쟁력이 있는 분야만 살아남게 된다. 이는 많은 문화인, 예술인들의 창작 의지를 꺾는 것이 되어 지속 가능하며 가치를 높이는 문화 창달을 어렵게 만든다.

전직 대통령의 집에서 발견된 고가의 미술품, 대기업 총수와 그 일가가 그들만의 문화를 향유하기 위해 소장하는 값비싼 예술 작품 등은 문화가 어떤 계층에서 어떤 방식으로 소비되고 있는지를 보여 준다. 문화예술 영역은 부를 과시하는 용도로 쓰여지는 장식품 같은 것이 아니다. 문화예술은 모든 시민들의 삶 속에서 그들의 경험이 연속되는 한, 함께 붙어 다니는 생활의 일부 같은 것이다.[178]

그러므로 모든 시민의 삶의 질을 높이고 생활을 풍요롭게 하는 문화예술 정책을 수립하기 위해서는 문화예술 분야가 도시에 사는 중산층 이상의 전유물이 아니라는 전제가 중요하다. 이 같은 전제를 충족하기 위해 문화예술 소외 계층과 지역을 살피는 따뜻한 시선이 필요하다. 그래서 문화예술의 생산자이자 소비자인 시민들에게 문화예술에 대한 폭넓은 접근을 바탕으로 문화를 향유할 기회를 보장해야 한다. 더 나아가 학교교육 속에서 모든 학생들의 삶과 경험의 재구성 과정에서 생성되는 문화예술 역량을 주목해야 한다. 학교 생태계는 자라나는 아이들이 품격 있는 문화인의 소양을 갖추는 소사회로서 역할을 해야 한다.

아울러 진정한 문화예술 역량은 표현의 자유를 적극적으로 보장하는 것에서 나온다. 길게 설명하지 않더라도 그동안 창작과 표현의 자유를 억압받아 뉴스거리가 된 사건들이 있었다. 마음놓고 생각하고, 자유롭게 표현하는 과정에서 획기적 문화 발달의 기회들이 창출될 것이다.

진정한 문화강국이란 문화로 부가가치를 창출하여 이루어 내는 목표가 아니라 자유로운 표현과 풍부한 상상력을 드러내는 과정에서 얻어지는 부산물 같은 것이다. 선진국일수록 훌륭한 문화예술 작품이 나오는 것은 바로 표현의 자유를 폭넓게 보장하고 있기 때문이다. 이런 측면에서 표현의 자유는 창작물에 대한 심의제도의 개선과 함께 이뤄져야 할 과제이다.

젊은 예술가들의 열정을 북돋우고 문화예술 종사자들에 대한 안정적 생활 근거 마련 등도 시급한 과제이다. 근래 보기 드문 한국영화의 성공 뒤에는 최저 생활도 제대로 보장받지 못하는 스탭들이 있다는 것은 널리 알려진 사실이다. 대학에서 취업이 되지 않는다는 이유로 예술 관련 학과를 폐지하는 것은 근시안적 처방이다. 이런 경제논리가 젊은이들의 담대

---

178) 듀이는 그의 저서 『경험으로서의 예술』(1934)에서 '수집, 공개, 소유, 과시 등을 즐기는 것과 같은 외적 사태들이 심미적인 가치들인 양 가장한다… 구체적인 것에서의 미적 인식 능력에 대한 고려는 별로 없고 탐닉된 예술의 초월적인 아름다움의 영광과 경이로운 진가에 대한 찬사만이 넘친다.'고 지적하면서, '경험이 갖는 심미적 성질을 찾아내기 위해서는 보통의 평범한 사물들의 경험으로 되돌아가는 것'이라고 주장하였다. 이는 문화예술이 특정 계층의 전유물이 아니라 모든 시민의 일상적 삶 속에 녹아드는 것일 때 그 본래 목적에 다가설 수 있음을 뜻한다.

한 문화적 도전을 가로막는다. 젊은 문화예술 종사자들이 맘놓고 자신의 일에 몰입할 수 있도록 여건을 마련해 주는 것이 바로 진정한 문화강국의 모습이다.

문화예술 분야는 계층 소외도 심각하지만 지역간 차이도 무시할 수 없는 수준에 이르고 있다. 지방 소도시 이하의 지역에서도 문화예술 활동에 대한 접근 기회가 확대되어야 한다. 또 학교교육 프로그램을 통하여 학생들에게 다양한 문화예술에 대한 경험의 기회를 마련해 주어야 한다. 이렇게 하기 위한 인적 자원 및 지역 단위 문화 인프라의 구축이 필요하다. 시민 누구라도 생활 근거지 가장 가까운 위치에서 공연과 전시를 즐길 수 있도록 하는 생활형 문화근린 시설의 확충과 콘텐츠의 확보 등은 문화 사각지대를 최소화하는 데 일조할 것이다.

문화예술 분야는 학교교육과 밀접하게 연결될 필요가 있다. 서울에서 시행되었던 '문예체교육'의 성과를 계승하고 문제점을 보완할 중앙 정부 단위의 정책들이 필요하다.[179] 문화예술 정책에 대한 정책가들의 이해와 그가 취하는 입장은 얼마나 문화 마인드가 바로 서 있는가를 알아볼 수 있는 잣대이다. 이것은 경제정책 못지않게 중요한 국민의 삶의 질과 관련한 문제이다.

---

179) 곽노현 서울교육감 재직 당시 서울시교육청은 21세기 핵심역량인 창의성과 사회·문화적 감수성과 건강한 체력을 발달시키기 위해 문예체 교육의 전면화를 내세우고, 지원 대상 및 장르 등을 대폭 확대할 계획을 밝혔다. 이 계획 속에는 문화예술 전문강사 지원 확대, 시민·전문가의 재능 나눔 활동 확대, 초·중 학생 '1인 1악기' 연주 활동 강화, 교향악단/합창단/연극반 등 학교별 문화예술 단체 육성, 학교스포츠클럽 활성화, 소규모 테마형 수학여행 지원 강화 등의 사업이 들어 있었다. 그러나 곽노현 교육감의 혁신교육 플랜이 좌초하면서 이 계획도 축소 또는 폐지되었다.

수업에 전념하는 교사

학생들의 전인적 발달을 촉진하고 교육의 공공성을 회복하는 절대적 조건 중의 하나는 교사가 수업에 전념해야 한다는 것이다. 현직교사가 아닌 분들은 지금 교사가 수업에 전념할 수 없는 구조인가 궁금해 할 것이다. 맞다. 지금의 구조는 교사가 수업에 전념할 수 없는 구조이다. 교사가 수업에만 신경을 쓰게 되면 여러 가지 유익한 점이 있다.

우선 수업을 수업답게 복원한다. 수업이 제대로 이뤄지면 지금 문제가 되고 있는 학생지도의 어려움도 많은 부분 해결할 수 있다. 일탈 학생이 늘어나는 원인 중의 하나는 "나는 이 수업의 주인이 아니야, 나는 이 수업에서 존중받고 있지 못해" 하는 소외감에서 비롯된 '극단적 관심 끌기 작전'인 경우가 많기 때문이다.

교사를 수업에 전념하지 못하게 하는 제반의 요인들은 무엇일까? 수업과 관계가 먼, 혹은 교사나 학생들의 일상과 거리가 먼 소모적 행정업무와 이를 지탱하는 상급기관의 공문이 주범이다. 개선되었다고는 하나 자기들(상급기관)의 성과나 실적을 위하여 교사나 학생들을 동원하는 공문들이 아직도 많다. 불필요한 공문은 소모적 업무를 양산한다. 이러한 소모적 업무가 교사의 바람직한 수업을 방해한다. 업무 경감의 바로미터는 공문 생산을 획기적으로 줄이는 것이다.[180]

---

180) 경기도교육청은 2012년부터 매주 수요일 단위학교로 일체의 공문을 발송하지 않는다. 보고나 제출 기한을 수요일로 하는 공문도 시행하지 않는다. 그러나 동시에 수요일만 공문이 없는 것이 아니라 전체 공문 생산 건수가 줄어야 하고, 수업과 관련 없는 업무가 획기적으로 줄어야 할 것이라는 현장교사들의 의견도 나온다. 2013년 10월 경기도교육청은 단위학교 업무경감 매뉴얼을 제작하여 배포하였다.

최근 수업과 직접 관련 없는 행정 업무는 감소되는 것이 아니라 폭증하고 있다. 최근 10년 사이 학교에는 교육정보, 방과후학교, 복지, NEIS 업무 등이 새로 생겨났다. 이 일을 하기 위하여 학교당 적게 잡아도 10명 이상의 교사가 배치된다. 그런데도 교사 증원은 없었다. 고작 비정규직을 몇 명 늘리는 선에서 생색을 내고 있다. 여기에 더하여 교원법정정원도 지켜오지 않았는데 최근 이를 폐지하려는 움직임까지 있다. 전반적인 업무 부하와 노동 강도가 증가할 수밖에 없는 이유이다.

'교사가 행복해야 학생들의 전인적 발달을 담보할 수 있다.' 이것은 평소 내가 자주 하는 말이다. 격무에 시달리며 스트레스에 찌들고 우울증을 앓고 있는 교사들이 교단에 만연할 때 아이들에게 미칠 영향을 생각해 보기 바란다. 학부모들도 내 아이만 잘 봐주기를 바랄 것이 아니라 먼저 교사가 건강하게 우뚝 서서 오로지 아이들에게만 신경 쓰는 교육 구조를 만들어 달라고 요구해야 한다.

그 외에도 파행적 승진제도, 일제고사 등의 표준화된 시험, 만연한 형식주의, 대입제도, 고교선택제, 교원평가, 비교육적 성과급 등 많은 것들이 교사가 수업에만 전념할 수 없는 요인으로 작용하고 있다. 교사가 수업에만 전념할 수 있도록 하자는 것은 교사들의 이기적 발상이 아니다. 참여와 공존의 수업문화를 만들고 이를 통하여 학생들의 전인적 발달을 꾀하자는 최소한의 조건이다.